Richterkollegium, Ehebandverteidiger und II. Instanz in Ehenichtigkeitsverfahren

Adnotationes in Ius Canonicum

Herausgegeben von Elmar Güthoff und Karl-Heinz Selge

Band 57

PETER LANG

Melanie-Katharina Kraus

Richterkollegium, Ehebandverteidiger und II. Instanz in Ehenichtigkeitsverfahren

Entstehung und Entwicklung

PETER LANG

Bibliografische Information der Deutschen Nationalbibliothek
Die Deutsche Nationalbibliothek verzeichnet diese Publikation in der Deutschen Nationalbibliografie; detaillierte bibliografische Daten sind im Internet über http://dnb.d-nb.de abrufbar.

Zugl.: München, Univ., Diss., 2019

Gedruckt auf alterungsbeständigem, säurefreiem Papier.
Druck und Bindung: CPI books GmbH, Leck

D 19
ISSN 0946-9176
ISBN 978-3-631-80276-2 (Print)
E-ISBN 978-3-631-81535-9 (E-PDF)
E-ISBN 978-3-631-81536-6 (EPUB)
E-ISBN 978-3-631-81537-3 (MOBI)
DOI 10.3726/b16670

Peter Lang – Berlin · Bern · Bruxelles · New York · Oxford · Warszawa · Wien

Diese Publikation wurde begutachtet.

www.peterlang.com

Vorwort

Die vorliegende Arbeit wurde im Sommersemester 2019 vom Klaus-Mörsdorf-Studium für Kanonistik an der Ludwig-Maximilians-Universität München als Dissertation zur Erlangung des akademischen Grades eines Doktors des kanonischen Rechts angenommen.

Mein besonders herzlicher Dank gilt meinem Doktorvater Prof. Dr. Dr. *Elmar Güthoff*, der meine Arbeit mit anhaltendem Interesse, wertvollen Hinweisen, konstruktiver Kritik und Geduld begleitet und mich stets gefördert hat.

Herzlich danken möchte ich auch P. Prof. Dr. *Stephan Haering* OSB für seine Ermunterungen und die Mühe der Erstellung des Zweitgutachtens.

Für die Aufnahme meiner Arbeit in die Reihe „Adnotationes in Ius Canonicum" danke ich Herrn Prof. Dr. Dr. *Elmar Güthoff* und Herrn PD Dr. *Karl-Heinz Selge*.

Von Herzen danken möchte ich meinem Patenonkel Dr. *Wolfgang Jäger*, der mich auf unterschiedlichste Weise unterstützt hat. Sein aufrichtiges Interesse, seine kritischen Nachfragen und seine stetige Motivation haben entscheidend zum erfolgreichen Abschluss der Arbeit beigetragen.

Innig zu danken habe ich auch meiner geliebten Mutter *Mechthild Jäger-Kraus*, die mich bis zu ihrem unerwartet frühen Heimgang in jeder erdenklichen Form bestärkt und gefördert hat und der meine nun fertiggestellte Arbeit immer sehr am Herzen lag.

Rodgau, im September 2019
Melanie-Katharina Kraus

Inhaltsverzeichnis

A) Einleitung

Die gültig geschlossene und vollzogene Ehe ist unauflöslich.

Wird eine Ehe auf Nichtigkeit beklagt, ist es Aufgabe des kirchlichen Ehegerichts, die Wahrheit über das Zustandekommen dieser Ehe zu ermitteln. Nachdem sich die Ehe gemäß can. 1060 CIC der Rechtsgunst erfreut, bedarf nicht die Gültigkeit der Beweisführung, sondern die Ungültigkeit.[1] Um die Ehe vor falschen Nichtigkeitsfeststellungen[2] zu schützen, hat das kanonische Recht im Laufe der Geschichte verfahrenstechnische Mechanismen entwickelt.

Die vorliegende Arbeit untersucht diese Entwicklung im Hinblick darauf, ob die Ehe nach dem Inkrafttreten des MP „*Mitis Iudex*“ 2015 noch in ausreichender Weise vor falschen Ehenichtigkeitserklärungen geschützt ist.

Im Rahmen der ersten beiden Abschnitte wird die Entstehung des gerichtlichen Eheverfahrens bis hin zur verpflichtenden II. Instanz und der Einführung des Ehebandverteidigers dargelegt, im dritten Abschnitt die Entstehung des Richterkollegiums in Ehenichtigkeitsverfahren. Sodann werden im vierten Abschnitt die zahlreichen Modifikationen ab dem Inkrafttreten des MP „*Causas Matrimoniales*“ bis hin zum MP „*Mitis Iudex*“ aufgezeigt. Im darauf folgenden fünften Abschnitt werden schließlich die Veränderungen, die sich durch das MP „*Mitis Iudex*“ ergeben, kritisch auf die Ausgangsfrage hin untersucht.

---

1 Vgl. BURKE, Nullity, 130; MECKEL, Iudex, 77; RAMBACHER, Nichtigerklärung, 1393; ASSENMACHER, Parteien, 125.

2 Das Gericht spricht im Tenor des Urteils aus, ob die Ungültigkeit der beklagten Ehe festgestellt wurde oder nicht *(Constare / non constare de nullitate matrimonii in casu)*. Durch das Urteil wird also gegebenenfalls die Nichtigkeit der Ehe erklärt. Daher wird nachfolgend der für das Urteil übliche Begriff Ehenichtigkeitserklärung verwendet.

B) Die Geschichte des Eheprozesses bis zu den Reformen Papst *Benedikts XIV.* – ein Überblick

Die Konstitution eines förmlichen Eheprozesses zur Nichtigerklärung einer Ehe ist erst verhältnismäßig spät in der Kirchengeschichte erfolgt. Dies mag darin begründet liegen, dass die Kirche erst etliche Jahrhunderte nach Christus den Anspruch erhoben hat, allein berechtigt zu sein, über die Gültigkeit oder Ungültigkeit einer Ehe zu entscheiden und festzulegen, wann überhaupt von einer rechtmäßigen Eheschließung gesprochen werden kann. Bis dahin hatte die Kirche für das Zusammenleben von Mann und Frau die weltlichen Regeln als grundsätzlich maßgebend anerkannt.

Im Folgenden soll ein Überblick über die Entwicklung des ehelichen Prozessrechts bis zur Reform Papst *Benedikts XIV.* gegeben werden, ab der man erst gewisse feste Strukturen im Ablauf eines solchen Prozesses ausmachen kann.

Die Betrachtung beschränkt sich wegen der großen Fülle an Quellen aufgrund der sehr unterschiedlichen Entwicklung in den einzelnen Ländern dabei im Wesentlichen auf die germanischen Gebiete.

I. Das kirchliche Gerichtswesen im ersten christlichen Jahrtausend

Wie das folgende Kapitel aufzeigen wird, kann das kirchliche Gerichtswesen des ersten christlichen Jahrtausends für den Bereich der Ehe nur als rudimentär vorhanden bezeichnet werden. So sind nur einzelne Fälle von sogenannten Ehetrennungsverfahren bekannt.[3]

---

3 Beispielsweise der Lothars II. mit Theutberga aus dem Jahr 860 (näher zu diesem bei: BAUER, Rechtliche Implikationen, 67, und KILLERMANN, Rota Romana, 19); Roberts I. mit Rosala aus dem Jahr 997 (näher zu diesem bei: DAUDET, L'établissement, 73–78. Daudet spricht von „la plus grave affaire matrimoniale du Xe siècle" (77)); Ottos und Irmgards von Hammerstein (näher zu diesem bei STOCKMANN, Von Heiligen, 299–303).

Wie solche Verfahren durchgeführt wurden, ist nicht aufgezeichnet und wurde offenbar ganz unterschiedlich gehandhabt. Erste Hinweise zu Beweisregeln und zum Instanzenzug finden sich im Handbuch des *Regino von Prüm* um 906.[4]

1. Die Trennung der Ehe zur Zeit des römischen Reichs

Im römischen Reich waren sowohl die Eheschließung, als auch die Ehescheidung nicht als Rechtsakt ausgestaltet, sondern wurden vielmehr als rein soziales Faktum betrachtet. Insbesondere die römische Ehescheidung war ein rein privater Vertrag ohne gerichtliche Kontrolle.[5]

Sofern die noch junge Kirche das geltende freie Scheidungsrecht[6] bekämpfte, so nicht dahingehend, als man eine geschlossene zweite Ehe nicht als solche anerkannt hätte, sondern man sie als moralisch verwerflich deklarierte.[7] Aus diesem Grund verhängte man für die zweite Heirat zu Lebzeiten des ersten Ehegatten auch Kirchenbußen. Dass aber die zivile Handhabung grundsätzlich als gültig anerkannt wurde[8], zeigt das *Konzil von Karthago* (407) in seiner an den Kaiser formulierten lediglichen Bitte, es möge das Verbot einer zweiten Eheschließung durch den weltlichen Gesetzgeber eingeführt werden.[9]

In der Spätantike wurde demnach also die rechtliche Regelung für das Verhältnis unter Ehegatten von der staatlichen Gewalt erwartet, kirchliches Eherecht gab es noch nicht.[10] Dennoch ist es als sicher anzusehen, dass schon die Christen der Urkirche wichtige Ehefragen nicht nur nach staatlichem Recht oder

---

4 Vgl. dazu Kapitel B I 3.

5 Vgl. SAAR, Ehe, 9, 12; vgl. LANDAU, Ehetrennung, 149–151; vgl. KANY, Ehescheidung, 43, 45.

6 Vgl. KANY, Ehescheidung, 45: „Die Freiheit der Ehescheidung erreichte in den ersten Jahrhunderten um die Zeitenwende ihr höchstes Maß. Sie konnte vom Mann oder der Frau ausgehen. … Scheidungsgründe waren in den ersten drei Jahrhunderten n. Chr. nicht rechtlich geregelt.“, 47: „Zu nahezu keinem Zeitpunkt bis zum Ende der Antike um 600 n. Chr. einschließlich wurde das römische Eherecht der Idee einer Unauflöslichkeit der Ehe unterworfen.“

7 Vgl. KOENIGER, Grundzüge, 10.

8 Vgl. EISENRING, Ehevoraussetzungen, 78.

9 REGINO VON PRÜM, De Synodalibus causis, II C. CIII: „Ex Concilio Africano. Placuit, … neque dimissus ab uxore, neque dimissa a marito alteri coniungantur, sed ita maneant, aut sibi reconcilientur. Quod si contemserint, ad poenitentiam redigantur; in qua causa legem imperialem petendam promulgari.“; vgl. KANY, Ehescheidung, 52.

10 Vgl. LANDAU, Ehetrennung, 149–151; vgl. SAAR, Ehe, 45–46. Saar spricht von der Synode von Karthago (73).

eigenmächtig entschieden, sondern gehalten waren, die kirchliche Autorität um Entscheidung anzurufen.[11]

2. Die Entwicklung des Sendgerichts

Im achten und neunten Jahrhundert übte *Karl der Große* (768–814) die Jurisdiktionsgewalt für sein großes Reichsgebiet durch von ihm beauftragte Königsboten aus. Indem er 789 festlegte, dass mit diesem Amt zukünftig nur noch Herzöge und Grafen, aber auch Erzbischöfe, Bischöfe und Äbte zu betrauen seien, anerkannte er grundsätzlich, dass es neben weltlichen auch kirchliche Träger von Jurisdiktionsgewalt gebe. Allerdings behielt er sich diesen gegenüber das Recht vor, Appellationen - auch von Klerikern - entgegenzunehmen und Entscheidungen nachzuprüfen. Einzig der Universalkompetenz des Papstes unterwarf sich der von jenem gesalbte Kaiser.[12]

Durch die Bestellung der genannten kirchlichen Amtsträger als Königsboten wurde diesen nun - neben ihren bisher lediglich kirchlichen - auch weltliche Kompetenzen übertragen. Damit reichte die kirchliche Gerichtsbarkeit in der Folgezeit in den weltlichen Zivil- und Strafrechtsbereich und die Polizeiaufgaben hinein[13] und verstärkte somit zunehmend die Macht und den Einfluss der bestellten Kleriker. *Karl der Große* stellte an die beauftragten Personen hinsichtlich ihrer richterlichen Aufgaben die Anforderung, ohne Ansehen der Person zu urteilen, und ohne durch Freundschaft oder Furcht beeinflusst zu sein.[14]

Durch die Kumulation von weltlicher und kirchlicher Gerichtskompetenz entwickelte sich mit der Zeit aus der früheren Bischofsvisitation, die mindestens bis ins 4. Jahrhundert zurückgeht[15], das *iudicium synodale* - das Sendgericht.[16]

---

11 Vgl. REGINO VON PRÜM, De Synodalibus causis, II C.CX: „Ex Concilio Agathensi: Hi vero seculars, qui coniugale consortium nulla culpa graviori dimittunt, … excludantur"; vgl. GRATIAN, Decretum, C.XXXIII, q.II, c.1: „Seculares … si ante quam apud episcopos conprouinciales discidii causas dixerint, et prius, quam iudicio dampnentur, uxores suas abiecerint, a communione ecclesiae … excudantur."; vgl. KNECHT, Handbuch, 756; vgl. KANY, Ehescheidung, 51.

12 Vgl. KAROLUS MAGNUS, Capitularia Aquisgranense, Incipit praefatio; vgl. PLÖCHL, Geschichte Bd. I, 374.

13 Vgl. PLÖCHL, Geschichte Bd. I, 374 f.

14 Vgl. KAROLUS MAGNUS, Capitularia Aquisgranense, LXI.

15 Vgl. SCHULTE, System, 367 f.; KIRN, Der mittelalterliche Staat, 168; KOENIGER, Sendgerichte, 11.

16 Vgl. KIRN, Der mittelalterliche Staat, 167; PLÖCHL, Geschichte Bd. I, 375.

Die (Erz-)Bischöfe und Äbte hatten bei ihren Visitationen schon bisher anhand von kirchlichen Frageformularen das religiöse und sittliche Leben in ihrem Bezirk untersucht. Als Königsboten hatten sie nun aber z. B. auch die Pflicht, zu erforschen, ob in ihrem Sprengel nach weltlichen Gesichtspunkten Fälle von Inzest, Ehebruch und Unzucht vorgekommen seien.[17]

Untersucht wurden alle Fälle, die so offenkundig waren, dass es über ihr Vorliegen keinen Zweifel gab, außerdem solche, welche auf ein bloßes Gerücht hin zur Kenntnis des Sendrichters gelangten. Darüber hinaus wurde durch Befragung sogenannter Sendzeugen erforscht, ob es bis dato unbekannte Vergehen gebe.[18]

Die Missetaten wurden also nicht von den Schuldigen selbst vorgebracht, sondern von anderen Personen angezeigt. Die Gerichtsbarkeit war demnach eine Strafjustiz. Hatte der Bischof nicht auch die weltliche Jurisdiktionsgewalt, ergänzte das kirchliche Strafverfahren das staatliche und bestrafte nur die kirchliche Seite des Vergehens mit kirchlichen Mitteln.[19]

3. Das Handbuch des *Regino von Prüm*

Regino, Abt von Prüm, ~840–915, verfasste um 906 auf Veranlassung des Erzbischofs *Ratbod von Trier*, 883–915 in diesem Amt, für *Hatto I.*, Erzbischof von Mainz, ~850–913, zum Zwecke des Sendgerichts ein Handbuch.[20] Darin empfahl er, dass der Bischof bei der Reise durch seine Diözese Archidiakone und -presbyter mitnehmen und ein bis zwei Tage Aufenthalt pro Pfarrei planen solle. Das Volk müsse zusammengerufen werden, außerdem die Hirten.[21] „Episcopus … septem ex plebe … maturiores, honestiores atque veraciores viros in medio debet evocare, et … unumquemque illorum tali sacramento constringat.“[22] Bei diesen handelte es sich um die bereits erwähnten Sendzeugen. Sodann seien sie vom Bischof zu befragen, „quidquid nosti aut audisti, … quod contra Dei voluntatem et rectam Christianitatem in ista parochia factum est, aut futurum erit.“[23] *Regino* listete 89 Fragen zu verschiedenen Themengebieten auf[24], an denen sich

17 Vgl. BALOGH, Einführung, 89; PLÖCHL, Geschichte Bd. I, 375. KOENIGER, Sendgerichte, 16, datiert die ersten Untersuchungen von Ehebruch und Inzest durch Bischöfe auf 743.

18 Vgl. KOENIGER, Sendgerichte, 129; vgl. PLÖCHL, Geschichte Bd. I, 377.

19 Vgl. KIRN, Der mittelalterliche Staat, 168.

20 Vgl. REGINO VON PRÜM, De Synodalibus causis, II C.I f.

21 Vgl. REGINO VON PRÜM, De Synodalibus causis, II C.I.

22 REGINO VON PRÜM, De Synodalibus causis, II C.II.

23 REGINO VON PRÜM, De Synodalibus causis, II C.III.

24 Vgl. REGINO VON PRÜM, De Synodalibus causis, II C.V.

der Bischof bei seinen Befragungen orientieren konnte.[25] 23 davon betrafen Ehebruch, Prostitution und Unzucht.[26] Zur Entscheidungshilfe für das Gericht zitierte *Regino* anschließend zu den einzelnen Sachgebieten päpstliche Schreiben, Konzilsentscheidungen, Stellungnahmen verschiedener Autoren und gab Strafempfehlungen.[27]

Die Sendgerichte wurden zu Beginn noch häufig vom Bischof persönlich abgehalten. Spielte dieser jedoch in kirchlichen und gleichzeitig in weltlichen und politischen Angelegenheiten, z. B. als Reichsfürst, eine bedeutende Rolle oder hatte er ein sehr großes Gebiet inne, kam er immer weniger dazu, seinen Sprengel als reisender Richter zu durchziehen.[28] Daher delegierten einige Bischöfe mit der Zeit ihre gerichtlichen Rechte und Pflichten auf Archidiakone. Anfangs übten diese die Sendgerichtsbarkeit als Stellvertreter nur kraft Vollmacht und nicht kraft eigenen Rechts aus.[29] Ab 900, beginnend im Rheinland, wurden die Diözesen zunehmend in einzelne Archidiakonatssprengel unterteilt.[30]

Fragen nach der Trennung einer Ehe konnten jedoch nicht von den Archidiakonen behandelt werden. Hierfür blieb die Zuständigkeit allein beim Bischof.[31] Dies unterstreicht, welche Bedeutung der geschlossenen Ehe in dieser Zeit bereits beigemessen wurde.[32] Vorschriften, wie ein Ehetrennungsverfahren[33]

---

25 Vgl. BAUMGARTNER, Geschichte, 156.

26 Vgl. REGINO VON PRÜM, De Synodalibus causis, II C.V, Nr. 15–37, z. B.: „Si quis uxorem legitimam dimiserit, et aliam in coniugium acceperit?" (Nr. 17); „si qua mulier virum proprium dimiserit, et alteri se coniunxerit?" (Nr. 18); „si interveniente repudio ab invicem separantur et sic manent?" (Nr. 19).

27 Vgl. REGINO VON PRÜM, De Synodalibus causis, II C.VI – II C.LXXIV. Zum Themenbereich Ehebruch und Prostitution bzw. Hurerei vgl. II C.XCVIII: z. B. „Laicus maculans se cum ancilla Dei, II annos poeniteat; si genuerit ex ea filium, III annos poeniteat" (II C.CCXLVII).

28 Vgl. BALOGH, Einführung, 90; vgl. KIRN, Der mittelalterliche Staat, 169.

29 Vgl. BAUMGARTNER, Geschichte, 133; PLÖCHL, Geschichte Bd. I, 375.

30 Vgl. KIRN, Der mittelalterliche Staat, 169.

31 Vgl. REGINO VON PRÜM, De Synodalibus causis, II C.CCXXXIV; vgl. LANDAU, Ehetrennung als Strafe, 164.

32 Vgl. KAROLUS MAGNUS, Capitularia Aquisgranense, XLII, der hier wiederum den Canon des Konzils von Karthago von 407 zitiert.

33 Zur Zeit Reginos beschäftigte sich der Bischof als Gerichtsherr nur mit der Frage, ob eine Ehe aus bestimmten Gründen zu trennen sei. Die Frage danach, ob eine Ehe möglicherweise ungültig zustande gekommen und daher als von Anfang an nichtig zu erklären sei, stellte sich noch nicht. Von einer grundsätzlichen Ungültigkeit bestimmter Ehen spricht erstmals Ivo von Chartres (vgl. Kapitel B II 2).

abzulaufen hätte, gab es noch nicht. Es finden sich lediglich singuläre Regelungen zu einzelnen Punkten.

So erklärte *Regino von Prüm* am Beispiel des Ehestreits *Lothars II.* mit *Theutberga*[34], dass Verfahren, die vor dem Bischof verhandelt wurden, nicht an ein weltliches Gericht abgegeben, sondern nur innerhalb der Kirche an eine höhere Instanz verwiesen werden dürften. Der päpstliche Entscheid schließlich müsse als definitiv angesehen werden.[35]

Hinsichtlich der Frage der Beweisbarkeit in streitigen Sachen der Kirche führte *Regino* eine Regelung auf, die auf das *Konzil von Mainz* im Jahre 852 zurückgeht[36]. Hiernach sollten zur Entscheidung kirchlicher Streitigkeiten zwei oder drei Zeugen genügen[37]. *Regino* erweiterte den Konzilstext ohne Begründung in Bezug auf das eheliche Trennungsverfahren jedoch um einen eigenen Zusatz: „Similiter et de separatione coniugatorum, ut tres veraces homines hoc testificentur, si VII inveniri non valeant."[38] Nach *Regino* waren die Zeugen durch den in seinem Werk niedergelegten Eid dazu verpflichtet, ohne Rücksicht auf Verwandtschaft, Furcht oder Belohnung eigenes Wissen, aber auch Wissen vom Hören-Sagen, anzugeben[39].

4. Die Weiterentwicklung des Sendgerichts

Ab dem 10. Jahrhundert begann man, das Sendgericht gegenüber Klerikern und Laien zeitlich voneinander zu trennen. Wurde der Send bisher an einem Tag abgehalten, so fand nun am ersten der *synodus clericalis* und am nächsten der *synodus laicalis* statt. Dabei waren diesem das im jeweiligen Sprengel ansässige Kirchenvolk und sich dort aufhaltende, getaufte Fremde unterworfen.[40]

Das wichtigste strukturelle Merkmal der Sendgerichte war die Trennung zwischen dem Richter und dem urteilfällenden Gericht.

In kirchlichen wie weltlichen Angelegenheiten von Klerikern bestand das letztgenannte aus dem originären Richter – dem Bischof – und mehreren Presbytern. Die Urteilsfindung erfolgte gemeinsam, das heißt, die Presbyter berieten

34 Vgl. REGINO VON PRÜM, De Synodalibus causis, II C.CXII.

35 Vgl. REGINO VON PRÜM, De Synodalibus causis, II C.CXIII; vgl. UBL, Doppelmoral, 106.

36 Vgl. REGINO VON PRÜM, De Synodalibus causis, II C.XXXVIII a.

37 Vgl. REGINO VON PRÜM, De Synodalibus causis, II C.XXXVIII 1.

38 Vgl. REGINO VON PRÜM, De Synodalibus causis, II C.XXXVIII 2.

39 Vgl. REGINO VON PRÜM, De Synodalibus causis, II C.CCXXXII–CCXXXIII.

40 Vgl. BAUMGARTNER, Geschichte, 166; KOENIGER, Sendgerichte, 24 f.; PLÖCHL, Geschichte Bd. I, 376.

den Bischof nicht nur, sondern bildeten mit ihm zusammen das Urteil aus[41], das dieser dann verkündete.

In kirchlichen Angelegenheiten von Laien entwickelten sich bis zum Ende des 11. Jahrhunderts aus den ursprünglichen Sendzeugen nach und nach Sendschöffen. Diese setzten sich aus Priestern und „angesehenen und verständigen"[42] Laien zusammen; zumeist handelte es sich um sieben Personen.[43] Diese waren an der Findung des Urteils durch den Bischof beteiligt.[44] In weltlichen Dingen von Laien bestand das Gericht aus dem Bischof und mehreren Vasallen, die sich in seinem Gefolge befanden. Hier ließ der Bischof letztgenannte allein das Urteil finden, das er anschließend in seiner Eigenschaft als Richter nur verkündete.[45] Dies erscheint sachgerecht, da der Bischof nicht alle in seinem Jurisdiktionsgebiet möglicherweise unterschiedlichen regionalen Gesetze und Gewohnheiten kennen konnte.

In den Gebieten, in denen sich keine Sendgerichtsbarkeit ausbildete, blieben die bisherigen Einrichtungen der Zivil- und Strafgerichtsbarkeit unter bischöflicher Hoheit bestehen, ohne wesentliche Änderungen zu erfahren. Recht – auch in Ehesachen – wurde vom Bischof innerhalb und außerhalb von Synoden gesprochen.[46]

Hinsichtlich der gesetzlichen Grundlagen für die Urteilsfindung ist zu berücksichtigen, dass im 9. Jahrhundert im Bereich des Eherechts weltliches und kirchliches Recht rechtsgültig nebeneinander standen und gegenseitig anerkannt waren. Dies lässt sich sehr deutlich an dem Ehestreit *Lothars II.* erkennen: nachdem *Lothar II.* an der weltlichen Gerichtsbarkeit mit seinem Begehren, seine Ehe mit *Theutberga* zu trennen, gescheitert war, wandte er sich unter Aufbietung von weiteren, nun kirchlich anerkannten Trennungsgründen, an die kirchliche Gerichtsbarkeit.[47] Es darf freilich nicht vergessen werden, dass in dieser Zeitphase aber noch nicht von einem systematisierten, einheitlichen und allgemein anerkannten kirchlichen Eherecht gesprochen werden kann.[48] Dieses begann sich erst ab dem 12. Jahrhundert zu entwickeln.[49]

---

41 Vgl. LEX ROMANA CURIENSIS, XVI. 1,3: „Omnes causas privatas, hoc sunt minores, qui inter clericos aguntur, ad episcopum cum aliis presbyteriis iudicentur."

42 BAUMGARTNER, Geschichte, 153.

43 Vgl. BAUMGARTNER, Geschichte, 153.

44 Vgl. KIRN, Der mittelalterliche Staat, 169.

45 Vgl. BALOGH, Einführung, 92.

46 Vgl. PLÖCHL, Geschichte Bd. I, 378.

47 Vgl. BAUER, Rechtliche Implikationen, 47–51.

48 Vgl. BAUER, Rechtliche Implikationen, 61.

49 Vgl. Kapitel B III.

II. Der Eheprozess vom 10. bis ins 12. Jahrhundert

Noch im 11. Jahrhundert war von der Nichtigerklärung einer Ehe wegen Ungültigkeit nach kirchlichem Recht keine Rede. War eine Ehe entgegen einem Verbot zur Eheschließung, beispielsweise wegen Blutsverwandtschaft zwischen den Parteien bis zum siebten Grad der Seitenlinie[50] oder Schwägerschaft[51], unerlaubt geschlossen worden, war sie zu trennen. Ziel war es, das Skandalon der Lebensgemeinschaft zweier entgegen eines Verbots Verheirateter zu beseitigen. Maßgebend war allein die Beurteilung darüber, ob mit der Eheschließung ein Verstoß begangen worden war.[52] Lag ein solcher vor, wurde noch im 11. Jahrhundert die Ehetrennung von weltlichen Richtern ausgeurteilt.[53] Die Kirche beschränkte sich in diesem Fall darauf, eine Buße wegen der unerlaubten Eheschließung anzuordnen.[54] Auch mussten die Partner z. B. gleichzeitig auf eine Heiligenreliquie einen festgelegten Eid leisten, dass sie mit dem anderen weder in einer Ehe noch in einem ehebrecherischen Verhältnis zusammenbleiben und gemeinsame Mahlzeiten und das Wohnen unter demselben Dach vermeiden würden. Unterredungen zwischen ihnen sollten künftig nur noch vor Zeugen erlaubt sein.[55] Unterwarfen sich die Eheleute dem Richterspruch allerdings nicht und erhielten sie das eheliche Zusammenleben aufrecht, wurden von Seiten der Kirche Bußen

---

50 Vgl. LANDAU, Ehetrennung, 162. So auch PFAFF, Eherecht, 97, und STOCKMANN, Von Heiligen, 300. Es war lange umstritten, bis zu welchem Grad ein Eheverbot wegen Blutsverwandtschaft vorliege. Die Blutsverwandtschaft als Ehehindernis war schon im klassischen römischen Reich bekannt. Es galt in dieser Zeit in gerader Linie unbeschränkt, in der Seitenlinie vorklassisch bis zum 6. Grad, klassisch bis zum 3. Grad. Theodosius dehnte es wiederum bis zum 4. Grad aus. Die Kirche übernahm diese Regelungen des römischen Rechts zunächst, erweiterte sie jedoch später (vgl. EISENRING, Ehevoraussetzungen, 95–99). So gehen Landau, Pfaff und Stockmann für das 11. Jahrhundert vom 7. Grad der Seitenlinie aus, wobei es nach römischer oder germanischer Zählweise Unterschiede bei der Berechnung der Grade gab (vgl. KOENIGER, Burchard, 157; STOCKMANN, Von Heiligen, 300). Erst Innozenz III. (1161–1216) reduzierte das Verbot bis zum einschließlich 4. Grad der Seitenlinie (vgl. IV, X, 14, 8).

51 Vgl. LANDAU, Ehetrennung, 163.

52 Vgl. LANDAU, Ehetrennung, 153; STOCKMANN, Von Heiligen, 295, Anm. 10.

53 Vgl. LANDAU, Ehetrennung, 165 f. Er stützt sich dabei vor allem auf eine Ausführung Hinkmars von Reims, vgl. 165, Anm. 65. Anders könne dies möglicherweise nur in Bezug auf Ehetrennungen von Königen sein, da für diese eine übergeordnete weltliche Instanz fehle.

54 Vgl. LANDAU, Ehetrennung, 169.

55 Vgl. REGINO VON PRÜM, De Synodalibus causis, II C.CCXXXIV; BURCHARD VON WORMS, Decretorum Libri XX, Cap. XXVII.

bis hin zur Exkommunikation verhängt, mit dem Ziel, auch gegen den eventuellen Willen der Eheleute die Trennung herbeizuführen.[56]

Die Kirche strafte[57] in diesem Fall also, um die Aufhebung der Lebensgemeinschaft zu erreichen. Ein ausgebildetes Verfahren aber, wie Fälle einer als notwendig betrachteten Separation be- oder verhandelt werden sollten, gab es bis 1100 kaum.[58]

1. Die Weiterentwicklung des Beweisrechts durch *Burchard von Worms*

Auch zur Zeit *Burchard von Worms*, ~965–1025, kannte das kirchliche Recht noch keine Ehenichtigkeitserklärungen. Wie schon *Regino von Prüm*[59], legte *Burchard* im Buch VII. seines Dekrets von 1020[60] stattdessen einzelne Regeln zu bestimmten Prozessfragen bei Ehetrennungsverfahren nieder[61]. Da es sich dabei hauptsächlich um solche wegen Inzests handelt, lässt sich erahnen, dass diese wohl den Großteil der vorgekommenen Fälle ausgemacht haben. Darauf lässt auch der Titel des Buches VII. schließen: „De Incestu“[62].

Die Regeln *Burchards* sind zum Teil inhaltlich wie sprachlich identisch mit denen *Reginos*[63], jedoch entwickelte er auch weiter und veränderte. So hatte *Regino* eine Erweiterung der Beweisregeln beim Ehetrennungsverfahren vorgenommen.[64] Diese strich *Burchard* in seinem Werk ohne Angabe von Gründen wieder[65].

Als neue Beweisregel führte er ein, dass nur nahe Angehörige, denen die Verwandtschaftsverhältnisse bekannt seien, berechtigt seien, ein Ehetrennungsverfahren wegen Inzests in Gang zu setzen. Er nannte Vater, Mutter, Bruder,

56 Vgl. LANDAU, Ehetrennung, 163 f.

57 Vgl. LANDAU, Ehetrennung, 153; STOCKMANN, Von Heiligen, 295, Anm. 10.

58 Vgl. LANDAU, Anfänge, 59.

59 Vgl. Kapitel B I 3.

60 Vgl. BURCHARD VON WORMS, Decretorum Libri XX.

61 Vgl. BURCHARD VON WORMS, Decretorum Libri XX, Lib. VII, Cap. XVII, Lib. VII, Cap. XXI, XXV–XXVII.

62 BURCHARD VON WORMS, Decretorum Libri XX, Lib. VII.

63 Vgl. REGINO VON PRÜM, De Synodalibus causis, II C.CCXXXII–C. CCXXXIV = BURCHARD VON WORMS, Decretorum Libri XX, Lib. VII, Cap. XXV–XXVII; REGINO VON PRÜM, II C.XXXVIII = BURCHARD VON WORMS, Lib. VII, Cap. XVII.

64 Vgl. Kapitel B I 3.

65 Vgl. BURCHARD VON WORMS, Decretorum Libri XX, Lib. VII, Cap. XVII.

Schwester, den Onkel und die Tante väter- und mütterlicherseits, Neffen und Nichten. Seien solche nahen Familienmitglieder nicht vorhanden, könne der Bischof selbstständig ein Trennungsverfahren einleiten und durch Vernehmung von älteren und aufrichtigen Personen, denen die Verwandtschaftsverhältnisse bekannt sein könnten, eruieren, ob Blutsverwandtschaft[66] zwischen den Eheleuten vorliege.[67]

Die Bestimmung findet sich in dieser Form nicht bei *Regino*. *Burchard* verwies am Rand dieser Regelung statt dessen auf eine päpstliche Dekretale: „Ex decr. Fabiani papae, ca.8“[68]. Da diese Quelle jedoch nicht auffindbar ist und auch von keinem anderen Autor vor ihm zitiert wurde, ist *Landau* wohl zuzustimmen, wenn er ausführt, dass *Burchard* diese Regelung erfunden und lediglich Papst *Fabianus*, ~200–250, zugeschrieben habe, um sie zu legitimieren[69].

Wie schon bei *Regino*[70], so lässt sich auch bei *Burchard* eindeutig erkennen, dass die Verfahren zur Ehetrennung im Geltungsbereich seines *Decretorum Libri XX* allein in die Zuständigkeit des Bischofs gelegt waren.

2. Der Begriff der Eheungültigkeit von *Ivo von Chartres*

Während in den auf *Burchard* folgenden Jahrzehnten in Bezug auf die materiellrechtlichen Ehevorschriften größere Entwicklungen zu beobachten sind, blieben die Neuerungen auf dem Gebiet des Verfahrensrechts überschaubar.[71] Dies ergibt sich auch aus dem Werk des *Ivo von Chartres*, ~1040–1115, der – wie vorher *Burchard* weitgehend von *Regino* – nunmehr alle Verfahrensregeln *Burchards* übernahm[72] und nur einige wenige neue päpstliche Stellungnahmen aufführte.

---

66 Zur Zeit Burchards ist Inzest wohl bis zum 7. Grad der Seitenlinie anzunehmen (vgl. Anm. 50).

67 Vgl. BURCHARD VON WORMS, Decretorum Libri XX, Lib. VII, Cap. XXI.

68 Vgl. BURCHARD VON WORMS, Decretorum Libri XX, Lib. VII, Cap. XXI.

69 Vgl. LANDAU, Anfänge, 60. KOENIGER, Burchard I., 14, führt aus, dass Burchard an mehreren Stellen seines Dekrets Quellenangaben gefälscht habe, um so die Autorität seines Buches zu erhöhen und den Regeln mehr Gewicht zu verleihen. Die Regelung wurde ebenfalls unter Verweis auf Fabianus in das Decretum Gratiani aufgenommen, vgl. dort C.XXXV, q.VI, c.1.

70 Vgl. Kapitel B I.

71 Vgl. LANDAU, Anfänge, 62 f.

72 Vgl. IVO VON CHARTRES, Opera omnia, Panormia, Lib. VII, Cap. LXXXIV (BURCHARD VON WORMS, Decretorum Libri XX, Lib. VII, Cap. XVII); Panormia, Lib. VII, Cap. LXXXVII-Cap.LXXXIX (BURCHARD VON WORMS, Lib. VII, Cap. XXV-Cap. XXVII); Panormia, Lib. VII, Cap. LXXXV (BURCHARD VON WORMS, Lib. VII,

So zitierte er einen Brief *Alexanders II.* an *Wilhelm de Monasterio* von 1063, in dem dieser schrieb, dass er durch zahlreiche Berichte erfahren habe, dass viele ihre Ehefrau unter dem Vorwand naher Verwandtschaft verlassen würden. Er ordne deshalb an, dass niemand ohne Prüfung durch ein *episcoporum concilium* seine Frau eigenmächtig verlassen und eine neue Verbindung eingehen dürfe.[73]

Hierin zeigt sich eine ganz erhebliche Verschärfung bei der Behandlung von Ehetrennungen im Vergleich zum Dekret *Burchards. Landau* schließt daraus, dass Verbote zur Eheschließung unter übermäßiger Ausdehnung von Verwandtschaftsgraden[74] zunehmend künstlich kreiert worden und die einzelnen Bischöfe diesem Missbrauch offensichtlich nicht mehr Herr geworden seien.[75]

Unklar bleibt, inwieweit die Anordnung *Alexanders II.* in der Praxis jedoch tatsächlich Beachtung fand.

Erstmals in der Geschichte des kirchlichen Eherechts ging *Ivo von Chartres* von der grundsätzlichen Ungültigkeit bestimmter Ehen aus[76]: So wertete er die Gemeinschaft der Partner bei erwiesener, fehlender Zustimmung bei der Eheschließung grundsätzlich nicht als Ehe, sondern schlicht als Zusammenleben. Dieses sei folglich auch gar nicht aufzulösen, sondern einfach zu beenden.[77] Ehen, die unter Blutsverwandten[78] geschlossen wurden, stellten für ihn ebenfalls keine wirkliche Ehe dar. Diese seien allerdings – mit der Möglichkeit einer neuen Eheschließung – aufzulösen.[79]

3. Die Gerichtsorganisation am Beginn des neuen Jahrtausends

Handelte es sich nicht um Ehetrennungsverfahren, die dem Bischof, oder dem von *Alexander II.* verlangten *episcoporum concilium* vorbehalten waren, sondern um sonstige Ehesachen, konnten diese von den vom Bischof eingesetzten

---

Cap. XXI). Ivo übernimmt hier scheinbar ungeprüft die mutmaßlich erfundene Quellenangabe Burchards: Ex Decret. Fabian. Pap. C.8. BARTOLOMÉ DE CARRANZA, Summa omnium, 15 f., allerdings nicht.

73 Vgl. IVO VON CHARTRES, Opera omnia, Panormia, Lib. VII, Cap. LXXXIII.

74 Vgl. Anm. 50.

75 Vgl. LANDAU, Anfänge, 63.

76 Vgl. ROLKER, Canon law, 230.

77 Vgl. IVO VON CHARTRES, Epistolae, Ep. CLXVI: „Matilde … quia si testes mulieris adversus Pontium agentis, datis sacramentis probare possent quod mulier obiecerat, a coniugio Pontii liebera esset, et cui vellet in Christo nubere posset.", vgl. Ep.CCXLII.

78 Auch zur Zeit Ivos von Chartres ist wohl noch von einem Eheverbot bis zum 7. Grad der Seitenlinie auszugehen (vgl. Anm. 50).

79 Vgl. ROLKER, Canon law, 230.

Archidiakonen verhandelt werden. Ab dem 11. Jahrhundert beanspruchten diese zum größten Teil eine *iurisdictio ordinaria propria.*[80] Damit bildeten ihre Gerichte in der Folge die erste Instanz und es war eine Berufung[81] an den Bischof möglich. Es bestanden demnach also zwei Instanzen innerhalb einer Diözese[82].

Zu Beginn des neuen Jahrtausends hatte die kirchliche Gerichtsorganisation in Gebieten mit Sendgerichten damit folgenden Aufbau (mit Ausnahme bei den Ehetrennungsverfahren): An unterster Stelle standen die dem Bischof untergeordneten Archidiakone (in Ungarn und in der Diözese Münster übten in der Regel Domkapitulare diesen Dienst aus[83]) und die anderen Bevollmächtigten der Sendgerichte. An zweiter Stelle stand das bischöfliche Gericht mit dem Bischof als ordentlichem Richter.[84] Diesem übergeordnet war das Gericht des Metropoliten und als höchste Gerichtsinstanz der Papst.[85]

Dementsprechend gestaltete sich der Instanzenzug: Es war immer zum höheren Richter, bei einem Delegierten an den Delegaten, zu appellieren – vom Sendgericht an das bischöfliche Gericht und von dort zum Metropolitangericht. Höchste Berufungsinstanz war das päpstliche Gericht, seit *Innozenz IV.* das ständige Auditorium, die spätere Rota Romana.[86]

In den Gebieten, in denen der Bischof mangels Archidiakonen im Rahmen von Synoden selbst Recht sprach, traten ab dem 11. Jahrhundert ebenfalls Änderungen ein.

So veranlasste die Schwerfälligkeit der Synodenrechtsprechung und seine häufige Abwesenheit[87] z. B. den Erzbischof von Mainz[88], seine erstinstanzliche Gerichtsbarkeit je nach Notwendigkeit und Bedarf Priestern seines Bistums zu übertragen, die einen bestimmten Fall dann an Ort und Stelle entschieden.

---

80 Vgl. KRIEG, Kampf, 36; LÖHR, Verwaltung, 199; BAUMGARTNER, Geschichte, 183.

81 Die Frage nach der Einlegung einer Berufung beruhte zu dieser Zeit noch auf der Entscheidung der Parteien. Eine Pflichtberufung in Ehesachen existierte noch nicht (vgl. dazu Kapitel C III).

82 Vgl. MAY, Instanzenzug, 105; SZENTIRMAI, Ungarn, 194. KIRN, Der mittelalterliche Staat, 169, datiert diese Vorgänge auf das 12. Jahrhundert.

83 Vgl. SZENTIRMAI, Ungarn, 147–149; MUSSINGHOFF, Münster, 147.

84 Vgl. BAUMGARTNER, Geschichte, 216; KRIEG, Kampf, 38; LÖHR, Verwaltung, 199.

85 Vgl. KILLERMANN, Rota Romana, 21.

86 Vgl. RUFINUS VON BOLOGNA, Summa Decretorum, C.II., q.VI.; KILLERMANN, Rota Romana, 46, 72 f., 415; PLÖCHL, Geschichte Bd. II, 309 f.; MAY, Instanzenzug, 123.

87 Vgl. EGLER, Jurisdiktionsakte, 73; KRIEG, Kampf, 5.

88 Mainz hatte zur damaligen Zeit zwölf Suffraganbistümer, so z. B. Konstanz, Speyer, Würzburg, Straßburg und Hildesheim, für die der Erzbischof als Metropolit fungierte.

Als sich jedoch auch die Beauftragung von Fall zu Fall als zu umständlich erwies, wurden allgemein delegierte Richter aufgestellt. Diese bildeten in der Folgezeit den Gerichtshof der *Iudices sancte Moguntine sedis.*[89] Zweite Instanz für Entscheidungen, die der Mainzer Gerichtshof in erster Instanz gefällt hatte, war das päpstliche Gericht, seit *Innozenz IV.* das bereits erwähnte ständige Auditorium[90]. Für Entscheidungen, die der Mainzer Gerichtshof als Metropolitangericht, also als zweite Instanz für ein Suffraganbistum, gefällt hatte, war das ständige Auditorium dritte Instanz[91].

III. Der Eheprozess vom 12. Jahrhundert bis zum *Konzil von Trient*

Die Zeit vom 12. Jahrhundert bis zum *Konzil von Trient* kann als Hochzeit in der Schaffenskultur der Kanonisten betrachtet werden:

neue Beweis- und Prozessregeln wurden formuliert und Anforderungen an Gerichtspersonen festgelegt. Auch änderte sich durch die Normierung von Ehehindernissen der Charakter des Ehetrennungsverfahrens grundlegend.

1. Der Begriff des Ehehindernisses

Um 1165 bildete sich in der Kanonistik der Begriff des Ehehindernisses aus. Der Bologneser Jurist *Rufinus*, ~1130–~1192, verwendete ihn in seinem Werk *Summa decretorum* erstmals, um Fälle kirchlich missbilligter Ehen zu erfassen. Er unterschied dabei zwischen solchen, die eine Person zur Eheschließung ungeeignet machen, so z. B. Gelübde, Bedingung, Verwandtschaft[92], Impotenz, und solchen, die die eheliche Verbindung als solche zu einer illegitimen machen, z. B. Irrtum und Zwang[93].

89 Vgl. MAY, Instanzenzug, 106 f.

90 Vgl. RUFINUS VON BOLOGNA, Summa Decretorum, C.II., q.VI.; KILLERMANN, Rota Romana, 46, 72 f., 415; PLÖCHL, Geschichte Bd.II, 309 f.; MAY, Instanzenzug, 123.

91 Vgl. MAY, Instanzenzug, 115 f.; KILLERMANN, Rota Romana, 46, 72 f., 415.

92 Rufinus dürfte für das hier erwähnte Hindernis von einem Eheverbot bis zum 7. Grad der Seitenlinie ausgegangen sein (vgl. Anm. 50).

93 Vgl. RUFINUS VON BOLOGNA, Summa Decretorum, Causa XXVII: „Error persone, coactio, tempus feriarum, ecclesie interdictum, ... votum, ordo, habitus, dispar cultus, conditio, cognatio, ligatio, publice honestatis iustitia, enormitas delicti, impossibilitas conveniendi."

Mit der Festlegung von Ehehindernissen änderte sich die Sichtweise auf die in Frage stehende Ehe grundlegend: bisher war nur zwischen erlaubten und unerlaubten Eheschließungen unterschieden, also angenommen worden, dass bei Letzteren zwar eine Ehe zustande gekommen war, diese aber nicht fortgeführt werden durfte. Zukünftig wurde untersucht, ob überhaupt eine gültige Ehe zustande gekommen war oder ob zum Eheschließungszeitpunkt ein Hindernis vorlag, das die Ehe von Anfang an ungültig sein ließ. Konsensmängel spielten noch keine Rolle. Freilich dauerte es noch einige Zeit, dieses neue Verständnis überall durchzusetzen und den vormals praktizierten Partikularismus der Rechtsprechung zu überwinden.[94]

2. Die Verfahrens- und Beweisregeln im *Corpus Iuris Canonici*

Mit dem Verständnis vom Sakramentscharakter der Ehe[95] begründete die Kirche als Sachwalterin der Sakramente gleichsam zwingend den Anspruch, Ehefälle ausschließlich durch eigene Gerichte entscheiden zu lassen.[96]

Im *Decretum Gratiani*, das vermutlich[97] um 1140 entstand, betonte auch *Gratian* unter Berufung schon auf das *Konzil von Karthago* und dessen Strafandrohung im Falle der Nichtbeachtung, dass die Trennung einer Ehe vor das kirchliche Gericht gehöre.[98] 1215 bestätigte das *4. Laterankonzil* nochmals ausdrücklich die Zuständigkeit der Bischöfe für Fragen der Ehenichtigkeit, des Ehebruchs, der klandestinen Ehe, Heiratsversprechen und Trennungen von Tisch und Bett.[99]

Im *Decretum Gratiani* finden sich die bereits dargestellten Regeln zum Verfahren in Ehe- und Ehetrennungssachen wieder.[100]

Erstmals erwähnte *Gratian* bei Gelegenheit der Schilderung von Impotenz-Verfahren allerdings die Möglichkeit, durch Geständnis einer Partei einen

---

94 Vgl. LANDAU, Ehetrennung, 183; vgl. DEUTSCH, Ehegerichtsbarkeit, 63.

95 KANY, Ehescheidung, 54, datiert diesen Zeitpunkt auf das 12. Jahrhundert, so auch WEIß, Ehe, 993.

96 Vgl. BISCHOF, Ehedekret, 148; vgl. KOENIGER, Grundzüge, 28.

97 Der genaue Zeitpunkt ist unsicher. Vgl. PUZA, LThK, 1322; WEIGAND, LThK, 988; SCHULTE, Quellen, 319.

98 Vgl. GRATIAN, Decretum, c.1 C.33 q.2: „Non licet alicui uxorem dimittere, nisi causa discidii primum ecclesiae probetur. Seculares … si ante quam apud episcopos conprouinciales discidii causas dixerint, et prius, quam iudicio dampnentur, uxores suas abiecerint, a communione ecclesiae … excudantur."

99 Vgl. CONCILIUM LATERANENSE IV, C. 60; vgl. DEUTSCH, Ehegerichtsbarkeit, 61 f.

100 Vgl. GRATIAN, Decretum, C.35 q.6.

Beweis führen zu können.[101] Hinsichtlich der Anforderungen an die Person des Richters führte *Gratian* aus, dass bestimmte Menschen von diesem Amt auszuschließen seien: so z. B. Taube, Stumme, Minderjährige, Frauen, Sklaven, Häretiker, Infame und Exkommunizierte.[102] Werde ein Endurteil nicht schriftlich abgefasst, sei es nichtig[103], weshalb dagegen auch nicht appelliert werden könne[104], außerdem sei es in Gegenwart beider Parteien zu verkünden[105].

3. Die Frage nach der formellen Rechtskraft in Ehetrennungssachen

Gratian beschäftigte sich im *Decretum Gratiani* in Bezug auf prozessrechtliche Themen weiterhin mit der Frage nach der formellen Rechtskraft einer Entscheidung in Ehetrennungssachen. Dazu schilderte er folgenden Fall: eine Ehe wird wegen Blutsverwandtschaft[106] aufgelöst. Einige Zeit später heiratet die Frau erneut. Danach stellt sich heraus, dass zwischen ihr und ihrem Mann aus erster Ehe tatsächlich keine Blutsverwandtschaft bestand, sondern der Richter über diese Frage getäuscht worden war. Ist nun die zweite Ehe der Frau wiederum aufzulösen, weil sich nachträglich die der Entscheidung zu Grunde gelegten Tatsachen als falsch herausstellen mit dem Ziel der Rückkehr der Frau zu ihrem ersten Mann?[107]

Gratian zitierte zunächst eine diesbezüglich negative Äußerung *Gregors des Großen* aus dem Jahr 599, wonach alles, was in rechter Weise entschieden worden sei, in der Zukunft nicht mehr angefochten werden dürfe.[108]

Sodann nahm er selbst Stellung zu der aufgeworfenen Frage: *Gratian* stellte vorweg fest, dass die Aufhebung einer richterlichen Entscheidung grundsätzlich zur Störung des Rechtsfriedens führe.

---

101 Vgl. GRATIAN, Decretum, c.1, c.3 C.33 q.1.

102 Vgl. GRATIAN, Decretum, c.1 C.3 q.7, C.24 q.1.

103 Vgl. GRATIAN, Decretum, c.7 § 14 C.2 q.1: „ut sententia, que sine scripto dicta fuerit, nex nomen sententiae habere mereatur.“, c.8, c.9 C.2 q.1.

104 Vgl. GRATIAN, Decretum, c.8 C.2 q.1: „nec ad rescissionem perperam decretorum appellationis solempnitas requiratur.“

105 Vgl. GRATIAN, Decretum, c.2 C.3 q.9: „Absente adversario sententiam ferri non licet.“

106 Gratian gibt keinen Hinweis darauf, welcher Grad der Blutsverwandtschaft in seinem Fall zwischen den Parteien vorliegen soll.

107 Vgl. GRATIAN, Decretum, C.35 q.9.

108 Vgl. GRATIAN, Decretum, c.1 C.35 q.9: „Omnibus modis ecclesiasticae disciplinae vel moderationi conueniens est, ut que rationabiliter ordinata fuerint vel decisa nulla in posterum debeant refragatione turbari.“

Davon ausgehend unterschied er aber: Es sei die eine Sache, eine Entscheidung aufzuheben (und damit „nur“ den Rechtsfrieden zu stören), aber eine andere, eine solche, die durch Täuschung erreicht wurde, rückgängig zu machen (und damit der Gerechtigkeit Genüge zu tun).[109] Seiner Ansicht nach gebühre es sich in „causae spirituales“[110], unzulässige Entscheidungen aufzuheben – schließlich sei es erlaubt, eigene Fehler oder solche des Vorgängers zu korrigieren. Um seine Auffassung weiter zu untermauern, stellte er einen Vergleich auf: Eine Frau, die im Glauben, ihr Mann sei verstorben, einen zweiten heiratet, müsse zum ersten zurückkehren, wenn dieser Totgeglaubte wieder zurückkehre. Dementsprechend müsse auch der Bund der vorherigen Ehe wiederhergestellt werden, wenn sich herausstelle, dass diejenigen, die der Blutsverwandtschaft[111] wegen voneinander getrennt worden seien, nicht blutsverwandt[112] sind.[113] *Gratian* vertrat also eine zu *Gregor dem Großen* gegensätzliche Auffassung.

Alexander III. (~1100–1181) teilte offenbar die Ansicht *Gratians*, denn er bestätigte in einer Entscheidung an den Bischof von Norwich, dass ein durch Täuschung der Kirche erlangtes Trennungsurteil jederzeit wieder aufgehoben werden könne.[114]

Auf diese Entscheidung geht der allgemeine, bis heute gültige Satz, dass Personenstandssachen – und damit Ehesachen – niemals in Rechtskraft erwachsen, zurück.[115]

Gratian ist dahingehend zuzustimmen, dass es grundsätzlich möglich sein muss, bestimmte Entscheidungen, und zwar solche, die auf einer falschen Tatsachen- oder Rechtsgrundlage ergangen sind, aufzuheben.

Kritisch ist jedoch seine Forderung zu sehen, auch eine eventuell schon geschlossene zweite Ehe sei im Hinblick auf das falsch ergangene Urteil aufzuheben und der Partner habe in die erste Ehe zurückzukehren. Zwar wäre in einem

---

109 Vgl. GRATIAN, Decretum, c.2 C.35 q.9.

110 Vgl. RUFINUS VON BOLOGNA, Summa Decretorum, Causa XXXV., q.9.; vgl. JACOBI, Der Prozeß, 316.

111 Gratian gibt auch an dieser Stelle keinen Hinweis darauf, welcher Grad der Blutsverwandtschaft in seinem Fall zwischen den Parteien vorliegen soll (vgl. Anm. 106).

112 Gratian dürfte zu seiner Zeit davon ausgegangen sein, dass ab dem 8. Grad der Seitenlinie keine Blutsverwandtschaft zwischen den Parteien mehr besteht (vgl. Anm. 50).

113 Vgl. GRATIAN, Decretum, c.2 C.35 q.9.

114 Vgl. c.7 X de sententia et re iudicata II, 27.

115 Vgl. Summarium c.7 X de sententia et re iudicata II, 27: „Sententia lata contra matrimonium nunquam transit in rem iudicatam; unde quandocunque revocatur, quum constat de errore.“; LANDAU, Ehetrennung, 185.

solchen Fall die erste Ehe gültig, eine Rückkehr zum ersten Partner und ein friedliches Zusammenleben mit diesem dürfte allerdings in der Praxis gar nicht umsetzbar sein. Das dürfte auch zur Zeit *Gratians* nicht anders gewesen sein.

4. Die Beschleunigung von Eheverfahren und die Unterscheidung der Verfahren nach ihrem Zweck

Cölestin II. unterschied erstmals zwei Arten von Eheverfahren: solche, die das Bestehen einer Ehe feststellen sollten und solche, in denen die Trennung angestrebt wurde[116]. Er stellte auch erstmalig die Selbstständigkeit des kirchlichen Eheverfahrens im Vergleich zum Zivil- und Strafrecht heraus. *Cölestin II.* begründete dies damit, dass der primäre Zweck des Eheprozesses die Aufrechterhaltung der Ehe sei und dass aus diesem Grund Verfahrensregeln des Zivil- und Strafrechtes unter Umständen nicht zur Anwendung kommen könnten[117].

Darüber hinaus betonte *Cölestin II.*, dass in den Eheprozessen Männer und Frauen als Zeugen[118] zuzulassen seien. Er ging damit über frühere Bestimmungen, dass Mütter und Tanten in Eheverfahren aussagen könnten, hinaus und formulierte eine Zeugnisfähigkeit für alle Frauen[119]. So waren z. B. am Regensburger Diözesangericht – zumindest nachweislich zwischen 1450 und 1538 – Frauen Männern in Ehesachen sogar rechtlich vollständig gleichgestellt. Sie durften ihre Männer beispielsweise wegen Ehebruchs anklagen und gerichtlich für ihre eigenen Interessen streiten, waren also selbst prozessfähig und -berechtigt. Anders war dies am Erfurter Gericht, an dem für jede Frau ein Prokurator verlangt wurde.[120]

Zunehmend bemühte man sich, den Eheprozess im Ablauf auch zu beschleunigen.

So wurden die Verfahren nach 1314 in der Regel als summarische geführt. Im Gegensatz zu den ordentlichen Verfahren konnten im summarischen die gesetzlichen Förmlichkeiten auf die absolut notwendigen Formalien reduziert werden, das heißt auf die Einvernahme der Parteien, das Beweis- bzw. Hauptverfahren und das Urteil. Zur Prozesseröffnung wurde keine schriftliche Klageschrift benötigt, sondern der mündliche Vortrag reichte aus; eine formelle Streitfestlegung

116 Vgl. GRATIAN, Decretum, c.2 C.35 q.6.

117 Vgl. GRATIAN, Decretum, c.2 C.35 q.6; LANDAU, Anfänge, 70 f.; LANDAU, Ehetrennung, 181.

118 Vgl. GRATIAN, Decretum, c.2 C.35 q.6.

119 So auch LANDAU, Anfänge, 68.

120 Vgl. DEUTSCH, Ehegerichtsbarkeit, 180 f.

(litis contestatio) war verzichtbar, stattdessen genügte die einfache Streiteinlassung. Zeugen konnten ausgeschlossen, Fristen verkürzt werden.[121]

5. Das Offizialat

Nach dem im 13. Jahrhundert weitgehend beginnenden Niedergang des Archidiakonats verschwanden mit der Zeit auch die von seinen Vertretern geführten Sendgerichte[122].

a. Die Schaffung des Offizialats

Ausgehend von den nordfranzösischen Bistümern begannen die Diözesen in den Gebieten nördlich der Alpen (so 1221 in Trier, 1223 in Friesland, ca. 1252 in Basel, 1260 in Augsburg, 1271 in Sitten), durch eigenständige bischöfliche Gerichte – Offizialate – eine neue Struktur in ihrer Gerichtsbarkeit auszubilden.[123]

Gottlob führt mit Blick auf die Schaffung des Offizialates von Konstanz 1256 aus, dieses sei im Unterschied zu Offizialaten anderer Diözesen nicht einfach als neue Gerichtsstruktur von den nordfranzösischen Bistümern übernommen, sondern durchaus selbstständig entwickelt worden.[124] Dies habe mit der „Einführung des römisch-kanonischen Prozessverfahrens" zusammengehangen. Dieses Verfahren, „das zwar zielsicher, aber dem deutschen Wesen gänzlich fremd, dabei sehr kompliziert und durch das Schriftlichkeitsprinzip sehr umständlich war, verlangte einen mit dem … Rechte vertrauten Richter."[125]

An den Offizialaten wurde ab ihrer jeweiligen Errichtung eine ständige Tätigkeit ausgeübt, was institutionelle Stabilität bewirkte. Der dort fungierende Richter, der Offizial, vereinte generell Urteilsfindung, Leitungsfunktion des Verfahrens und Urteilsverkündung in seiner Person.[126] Seine Tätigkeit übte er als

---

121 Vgl. LÖHR, Verwaltung, 229 f.; DEUTSCH, Ehegerichtsbarkeit, 178–182.

122 Vgl. BAUMGARTNER, Geschichte, 216 f.; PLÖCHL, Geschichte Bd.II, 309.

123 Vgl. BALOGH, Einführung, 103 f.; CARLEN, Sitten, 221 f.; DEUTSCH, Ehegerichtsbarkeit, 64–66.; GOTTLOB, Basel, 119; HILLING, Die Offiziale, 4; MUSSINGHOFF, Münster, 147, 150; SCHWAB, Augsburger Offizialatsregister, 420.

124 Vgl. GOTTLOB, Die Offiziale, 17; 26 f.

125 GOTTLOB, Die Offiziale, 24. So auch HILLING, Die Offiziale, 9 f., der im Allgemeinen die Einführung der Offizialate so begründet.

126 Vgl. BALOGH, Einführung, 103 f.; CARLEN, Sitten, 221 f.; DEUTSCH, Ehegerichtsbarkeit, 64–66.; GOTTLOB, Basel, 119; GOTTLOB, Die Offiziale, 17; MUSSINGHOFF, Münster, 147, 150; SCHWAB, Augsburger Offizialatsregister, 420.

eine *iurisdictio ordinaria vicaria* aus[127], was mit sich brachte, dass die Amtsübertragung mit dem Tod des Ordinarius erlosch.[128]

1246 erließ Papst *Innozenz IV.* die Konstitution „*Romana ecclesia*", die Begriff und Recht eines Offizials umschrieb.[129] Danach war er derjenige, der als Stellvertreter des Bischofs generell[130] die Prozesssachen zu entscheiden hatte, die vor das bischöfliche Gericht gehörten. Er bildete mit dem Bischof ein und das selbe Gericht, weshalb es gegen sein Urteil keine Berufung[131] an den Bischof mehr gab, sondern nur an den Metropoliten[132] und an das päpstliche Gericht, seit *Innozenz IV.* das ständige Auditorium, die spätere Rota Romana.[133] Der Offizial war in der Regel fest besoldet, nur selten hatte er ein Benefizium[134] inne.[135] Aus diesem Grund war er auch jederzeit durch den Bischof absetzbar.[136]

---

127 Vgl. BALOGH, Einführung, 103 f.; CARLEN, Sitten, 221 f.; DEUTSCH, Ehegerichtsbarkeit, 64–66.; GOTTLOB, Basel, 119; MUSSINGHOFF, Münster, 147, 150.

128 Vgl. KRIEG, Kampf, 47; GOTTLOB, Die Offiziale, 18; SCHWAB, Augsburger Offizialatsregister, 475.

129 Vgl. c.1 in VI de officio vicarii I, 13.

130 Davon unberührt blieb das Recht des Bischofs, sich einzelne Fälle zur Entscheidung vorzubehalten.

131 Die Frage nach der Einlegung einer Berufung beruhte auch zu dieser Zeit noch auf der Entscheidung der Parteien. Eine Pflichtberufung in Ehesachen existierte noch nicht (vgl. dazu Kapitel C III).

132 Vgl. c.3 in VI de appellationibus II, 15: „... officiales, qui generaliter de causis ad ipsorum (Episcoporum) forum pertinentibus eorundem vices supplendo, cognoscunt, unum et idem consistorium sive auditorium sit censendum. ... De officiali episcopi non ad episcopum, se ad archiepiscopum appellatur."

133 Vgl. RUFINUS VON BOLOGNA, Summa Decretorum, C.II., q.VI.; KILLERMANN, Rota Romana, 46, 72 f., 415; PLÖCHL, Geschichte Bd. II, 309 f.; MAY, Instanzenzug, 123.

134 Zum Begriff des Benefiziums vgl. GÜTHOFF, Begriff, 67–78.

135 Vgl. SCHWAB, Augsburger Offizialatsregister, 475

136 Vgl. BALOGH, Einführung, 103 f.; CARLEN, Sitten, 221 f.; DEUTSCH, Ehegerichtsbarkeit, 64–66; GOTTLOB, Basel, 119; GOTTLOB, Die Offiziale, 18; MUSSINGSHOFF, Münster, 147, S. 150. Auch nach can. 1573 § 5 CIC/1917 konnte der Offizial noch jederzeit frei vom Bischof abberufen werden (vgl. EICHMANN/ MÖRSDORF, Lehrbuch, 50). Dies hat sich erst durch can. 1422 CIC/1983 geändert: hiernach kann der Offizial nur noch aus rechtmäßigem und schwerwiegenden Grund seines Amtes enthoben werden (vgl. PLATEN, Diözesankurie, 647).

b. Probleme bei der Einführung der Offizialate

In der Diözese Regensburg konnte sich die Institution des Offizialats zunächst noch nicht durchsetzen: Seit Beginn des 14. Jahrhunderts oblag die diözesane Gerichtsbarkeit dem Bischof und dem Domkapitel. Ab 1373 erlangte das Kapitel die volle bischöfliche Jurisdiktionsgewalt, nachdem der Bischof aufgrund der maroden finanziellen Lage, ausgelöst durch die Misswirtschaft seines Vorgängers, gezwungen war, neben anderen Rechten auch die diözesane Gerichtsbarkeit an das Domkapitel zu verpfänden. Das Regensburger Domkapitel übte die diözesane Gerichtsbarkeit in den folgenden 153 Jahren durch einen Einzelrichter, der Mitglied des Kapitels war, frei von diesem gewählt wurde und dessen Amtszeit nicht begrenzt war, selbstständig aus. Erst 1526 konnte der Bischof die Gerichtsbarkeit wieder an sich ziehen.[137]

Im Erzbistum Köln und den Bistümern Münster, Osnabrück, Halberstadt und Paderborn konnte sich die Institution des Offizialats ebenfalls noch nicht durchsetzen. Zurückzuführen war dies auf den Machtanspruch der noch immer amtierenden Archidiakonen, die in einzelnen Gegenden der genannten Bistümer auch gegenüber den Trienter Konzilsbestimmungen[138] ihre bisherigen Jurisdiktionsrechte zu behaupten suchten.[139] In Köln erhielten sie sich eine mit der erzbischöflichen konkurrierende Jurisdiktion, in Osnabrück, Münster und Paderborn bewahrten sie sich die Sendgerichtsbarkeit über Klerus und Laien – einschließlich der Behandlung streitiger Ehesachen – teilweise sogar bis zur Säkularisation.[140]

Daran konnte zunächst auch die 1571 im Bistum Münster erlassene Justizreform[141] nichts ändern. Durch diese sollte die weltliche von der kirchlichen Gerichtsbarkeit getrennt werden.[142] Sie enthielt Regelungen zu dem am Offizialat tätigen Personal[143], legte den Ablauf des Prozessverfahrens für die

137 Vgl. DEUTSCH, Ehegerichtsbarkeit, 73–77.

138 S. h. dazu Kapitel B IV.

139 Vgl. BAUMGARTNER, Geschichte, 217; KRIEG, Kampf, 40–42.

140 Vgl. EBERS, Archidiakonal-Streitigkeiten, 365 f.; vgl. KOENIGER, Grundzüge, 36.

141 „REFORMATIO per Rmum in Christo patrem S.R.J. principem et dominum D.Joannem ex comitibus de Hoya die gratia episcopum Monasteriensis, Osnabrugensis ac Paderbornensis ecclesiarum administratorem perpetuum etc. ad usum consistorii sui ecclesiastice iurisdictionis anno 1571 edita", einzig öffentlich zugänglicher Abdruck in: SCHWARZ, Die Reform, 167–171.

142 Vgl. REFORMATIO, Titulus I.

143 Vgl. REFORMATIO, Titulus II (Siegelbewahrer), III (Notar), IV–V (Advocatus und Procurator fiscalis. Letztgenannter fungierte in Ehesachen als Notar), VI–VII

unterschiedlichen Verfahrensarten, z. B. ordentliches und summarisches,[144] und eine Gebührenordnung[145] fest. Hiernach hatte der Offizial eine katholische und angesehene Person mit ausgezeichneten Kenntnissen der Rechte zu sein.[146] Obwohl der Text dies nicht erwähnt, ist davon auszugehen, dass nur einem Priester mit den vorgenannten Voraussetzungen das Amt eines Offizials übertragen werden konnte, nachdem dieser als Stellvertreter des Bischofs im Hinblick auf die Gerichtsbarkeit fungierte und mit *iurisdictio ordinaria vicaria* ausgestattet war.[147] Hinsichtlich der Eheverfahren wurde abweichend von den anderen Verfahrensarten geregelt, dass die Verhandlungssprache, z. B. bei Anhörungen, Deutsch sei, der Notar das Protokoll jedoch in Latein zu führen habe.[148]

Die Probleme bei der Umsetzung der Justizreform im Bistum Münster lagen vor allem an der starken Machtposition der Archidiakone, deren Interessen sich mit denjenigen der einflussreichsten, innerhalb des Bistums dem Bischof gegenüberstehenden Körperschaft, des Domkapitels, deckten. So war seit 1424 im Bischofseid die Verpflichtung enthalten, die Archidiakone in ihrer Jurisdiktion nicht zu stören und einen Offizial nicht ohne Zustimmung des Domkapitels ein- oder abzusetzen. Auf Verlangen des Kapitels war der Offizial sogar jederzeit zu entlassen und ein anderer für ihn zu benennen.[149] Erst durch die strikte Umsetzung der Tridentinischen Reformdekrete durch *Christoph Bernard von Galen* (1650–1678 Bischof von Münster) änderten sich die Verhältnisse.[150]

Nicht unerwähnt soll bleiben, dass bis dahin die Archidiakone – geschützt durch das Domkapitel – ihre Visitationsrechte, die zugleich Pflicht waren, zunehmend vernachlässigt hatten. Die Sendgerichte hielten sie meist nicht persönlich, sondern durch oft ungeeignete Personen, sogar durch Laien, ab, fassten ihr Strafrecht als Einnahmequelle auf und begnügten sich mit Geldstrafen, verloren dabei aber den Zweck der Besserung aus den Augen.[151]

(Advocatus und Procurator), VIII (Pfarrer und deren Stellvertreter, die für die Zustellung von Gerichtsladungen zuständig waren), IX (Pedellen).

144 Vgl. REFORMATIO, Titulus X f.

145 Vgl. REFORMATIO, Titutlus XXIV–XXV.

146 Vgl. REFORMATIO, Titulus II.

147 Vgl. Kapitel B III 5 a.

148 Vgl. REFORMATIO, Titulus XXXII.

149 Vgl. SCHWARZ, Die Reform, 9; EBERS, Archidiakonal-Streitigkeiten, 368 f., 406.

150 Vgl. KRIEG, Kampf, 7; EBERS, Archidiakonal-Streitigkeiten, 410.

151 Vgl. EBERS, Archidiakonal-Streitigkeiten, 371.

c. Von der Offizialatsstruktur abweichende Gerichtsstrukturen

Die Mainzer Erzbischöfe behielten zunächst noch den sich ab dem 11. Jahrhundert gebildeten Gerichtshof *Iudices sancte Monguntine sedis* bei[152]. Hier fällten – im Unterschied zum Offizialat, an dem ein Richter die Entscheidung traf[153] – mehrere Richter gemeinsam die Urteile.[154]

Ab dem 14. Jahrhundert errichteten die Erzbischöfe von Mainz sogar weitere, andere erstinstanzliche Gerichte: So ernannten sie an verschiedenen Orten der Diözese Kommissare, die als ständige Vertreter des Erzbischofs fungierten. Ursprünglich nur mit Aufgaben und Vollmachten der Diözesanverwaltung betraut, wurde ihnen später auch die streitige Gerichtsbarkeit, zum Teil beschränkt auf Ehesachen, übertragen. Sie agierten als Richter erster Instanz und standen im Rang neben dem *Iudices sancte Monguntine sedis.*[155] Berufungen[156] gingen an den Mainzer Gerichtshof zweiter Instanz[157]. Auch setzten die Erzbischöfe einen ständigen Provinzialgerichtshof in Erfurt ein.[158] Diesem wurde die ordentliche Jurisdiktion des Mainzer Stuhls übertragen, allerdings beschränkt auf bestimmte Bezirke und auf Verfahren erster Instanz[159]. 1435 wurde zudem erstmals dem Generalvikar in weitem Umfang die streitige Gerichtsbarkeit für Stadt und Diözese übertragen.[160] Im Unterschied zu seiner späteren Stellung als *alter ego* des Diözesanbischofs, wurde er hier zum Richter erster Instanz bestellt,

---

152 Vgl. Kapitel B II 3.

153 Vgl. Kapitel B III 5 a.

154 Auch in anderen Diözesen urteilte zunächst ein Richterkollegium: so ab 1219 die *iudices curie Augustensis* (Augsburg), ab 1237 die *iudices delegati Spirenses* (Speyer), ab 1243 die *Richter von Worms*, ab 1253 die *Richter der Kirche zu Konstanz.* An deren Stelle trat zumeist jedoch bald der Offizial als Einzelrichter: so 1269 in Speyer und 1261 in Worms. Vgl. KRIEG, Kampf, 48; RIEDNER, Speierer Offizialatsgericht, 22 f.; MÜLLER, Diözesanbehörden, 19 f.

155 Vgl. BAUMGARTNER, Geschichte, 219 f.; MAY, Instanzenzug, 109 f.

156 Die Frage nach der Einlegung einer Berufung beruhte zu dieser Zeit noch auf der Entscheidung der Parteien. Eine Pflichtberufung in Ehesachen existierte noch nicht (vgl. dazu Kapitel C III).

157 Vgl. MAY, Instanzenzug, 119.

158 Vgl. EGLER, Jurisdiktionsakte, 101.

159 Vgl. MAY, Instanzenzug, 111.

160 Vgl. EGLER, Jurisdiktionsakte, 78. Auch in Würzburg erhielt der Generalvikar in beschränktem Maße Gerichtsbarkeit, nachdem die Scheidung von Justiz und Verwaltung praktisch noch nicht vollständig durchführbar war. Vgl. KRIEG, Kampf, 104; MÜLLER, Diözesanbehörden, 14.

gegen dessen Urteile an den Erzbischof appelliert werden konnte.[161] Dies änderte sich erst 1658, als der Generalvikar zum stellvertretenden Inhaber der ordentlichen Jurisdiktionsgewalt des Erzbischofs ernannt wurde. Von nun an galten die Entscheidungen des Generalvikars als vom Erzbischof gefällt. Eine Berufung war nur noch an das päpstliche Gericht möglich.[162]

6. Die Einführung eines Gerichtsnotars in Ehesachen

Durch das *4. Laterankonzil* wurde 1215 bestimmt, dass jeder Richter in Ehesachen einen Notar zur Niederschrift der Akten beiziehen müsse.[163] Dies war zum Einen dem Grundsatz der strikten Schriftlichkeit dieser Prozesse geschuldet, zum Anderen konnten die beteiligten Parteien durch die Beurkundung des Urteils rechtskräftige Dokumente erhalten, die sie vor (erneuter) Anzweifelung ihres Familienstandes schützten.[164]

Eberl will unter Berufung auf *Innozenz III.* (1161–1216), von dem die neue Bestimmung stammte, im Notar eine Kontrollinstanz des Richters sehen, die zugleich dessen Amtshandlungen beglaubigen könne.[165]

Zur Entlastung des Offizials und zur Erleichterung für die Gläubigen wurden im Bistum Basel im 15. Jahrhundert an verschiedenen Orten des Bistums öffentliche Notare mit gutem Leumund als *Generalkommissare* bestellt. Sie hatten die Aufgabe, Parteien in Ehesachen zu verhören und die Akten darüber an den Offizial zur Urteilsfindung zu übersenden.[166] Im Bistum Konstanz wurden vom Offizial hierfür auch dem Wohnort der zu verhörenden Person benachbarte Priester beauftragt.[167]

IV. Der Eheprozess vom *Konzil von Trient* bis zu Papst *Benedikt XIV.*

In der 24. Sitzung des *Konzils von Trient* am 11.11.1563 erklärte die Kirche unter Verwerfung entgegenstehender Ansichten ihre alleinige Jurisdiktionsgewalt über die Ehe: „Si quis dixerit, causas matrimoniales non spectare ad iudices

161 Vgl. BAUMGARNTER, Geschichte, 217, 220.
162 Vgl. MAY, Instanzenzug, 108.
163 Vgl. c.11 X de probationibus II,19: „Iudex debet habere notarium vel duos viros idoneos, qui scribant acta iudicii."
164 Vgl. GOTTLOB, Basel, 154; DEUTSCH, Ehegerichtsbarkeit, 128.
165 Vgl. EBERL, Ehescheidung, 42, Nr. 2.
166 Vgl. GOTTLOB, Basel, 156 f.
167 Vgl. BAUHOFER, Zürich, 8; GOTTLOB, Die Offiziale, 48.

ecclesiastico: anathema sit."[168] Die Erklärung war eine logische Folge der Sakramentalität der Ehe, die auf der Sitzung noch einmal ausdrücklich klargestellt wurde.[169]

Das Konzil legte darüber hinaus fest, dass zukünftig ausschließlich die Bischöfe für Ehesachen – also für alle Ehesachen, nicht nur für Ehetrennungsverfahren, wie bisher – in I. Instanz zuständig seien. Die bisher in solchen Fällen auch vorgekommene Zuständigkeit niederer Gerichte wurde ausdrücklich aufgehoben[170]. Zwar macht das Konzil darüber keine Angaben, aber mangels Zuständigkeit waren etwaige, durch solche Gerichte dennoch gefällte Urteile wohl nichtig.

Durch das *Tridentinum* wurde weiterhin verfügt, dass niemand, der wahrheitsgemäß seine Armut nachweisen konnte, vom Bischof gezwungen werden durfte, seinen Prozess in zweiter und dritter Instanz außerhalb der Provinz fortzusetzen, es sei denn, die andere Partei war bereit, für die Gerichtskosten aufzukommen[171].

Die Maßnahmen des *Tridentinums* brachten jedoch keine Verbesserung der zu diesem Zeitpunkt darniederliegenden Qualität in den Eheverfahren. Es herrschte Mangel an geschulten Richtern und Laxheit bei der Beurteilung von Nichtigkeitsfällen. Hinzu kam, dass man sich in Ehesachen, die wegen nachgewiesener Armut im Instanzenzug in der Provinz verbleiben mussten, nicht selten einfach mit dem Urteil einer Instanz begnügte.[172]

Die Einführung der vielfach kirchenrechtlich geschulten Offiziale war ursprünglich ein Fortschritt gewesen. Jedoch fehlte ihnen von Anfang an ein ausreichend festes Gehalt. Darüber hinaus mussten sie aus ihren Einnahmen Hilfskräfte bezahlen und Pergament, Papier, Tinte, Siegelwachs usw. anschaffen.

---

168 TRIDENTINUM, Sessio XXIV, de sacramento matrimonii, Can. XII.

169 Vgl. TRIDENTINUM, Sessio XXIV, de sacramento matrimonii, Can.I: „Si quis dixerit, matrimonium non esse vere et proprie unum ex septem legis evangelicae sacramentis a Christo Domino institutum, sed ab hominibus in ecclesia inventum, neque gratiam conferre: anathema sit."

170 Vgl. TRIDENTINUM, Sessio XXIV., decretum de reformatione, Cap.XX: „Causae omnes ad forum ecclesiasticum quomodolibet pertinentes (…) in prima instantia coram ordinariis locorum dumtaxat cognoscantur. (…) Ad haec causae matrimoniales (…) non decani, archidiaconi aut aliorum inferiorum iudicio, etiam visitando, sed episcopi tantum examine et iurisdictioni relinquantur."

171 Vgl. TRIDENTINUM, Sessio XXIV., Cap.XX: „Si pars vere paupertatem probaverit, non cogatur extra provinciam, nec in secunda, nec in tertia instantia in eadem causa matrimoniali litigare, nisi pars altera et alimenta et expensas litis velit subministrare."

172 Vgl. PLÖCHL, Geschichte Bd. IV, 399.

Insofern waren sie sehr stark auf eingehende Strafgelder und Gebühren angewiesen.

Darauf mag zurückzuführen sein, dass schon seit dem 15. Jahrhundert Klagen aus den verschiedensten Gegenden laut geworden waren, die Offiziale ergingen sich in unersättlicher Habsucht, forderten Unschuldige unter erdichteten Anklagen vor Gericht, um Geld von ihnen zu erpressen, gestatteten Reichen gegen Geld weiter in ihrem Fehlverhalten zu verharren, verhängten wegen nichtiger Vorwände das Interdikt, vornehmlich zu dem Zweck, sich die Absolution recht teuer abkaufen zu lassen, seien pflichtwidrig und gewissenlos, dehnten ihre Kompetenz übermäßig aus.[173]

Hier ist die Parallele zu dem Gebaren der Archidiakone im Bistum Münster nicht zu übersehen.[174] *Schulte* beklagt sogar noch 1855, dass nur in den wenigsten Teilen Deutschlands überhaupt ordentliche Gerichte erster Instanz oder Ehegerichte eingeführt seien.[175]

---

173 Vgl. KIRN, Der mittelalterliche Staat, 191–193.

174 Vgl. Kapitel B III 5b.

175 Vgl. SCHULTE, Handbuch, 445.

C) Die Einführung der verpflichtenden Berufungsinstanz und des Ehebandverteidigers in Eheprozessen durch Papst *Benedikt XIV.*

Mit Papst *Benedikt XIV.* (1675–1758) begann ein grundlegend neues Zeitalter des Eheprozesses. Er führte erstmals in der Geschichte eine verpflichtende Berufungsinstanz für die Eheverfahren ein, in denen ein affirmatives Urteil ergangen war, und schaffte zum Schutz der Ehe eine neue Rechtsfigur: einen Verteidiger des Ehebandes, den damals sogenannten *Matrimoniorum Defensor.*

Hintergrund hierfür waren die Missstände, die über die vergangenen Jahrhunderte im Bereich der Eheprozesse aufgekommen waren. In seiner Zeit als Sekretär der *Heiligen Kongregation des Tridentinischen Konzils* hatte der spätere Papst reichlich Gelegenheit gehabt, auf diese aufmerksam zu werden[176]. Sie beschäftigten ihn so sehr, dass er schon im Jahr nach seiner Wahl zum Papst in zwei Schreiben, „*Matrimonii*“[177] und „*Quamvis Paternae*“[178], unter Hinweis auf die Missstände an die jeweils angesprochenen Bischöfe appellierte, diese zu beseitigen.

I. Das Schreiben „*Matrimonii*“ *Benedikts XIV.*

Benedikts XIV. erstes Schreiben, „*Matrimonii*“ vom 11.04.1741, galt den polnischen Bischöfen. Er monierte darin, dass in einigen Teilen des Erdkreises und insbesondere im Königreich Polen Ehen mit zu großer Leichtfertigkeit für nichtig erklärt würden. So komme es vor, dass ein Mann oder eine Frau, obwohl mehrere der zuvor mit ihnen verbundenen Ehegatten noch lebten, eine dritte oder vierte Ehe schließen könnten. Um diesen Missständen entgegenzuwirken, beabsichtige er, neue gesetzliche Regelungen zu schaffen.[179] Bis diese in Kraft treten könnten, ermahne er sie, ihr Amt mit Gewissenhaftigkeit und der gebührender Wachsamkeit zu erfüllen.[180]

---

176 Vgl. BENEDICTUS XIV., Quamvis Paternae, § 5.
177 Vgl. Kapitel C I.
178 Vgl. Kapitel C II.
179 Vgl. BENEDICTUS XIV., Matrimonii, Einleitung.
180 Vgl. BENEDICTUS XIV., Matrimonii, § 1.

II. Das Schreiben *„Quamvis Paternae"* Benedikts XIV.

In einem zweiten Schreiben, *„Quamvis Paternae"* vom 26.08.1741, teilte *Benedikt XIV.* auch anderen[181] Patriarchen, Erzbischöfen und Bischöfen mit, dass er in Anbetracht der Missstände bei den Gerichtsverfahren gesetzliche Regelungen zwecks Abhilfe intendiere.[182] Der Papst verwies darauf, dass schon von Papst *Bonifatius VIII.* (1294–1303) Klagen vorgebracht worden seien. Deshalb habe dieser angeordnet, dass künftig Prozesse vom Apostolischen Stuhl und seinen Legaten nur noch Priestern übertragen werden sollten, die entweder eine Amtsstelle oder eine Domherrenstelle in einer Kathedralkirche innehätten. *Bonifatius VIII.* habe auch verfügt, dass die Gerichte nur noch an einem bedeutenden und bevölkerten Ort und in Städten errichtet werden dürften, in denen man bequem auf eine Fülle von kundigen Richtern zurückgreifen könne.[183] Das *Konzil von Trient* habe darüber hinaus beschlossen, dass jede Diözese über mindestens vier im Sinne der Konstitution *Bonifatius VIII.* bewährte und qualifizierte Priester zu verfügen habe, diese auf den Provinzial- oder Diözesansynoden zu bestimmen seien und der Bischof deren Namen sodann sofort an den Papst zu übermitteln habe. Die Beauftragung aller nicht auf diese Weise bestimmten Richter sei zu entziehen gewesen.[184]

Der Papst konstatierte, dass die nunmehr wiederum aufgetretenen Missstände[185] auf die Vernachlässigung dieser Vorschriften bei der Bestimmung der Synodalrichter zurückzuführen seien.[186] Er ordnete deshalb an, dass die Bischöfe der Diözesen, in denen gemäß der Anordnung des *Konzils von Trient* auf Provinizial- oder Diözesansynoden Richter gewählt worden seien, die Namen der Gewählten so bald wie möglich mitzuteilen hätten. Sollte einer der Gewählten sterben, bevor auf einer Synode ein neuer gewählt werden könne, solle der Bischof

181 Aus dem Schreiben gehen die einzelnen Empfänger nicht hervor.

182 Vgl. BENEDICTUS XIV., Quamvis Paternae, Einleitung, § 1.

183 Vgl. BENEDICTUS XIV., Quamvis Paternae, § 2. Der Papst bezieht sich auf die Anordnung *Bonifatius VIII.* in: c.11 in VI de rescriptis I, 3.

184 Vgl. BENEDICTUS XIV., Quamvis Paternae, § 2; vgl. Tridentinum, Sessio XXV, de iudicibus designandis, Cap. X.

185 *Benedikt XIV.* benennt die Missstände im Einzelnen in der Konstitution *„Dei miseratione"*, § 3 (vgl. Kapitel C III): Mangelhaft ausgebildete oder käufliche Richter, Ungültigkeitserklärungen von Ehen, nachdem nur eine oberflächliche oder gar keine Befragung stattgefunden habe; Ungültigkeitserklärungen nur aufgrund des Umstandes, dass die Parteien um die Ungültigkeit ihrer Ehe stritten oder weil nur die klagende Partei erschienen sei und niemand dem Antrag widersprochen habe.

186 Vgl. BENEDICTUS XIV., Quamvis Paternae § 4.

zusammen mit dem Domkapitel einen Richter nachwählen, dessen Amt bis zum Tag der nächsten Synode andauern solle. Auch der Name dieses so gewählten sei umgehend mitzuteilen.[187] In Gebieten, in denen schon länger keine Provinzial- oder Diözesansynode mehr einberufen worden sei und deshalb keine Wahl von Richtern stattgefunden habe, sei eine solche so bald als möglich abzuhalten. Bis dahin hätten die jeweiligen Bischöfe mit Zustimmung ihrer Kapitel Richter zu wählen und die Namensliste der Gewählten zu übermitteln. In jedem Fall solle es in jeder Diözese mindestens vier auf diese Weise gewählte Richter geben.[188] *Benedikt XIV.* ermahnte die Bischöfe überdies, dass neben der Bestimmung, dass der Gewählte mit einer Amtsstelle oder Domherrenstelle einer Kathedralkirche ausgestattet sein müsse, zu beachten sei, dass dem Gewählten nicht die für das Richteramt erforderliche zweite Voraussetzung der Gelehrsamkeit und Eignung fehle, in der die Hauptsache seiner Aufgabe bestehe.[189]

III. Die Konstitution „*Dei miseratione*“ Benedikts XIV.

Benedikt XIV. beließ es nicht bei diesen zwei Mahnschreiben an die Bischöfe. Wie angekündigt, erließ er mit der Konstitution „*Dei miseratione*“ vom 03.11.1741 gesetzliche Regelungen zur Sicherung der Rechtmäßigkeit der Eheprozesse. So führte er als neue Rechtsfigur den *Matrimoniorum Defensor* ein. Dieser war zukünftig ohne Ausnahme an allen Eheverfahren zu beteiligen und verpflichtet, alles vorzutragen, was er zur Erhaltung der Ehe für notwendig erachtete.[190] Darüber hinaus ordnete *Benedikt XIV.* eine obligatorische zweite Instanz für die Fälle an, in denen erstmals ein Urteil gegen die Gültigkeit der Ehe ergangen war. Der *Matrimoniorum Defensor* hatte die Sache von Amts wegen durch Berufungseinlegung dort anhängig zu machen.[191]

Damit war es ab diesem Zeitpunkt nicht mehr möglich, bereits nach einem affirmativen Urteil, das die Ungültigkeit einer Ehe feststellte, eine neue Ehe einzugehen. Die Parteien benötigten fortan für eine neue Eheschließung zwei übereinstimmende affirmative Urteile aus demselben Klagegrund *(duplex sententia conformis)*, wobei zum Zeitpunkt der neuen Heirat keine Berufung gegen das

---

187 In dieser Anordnung wird die begriffliche Unterscheidung zwischen Synodal- und Prosynodalrichtern grundgelegt, die sich im späteren can. 1574 CIC/1917 widerspiegelt.

188 Vgl. BENEDICTUS XIV., Quamvis Paternae § 5.

189 Vgl. BENEDICTUS XIV., Quamvis Paternae § 6.

190 Vgl. BENEDICTUS XIV., Dei miseratione §§ 5–7; LÜDICKE, Berufungssystem, 513.

191 Vgl. BENEDICTUS XIV., Dei miseratione § 8; LÜDICKE, Berufungssystem, 513 f.

zweite affirmative Urteil anhängig sein durfte. Eine solche war nach den Vorschriften *Benedikts XIV.* möglich, wenn der *Matrimoniorum Defensor* aus Gewissensgründen eine weitere Überprüfung für erforderlich hielt. Auch eine Partei hatte das Recht, erneut Berufung einzulegen.[192] Faktisch war eine Neuverheiratung also erst erlaubt, wenn nach zwei gleichen und übereinstimmenden Nichtigkeitsurteilen auch die Berufungsfrist ungenutzt verstrichen war oder eine bereits eingelegte Berufung zurückgezogen wurde.[193]

Was den Prozessverlauf in der zweiten Instanz betrifft, bestimmte *Benedikt XIV.*, dass vor dem Berufungsrichter noch einmal das gleiche Verfahren zu führen sei wie in erster Instanz, das heißt, die Beweisaufnahme war erneut durchzuführen. Der Ehebandverteidiger der zweiten Instanz war wiederum zu allen Akten des Gerichtsverfahrens zu laden.[194]

Zusammenfassend ist festzustellen, dass die Anordnungen *Benedikts XIV.* wegweisend für den kirchlichen Eheprozess waren. Erstmals wurden klare Vorkehrungen zum Schutz des Ehebandes eingeführt.

IV. Die Übernahme der Regelungen *Benedikts XIV.* in den CIC/1917

Benedikts XIV. Bestimmung, dass in II. Instanz noch einmal das gleiche Verfahren durchzuführen sei, wie in I. Instanz, wurde in can. 1595 CIC/1917 aufgenommen: „Tribunal appellationis … eaedem regulae, accommodatae ad rem, in causae discussione servandae sunt."[195] Auch die Verpflichtung des Ehebandverteidigers, gegen ein erstmalig affirmatives Urteil[196] appellieren zu müssen, fand Eingang und wurde durch can. 1986 CIC/1917 festgeschrieben: „A prima sententia, quae matrimonii nullitatem declaraverit, vinculi defensor … ad superius tribunal provocare debet."[197]

Die Appellationspflicht des Ehebandverteidigers bestand auch für den Fall, dass er von der Richtigkeit des Urteils überzeugt war.[198]

---

192 Vgl. BENEDICTUS XIV., Dei miseratione § 11, § 14; LÜDICKE, Berufungssystem, 515.

193 Durch die Möglichkeit, auch nach zwei affirmativen Urteilen ohne Einschränkung weiterhin in Berufung gehen zu können, konnte eine Partei mit entsprechendem Willen die Neuverheiratung der anderen zeitlich bewusst verzögern. Insofern war diese Regelung nicht ganz unproblematisch.

194 Vgl. BENEDICTUS XIV., Dei miseratione § 10; LÜDICKE, Berufungssystem, 515.

195 Vgl. MÖRSDORF, Lehrbuch, 61; MORHARD, Berufung, 205; FLATTEN, Reform, 427.

196 Auch wenn dieses erstmals in höherer Instanz ergeht, vgl. MÖRSDORF, Lehrbuch, 247.

197 Vgl. PERATHONER, Gesetzbuch, 616.

198 Vgl. MÖRSDORF, Lehrbuch, 247; FLATTEN, Reform, 427.

Mörsdorf führt dazu aus, diese Pflicht bestünde „mit Rücksicht darauf, dass ein Urteil allein zur Feststellung der Nichtigkeit einer Ehe nicht genügt. In der Regel kämpfen beide Gatten für ... die Nichtigkeit der Ehe, und können sich demnach nicht gegen ein Urteil zur Wehr setzen, das ihrem Verlangen entsprochen hat. Es ist deshalb eine verfahrensrechtliche Notwendigkeit, dass der Ehebandverteidiger Berufung einlegt und damit die vom Gesetz geforderte Überprüfung des erstinstanzlichen Urteils ermöglicht."[199]

199 MÖRSDORF, Lehrbuch, 247.

D) Die Einführung des Richterkollegiums in Ehenichtigkeitsprozessen

Um die Missstände bei der Beurteilung von Ehesachen einzudämmen, war durch das *Konzil von Trient* festgelegt worden, dass Ehenichtigkeitssachen zukünftig ausschließlich der Untersuchung und Entscheidung des Bischofs obliegen.[200] *Benedikt XIV.* hatte in seiner Zeit als Sekretär der *Heiligen Kongregation des Tridentinischen Konzils* jedoch feststellen müssen, dass durch den Erlass dieser Vorschrift keine Besserung eingetreten war.[201] Konnte die Sache aus irgendeinem rechtmäßigen Grund nicht vor dem ordentlichen Richter – also dem Bischof – verhandelt werden, übertrug die Römische Kurie die Ehesache Priestern, die nach Ansicht *Benedikts XIV.* oftmals nur mangelhaft ausgebildet, käuflich oder leichtfertig waren.[202] Um das Ehesakrament besser zu schützen, hatte er deshalb die Figur des Ehebandverteidigers geschaffen und die unumgängliche Überprüfung eines erstmals affirmativen Urteils durch eine weitere Instanz festgelegt.[203]

Mangels entsprechender Informationen muss offen bleiben, warum *Benedikt XIV.* die Entscheidungsgewalt in Ehesachen grundsätzlich bei einem erkennenden Richter beließ und nicht z. B. anordnete, dass zukünftig nur noch mehrere Richter gemeinsam, also ein Kollegium, entscheiden sollte.[204] Genügend Richter zur Besetzung eines Dreierkollegiums hätten vorhanden sein sollen, nachdem *Benedikt XIV.* durch sein Schreiben *„Quamvis Paternae"*, unter Wiederholung der Anordnung des *Konzils von Trient*, verfügt hatte, dass zukünftig pro Diözese mindestens vier Priester als Richter zu bestellen seien.[205] Auch gab es bereits kollegiale Gerichtsbesetzungen, z. B. am Mainzer Gerichtshof.[206]

Die sich nach *„Dei Miseratione"* als nächste mit dem Eheverfahren beschäftigende Instruktion, *„Cum Moneat Glossa"* vom 22.08.1840, behielt den bisherigen

---

200 Vgl. dazu Kapitel B IV.

201 Vgl. BENEDICTUS XIV., Quamvis Paternae, § 5 (vgl. Kapitel C II).

202 Vgl. Kapitel C II, III.

203 Vgl. Kapitel C III.

204 So spricht auch GASPARRI, Tractatus Nr. 1171–1172 noch 1892 nur von einem entscheidenden Richter in Ehesachen. EBERL, Ehescheidung, § 22 Nr. 2 bezeichnet 1854 den bei Verhandlungen seit Innozenz III. zwingend anwesenden Notar als „Kontrollorgan" des Einzelrichters.

205 Vgl. Kapitel C II.

206 Vgl. Kapitel B III 5 c.

Verfahrensablauf in Ehesachen unverändert bei: Wenn die Beweiserhebungen abgeschlossen waren, hatte der Bischof, wiederum als Einzelrichter, das Urteil zu fällen.[207] Gleichwohl sollte durch sie der Schutz der Ehe erhöht werden. So sei es, um größere Sicherheit in der Sache zu gewinnen, notwendig, dass nicht nur das Urteil durch den Bischof gefällt werde, sondern dieser auch die Prozesshandlungen vornehmen solle.[208]

Es erscheint zweifelhaft, ob und in welchem Umfang dieser Anordnung in der Praxis Folge geleistet wurde.

I. Die „*Instructio Austriaca*"

Bei der „*Instructio Austriaca*", der „*Anweisung für die geistlichen Gerichte des Kaisertums Oesterreich in Betreff der Ehesachen*" von 1855, handelt es sich um eine Schrift *Joseph Othmar Kardinal von Rauschers* (1797–1875), die in Ausführung des Art. X des österreichischen Konkordats vom 18.08.1855 als Anhang des kaiserlichen Patents zur Durchführung der Konkordatsbestimmungen vom 08.10.1856 veröffentlicht und damit in den Rang eines Staatsgesetzes erhoben wurde.[209] Sie regelte zwischen ihrem Inkrafttreten am 01.01.1857 bis zu ihrer Außerkraftsetzung zum 25.05.1868 die Verfassung und das Verfahren der kirchlichen Ehegerichtsbarkeit in Österreich.[210]

In der „*Instructio Austriaca*" wurde erstmals in der Geschichte der Eheprozesse diözesanübergreifend[211] festgelegt, dass nicht ein Einzelrichter, im Normalfall also der Bischof, sondern ein Kollegialgericht die Entscheidung in Ehesachen zu fällen habe: „Der Bischof bedient sich bei der Verhandlung der Ehesachen eines Gerichts, welches aus einem Präses und wenigstens vier Räten zu bestehen

---

207 Vgl. S.C.C., Cum moneat glossa, 350: „sententiam proferat Episcopus".

208 Vgl. S.C.C., Cum moneat glossa, 346: „sed etiam acta processus per Episcopum".

209 Konkordatsbestimmungen „stellen … Kompromisslösungen dar", durch die kirchliche Normen „zwar hinsichtlich ihrer politisch möglichen Durchsetzbarkeit, nicht aber hinsichtlich ihrer prinzipiellen Geltung begrenzt werden." MIKAT, Staat und Kirche, 165. „Soweit konkordatäre Vorschriften vom universellen Recht abweichen, geht Konkordatsrecht vor. … Es handelt sich um Partikularrecht von der höchsten Gesetzgeberstufe." PREE, Grundfragen, 1481. Die Bestimmungen der „Instructio Austriaca" gingen damit den Anordnungen Benedikts XIV. in „Dei Miseratione" vor.

210 Die INSTRUCTIO AUSTRIACA wurde als Anhang II mit dem Patent Kaiser Franz Joseph I. vom 08.10.1856 mit Wirkung zum 01.01.1857 in Kraft gesetzt (vgl. RGBl 1856, 622–685).

211 In einzelnen Diözesen, so in Mainz, hatte es bereits Gerichtsbesetzungen mit Kollegien gegeben (vgl. Kapitel B III 5 c).

hat.“[212] „Die Entscheidung wird mit absoluter Stimmenmehrheit gefällt. Der Präses spricht sich zuletzt aus, und wenn mit Einrechnung seiner Stimme sich Stimmengleichheit herausstellt, so gibt er den Ausschlag, außer wenn es sich um ein Urteil über die Gültigkeit der Ehe handelt: denn in diesem Fall ist bei Stimmengleichheit stets auf Gültigkeit der Ehe zu erkennen.“[213] Den Grund, der zur erstmaligen diözesanübergreifenden Einführung eines Richterkollegiums in Ehesachen in Österreich führte, nennt die „*Instructio Austriaca*“ nicht. Er lässt sich aber aus der Entwicklung des Verhältnisses zwischen Staat und Kirche herauslesen.

1. Die Thesen *Canos* und *de Lanoys*

Melchor Cano (1509–1560), spanischer Dominikaner und Theologe, entwickelte im 16. Jahrhundert die These, dass bei einer Eheschließung die in entsprechender Form abgegebenen Willenserklärungen der Nupturienten den Ehevertrag darstellen, auf dessen Grundlage der Priester das Ehesakrament spende.[214] Diese These machten sich französiche Rechtsgelehrte in dem Bestreben, die kirchliche Gerichtsbarkeit zurückzudrängen, zu Nutzen. Sie leiteten daraus ab, dass der Ehevertrag, der dem Sakrament als Materie diene, ein bürgerlicher Vertrag sei, dessen Gültigkeit allein vom staatlichen Recht abhänge. Das französische Parlament griff diese Induktion auf und schlussfolgerte, dass über einen solchen Vertrag nur der weltliche Richter das Recht habe, zu urteilen.[215]

Jean de Lanoy (1603–1678), Gallikaner und kritischer Kirchenverfassungshistoriker, entwickelte diese Überlegungen weiter und kam zu dem Ergebnis, dass nur der Staat das Recht habe, zu bestimmen, welche Personen einen Ehevertrag schließen könnten und welche Form sie dabei zu beachten hätten.[216] Dementsprechend stehe es auch allein dem Staat zu, Gesetze zu erlassen, die der Schließung eines Ehevertrags entgegenstünden, mithin, trennende Ehehindernisse aufzustellen. Soweit die Kirche hier schon Verfügungen getroffen habe, habe sie dies nicht kraft eigenen Rechts, sondern nur kraft der ihr vom Staat verliehenen

---

212 INSTRUCTIO AUSTRIACA, § 97.

213 INSTRUCTIO AUSTRIACA, § 99.

214 Vgl. MELCHOR, De locis theologicis, lib.8, c.5.

215 Vgl. RAUSCHER, Die Ehe, 29. Ob es sich bei diesen Ausführungen Rauschers um eigene Schlussfolgerungen handelt oder ob ihm entsprechende Quellen des französischen Parlamentes vorlagen, ist mangels Angaben Rauschers nicht überprüfbar. Eigene Recherchen nach entsprechenden Quellenbelegen blieben jedenfalls trotz intensiver Bemühungen erfolglos.

216 Vgl. DE LANOY, Regia, universi tractatus conclusio.

Ermächtigung getan.[217] Dem Staat stehe darüber hinaus das Recht zu, die Ehe für auflösbar zu erklären; auch eine Trennung durch Übereinkunft der Ehegatten solle möglich sei.[218]

Durch das *Konzil von Trient* war jeder mit dem Bann bedroht, der behauptete, die Kirche habe nicht die Macht gehabt, trennende Ehehindernisse aufzustellen[219] und das kirchliche Gericht sei in Ehesachen nicht zuständig[220]. Um also nicht in Widerspruch mit den Konzilsaussagen zu geraten, argumentierte *De Lanoy*, dass die weltlichen Fürsten, die nach seiner Ansicht allein Ehehindernisse aufstellen könnten, gläubige Christen seien, die die Kirche bildeten.[221]

2. Das josephinische Ehepatent

Die Ansichten *De Lanoys* stießen in Österreich auf großes Interesse. *Kaiser Joseph II.* war nach dem Tod seiner Mutter *Maria-Theresia* 1780 bestrebt, die Kirche in Österreich von der Universalkirche mit dem Papst als Oberhaupt zu trennen und in eine Staatskirche umzuwandeln.[222] Damit einhergehend war er entschlossen, das Gebiet der Ehegesetzgebung für den Staat in Anspruch zu nehmen.[223] Die Überlegungen *Canos* und *De Lanoys*[224], Ehevertrag und Ehesakrament zu unterscheiden, waren ihm hierfür dienlich und wurden zur Grundlage des *Ehepatents* vom 16.01.1783.

Darin hieß es in § 1: „Die Ehe an sich …, als … bürgerlicher Vertrag (Contract) betrachtet, wie auch die aus diesem Vertrag [hervorgehenden] … Verbindlichkeiten erhalten ihr Wesen…, Kraft und Bestimmung ganz und allein von den landesfürstlichen Gesetzen; die Entscheidung der hierüber entstehenden Streitigkeiten gehören also [vor] die landesfürstlichen Gerichtsstellen.“[225] § 2 legte

217 Vgl. DE LANOY, Regia, Art. IV, Cap. I.

218 Vgl. DE LANOY, Regia, Art. III, Cap. XIV.

219 Vgl. TRIDENTINUM, Sessio XXIV, Can. IV., 136.

220 Vgl. TRIDENTINUM, Sessio XXIV, Can. XII., 137.

221 Vgl. DE LANOY, Regia, Art. IV, Cap. V; RAUSCHER, Die Ehe, 33 f. SCHILI, Versuch, 15, führte in seinen Erläuterungen über das österreichische Ehepatent 1805 aus, der Kanon des Trienter Konzils sei gegen die Protestanten gerichtet gewesen, die der Kirche jene Macht abgesprochen hätten, weil sie die Sakramentalität der Ehe leugneten, oder gegen solche, die behaupteten, dass die Kirche diesbezüglich weder aus eigener, noch aus übertragener Macht habe trennende Ehehindernisse einführen können. Diese habe es aber ex potestate delegata mit Recht getan.

222 Vgl. KUŠEJ, Joseph II., 5; BERNHART, Josephinismus, 35.

223 Vgl. PRIMETSHOFER, Ehe, 4.

224 Vgl. Kapitel D I 1.

225 JOSEPH II., Patent, § 1.

fest: „Jedermann ist befugt, einen Ehevertrag einzugehen, der durch [die] nachfolgende Anordnung dazu nicht für unfähig erklärt wird.“[226] Nach § 22 kam der Ehevertrag durch Einwilligung des Mannes und der Frau zustande.[227]

Eine reine Zivileheschließung wollte der Kaiser indes nicht einführen.[228] Dies zeigt sich durch die notwendig einzuhaltende Form: Unabdingbar war die Konsensabgabe der Nupturienten in Gegenwart eines Pfarrers.[229] Gültig war die Eheschließung folglich nur, wenn beide Bestandteile, der staatliche Ehevertrag und das kirchliche Ehesakrament, gegeben waren.

Gleichwohl sollte der Schwerpunkt im staatlichen Bereich liegen. Das wird deutlich durch das Hofdekret vom 05.03.1789, in dem es hieß, dass ein nach bürgerlichen Gesetzen ungültiger Ehevertrag nicht durch das Sakrament Gültigkeit erlangen könne. In einem solchen Fall bliebe auch das Sakrament ungültig. Nur, wenn der Ehevertrag gültig zustande gekommen sei, sei auch das hinzugekommene Sakrament gültig.[230] Angedeutet worden war dies auch schon durch das Hofdekret vom 24.11.1784, wonach die Kirche denen, die den bürgerlichen Vertrag rechtsgültig geschlossen hatten, das Sakrament nicht vorenthalten durfte.[231] Pfarrer wurden unter Androhung von Geldstrafen genötigt, alle, denen nicht ein durch Staatsgesetz festgelegtes Hindernis entgegenstehe, auf Verlangen zu trauen.[232]

Der Kaiser maßte sich durch diese Verfügungen an, über die Gültigkeit oder Ungültigkeit des Ehesakraments Regelungen erlassen zu können. Nachdem ihm hierzu jedoch fraglos die Kompetenz fehlte, können seine diesbezüglichen Anordnungen für den kirchlichen Bereich nur als unwirksam bezeichnet werden.

Ausgehend von § 1 des *Ehepatents*, wonach allein der Staat die Berechtigung hinsichtlich der Bestimmungen des Ehevertrags hatte, wurden in den §§ 3–21 des *Ehepatents* die Ehehindernisse abschließend festgelegt. Die Bischöfe wurden

---

226 JOSEPH II., Patent, § 2.

227 Vgl. JOSEPH II. Patent, § 22.

228 So aber später durch Art. 16 der oktroyierten Verfassungsurkunde vom 05.12.1848 für den preußischen Staat: „Die bürgerliche Gültigkeit der Ehe wird durch deren Abschließung vor den dazu bestimmten Civilstands-Beamten bedingt. Die kirchliche Trauung kann nur nach der Vollziehung des Civilaktes stattfinden.“ Vgl. Kaas, Gerichtsbarkeit, 22 f.

229 Vgl. JOSEPH II., Patent, § 29.

230 Vgl. JOSEPH II., Hofdekret vom 05.03.1789, §§ 2, 3.

231 Vgl. JOSEPH II., Hofdekret vom 24.11.1784.

232 Vgl. JOSEPH II., K.K. Verordnung vom 04.09.1781.

durch eine Verordnung vom 04.09.1783 davor gewarnt, das neue *Ehepatent* nicht zu beachten und dadurch bei den Katholiken eine Kollision im Gewissen hervorzurufen, indem sie kirchlich statuierte Ehehindernisse im Geheimen aufrechterhielten, die im *Ehepatent* nicht verankert seien.[233]

„Nur durch eine systematische … Erziehung im Geiste des Josephinismus" könne erreicht werden, „vor allem einen staatstreuen, in den Ideen des Staatskirchentums herangebildeten Klerus" zu bekommen.[234] Aus diesem Grund verfügte der Kaiser mit Verordnung vom 30.03.1783, dass ab dem 01.11.1783 alle philosophischen und theologischen Schulen in sämtlichen Stiften und Klöstern aufgehoben seien. Stattdessen werde ein Generalseminar[235] errichtet, an dem alle künftigen Kleriker und Religiosen auszubilden seien.[236]

Nach § 37 des *Ehepatents* waren Klagen zur Ungültigkeitserklärung einer Ehe zukünftig nur noch beim weltlichen Gericht anzubringen. Der Ansicht *De Lanoys*, die Ehe könne durch Übereinkunft der Ehegatten getrennt werden, folgte Kaiser *Joseph II.* nicht[237]: Wenn der Vertrag auf die im *Ehepatent* verordnete Art eingegangen worden sei, solle sie unauflöslich sein und das Eheband, solange die Ehepartner lebten, nicht durchtrennt werden können.[238]

3. Die Entwicklung bis zum Erlass der *„Instructio Austriaca"*

In den folgenden Jahrzehnten zeigte sich, dass sich die Grundsätze des *Ehepatents* aus verschiedenen Gründen nicht im gewünschten Maße umsetzen ließen.[239] Die *Joseph II.* nachfolgenden Kaiser waren der katholischen Kirche gegenüber zudem freundlicher und offener eingestellt. Auch aus diesen Gründen reiften Überlegungen, die bestehenden Ehegesetze zu überarbeiten.[240]

Der *Heilige Stuhl* war um eine Wiederherstellung der Verhältnisse vor dem *Ehepatent* bemüht. In Österreich war jedoch durch die Einführung desselben die kirchliche Gerichtsbarkeit seit 1783 und damit seit nunmehr 70 Jahren eingestellt. Kirchliche Richter waren nicht mehr ausgebildet, Wissen, wo in den zahlreichen Quellen des kanonischen Rechts Eherechts- und Eheprozessrechtsrelevantes zu

233 Vgl. JOSEPH II., K.K. Verordnung vom 04.09.1783; KROPATSCHEK, Handbuch, 326.
234 GEIER, Durchführung, 85.
235 Insgesamt gab es im österreichischen Gebiet zehn solcher Generalseminaren. Vgl. GEIER, Durchführung, 86.
236 Vgl. JOSEPH II., K.K. Verordnung vom 30.03.1783, Nr. 1, Nr. 4.
237 Vgl. Kapitel D I 1.
238 JOSEPH II., Patent, § 36.
239 Vgl. JOSEPH, Die Ehe, 81.
240 Vgl. MÜHLSTEIGER, Versuch, 248 f.; WEINZIERL-FISCHER, Konkordate, 18.

finden ist, war nicht mehr weitergegeben, Entwicklungen in der Rechtsprechung nicht verfolgt, kirchliche Gerichte aufgelöst worden. Eine Umgestaltung des Ehegesetzes durch einfache Rückverweisung der Ehesachen an neu zu gründende kirchliche Gerichte zur Entscheidung nach kanonischem Recht hätte Probleme bereitet.[241] Hinzu kam, dass die kaiserliche Regierung und das österreichische Parlament hinsichtlich der im *Ehepatent* verankerten staatlichen Ehehindernisse die Gültigkeit erhalten wollten.[242] Dies war mit Blick auf eine Einigung mit der Kirche indes schwierig, nachdem das *Ehepatent* staatlich festgelegte Hindernisse enthielt, die kein Äquivalent im kirchlichen Recht hatten[243], umgekehrt kirchliche Ehehindernisse zum Teil keinen Eingang in das *Ehepatent* gefunden hatten[244]. Gegen eine Wiedereinführung der kirchlichen Gerichte wurde weiterhin vorgebracht, dass diese nicht in der Lage seien, die Unauflöslichkeit des Ehebandes so nachdrücklich zu schützen, wie die weltlichen Gerichte.[245] Man verwies auf die Missstände in Polen zur Zeit *Benedikts XIV.* und behauptete, dass es auch in Ungarn nicht selten geschehe, dass Ehen leichtfertig für nichtig erklärt würden wegen angeblichen Zwangs bei der Heirat.[246]

Um eine für beide Seiten, Kirche wie Staat, befriedigende Lösung der Ehefrage zu erreichen, setzte sich nach und nach die von *Joseph Othmar von Rauscher*, seinerzeit noch Fürstbischof von Seckau, vertretene Ansicht durch, dass es für eine einvernehmliche Lösung notwendig sei, einen Konkordatsabschluss mit dem *Heiligen Stuhl* anzustreben.[247] So gab der Kaiser mit Schreiben vom 02.12.1851 an den Kultusminister, *Graf Thun-Hohenstein*, den Auftrag, einen Entwurf für die Verhandlungen mit dem *Heiligen Stuhl* zu erarbeiten.[248] Am 14.09.1852 ernannte er *von Rauscher*, zwischenzeitlich Erzbischof von Wien, zum kaiserlichen Bevollmächtigten für die bevorstehenden Gespräche.[249] Auf Seiten des *Heiligen Stuhls* wurde der Nuntius in Wien, seinerzeit noch Kardinal in pectore, *Viale-Prelà*, mit der Verhandlungsführung betraut.[250]

241 Vgl. RAUSCHER, Die Ehe, 82.
242 Vgl. RAUSCHER, Die Ehe, 85.
243 So z. B. Hindernis des Militärstandes (§ 20).
244 So z. B. das Hindernis der geistigen Verwandtschaft.
245 Vgl. POTOTSCHNIG, Ehegesetzgebung, 172; RAUSCHER, Erlass, 457; ders., Die Ehe, 85.
246 Vgl. POTOTSCHNIG, Ehegesetzgebung, 170–172; RAUSCHER, Die Ehe, 85.
247 Vgl. POTOTSCHNIG, Ehegesetzgebung, 51; RAUSCHER, Die Ehe, 87.
248 Vgl. POTOTSCHNIG, Ehegesetzgebung, 77 f.; MACHO, Bach, 184; WEINZIERL-FISCHER, Konkordate, 64 f.
249 Vgl. POTOTSCHNIG, Ehegesetzgebung, 148; MACHO, Bach, 184.
250 Vgl. MACHO, Bach, 184; WEINZIERL-FISCHER, Konkordate, 67.

Am 18.08.1855 konnte in Wien ein Konkordat durch *von Rauscher* und *Viale-Prelà* unterzeichnet werden.[251] Darin hieß es: „Da alle kirchlichen Rechtsfälle und insbesondere jene, welche … die Sakramente … betreffen, einzig und allein vor das kirchliche Gericht gehören, so wird über dieselben der kirchliche Richter erkennen, und es hat somit dieser auch über die Ehesachen nach Vorschrift der heiligen Kirchengesetze und namentlich der Verordnungen von Trient zu urteilen und nur die bürgerlichen Wirkungen der Ehe an den weltlichen Richter zu verweisen."[252]

Mit dieser Regelung war Österreich der Kirche weitgehend entgegengekommen. Hieran war die Bedingung geknüpft gewesen, dass der *Heilige Stuhl* im Gegenzug dem Entwurf der *„Instructio Austriaca"* zustimme.[253] Ganz im Sinne der Sicherung einer einheitlichen Rechtsprechung zum besonderen Schutz der Unauflöslichkeit der Ehe sollte diese die Grundlage der neuen Ehegesetzgebung sein. Darüber hinaus sollte sie das – gerade auch wegen der genannten zeitlichen Lücke in der kirchlichen Gerichtstätigkeit – unübersichtlich gewordene, hohe Anforderungen an die Rechtsanwender stellende Dekretalenrecht ablösen und durch ein einheitlich kodifiziertes Recht ersetzen.[254] Nach Konstituierung in den einzelnen Diözesen konnten die kirchlichen Ehegerichte am 01.01.1857 ihre Tätigkeit aufnehmen.[255]

Vor dem Hintergrund der dargelegten geschichtlichen Entwicklung bis zum Abschluss des Konkordats und dem Inkrafttreten der *„Instructio Austriaca"*, erklärt sich die Einführung eines fünfköpfigen Kollegiums zur Entscheidung in Ehesachen im Gebiet Österreichs.[256]

Mit dieser Neuerung und Verschärfung des kanonischen Prozessrechts sollte wohl vor allem den Bedenken der Regierung Rechnung getragen werden. Mit Blick auf die lange Unterbrechung der kirchlichen Gerichtsbarkeit in Österreich mag diese aber auch zur Sicherheit bei den nun wieder oder erstmals urteilenden Richtern beigetragen haben.

---

251 Vgl. BERNHART, Josephinismus, 60–62.; WEINZIERL-FISCHER, Konkordate, 75.

252 KAISERLICHES PATENT, 05.11.1855, Art. 10.

253 Bei der sogenannten „Instructio Austriaca" handelt es sich nicht um eine Instruktion im kirchlichenrechtlichen Sinn, sondern um einen Gesetzesentwurf Rauschers zur künftigen Vorgehensweise in Ehesachen. Dieser wurde nach Art. X des Konkordats als Anhang II mit dem Patent Kaiser Franz Joseph I. in Kraft gesetzt (vgl. Kapitel D I).

254 Vgl. POTOTSCHNIG, Ehegesetzgebung, 402 f.

255 Vgl. MÜLLER, Diözesanbehörden, 33.

256 Vgl. INSTRUCTIO AUSTRIACA, § 97.

4. Ausgewählte Regelungen der „*Instructio Austriaca*“

Um der Anordnung des *Konzils von Trient*, Ehesachen nur durch den Bischof entscheiden zu lassen[257], gerecht zu werden, wurde diesem mit § 178 der „*Instructio Austriaca*“ zwischen der Fällung des Urteils durch das Ehegericht und der Urteilsverkündung ein Interventionsrecht eingeräumt: „Bevor das Ehegericht zur Fällung des Urteils schreitet, wird es die Entscheidung, über welche es sich geeinigt hat, dem Bischof mit Beifügung der Gründe vorlegen. Findet der Bischof den beabsichtigten Ausspruch nicht hinreichend begründet, so wird er dem Ehegericht auftragen, die von ihm anzudeutenden Umstände noch einmal in reife Überlegung zu ziehen und [ihm] über das Ergebnis seiner Beratungen … Bericht zu erstatten.“[258]

Dem Bischof wurde also eine Art Vorentscheidung vorgelegt. Sofern er etwas am Verfahren oder den Urteilsgründen für mangelhaft oder unzureichend befand, verwies er diese an das stellvertretend für ihn handelnde Gericht zur Korrektur oder Nachermittlung zurück. Vorausgesetzt, die (erneute) Vorlage fand seine Zustimmung, wurde der Vorentscheid als endgültiges Urteil abgefasst und verkündet.[259] Das Urteil erging im Namen des Bischofs: „Wir … durch Gottes Erbarmen und des Apostolischen Stuhles Gnade … Bischof von … haben durch unser Ehegericht … in der Sitzung vom …, bei welcher zugegen waren: als Vorsitzender … als Räte … den Akten gemäß für Recht erkannt, daß …“.[260]

Es handelte sich bei einem Urteil nach der „*Instructio Austriaca*“ also letztlich um ein uneigentliches Kollegialurteil, denn es konnte erst ergehen, wenn der Bischof vollumfänglich damit einverstanden war. Der Bischof blieb insofern in Wahrheit alleiniger Inhaber der Jurisdiktionsgewalt.

Mit Blick auf die von *Benedikt XIV.* durch die Konstitution „*Dei miseratione*“ verbindlich angeordnete Einsetzung eines *Matrimoniorum Defensor* und einer obligatorischen weiteren Instanz im Falle einer erstmalig affirmativen Entscheidung ist festzustellen, dass die „*Instructio Austriaca*“ diese Regelungen sämtlich beinhaltete. So wurde in § 124 der „*Instructio Austriaca*“ ausgeführt, dass der Bischof einen „durch Frömmigkeit und Rechtskunde ausgezeichneten Mann und zwar, wenn es möglich ist, einen Geistlichen, zum Verteidiger der Ehe zu bestellen [hat].“ Dieser habe, so heißt es in § 125, „eidlich zu versprechen, dass

---

257 Vgl. TRIDENTINUM, Sessio XXIV., decretum de reformatione, Cap.XX; vgl. Kapitel B IV.

258 INSTRUCTIO AUSTRIACA, § 178.

259 Vgl. SCHULTE, Darstellung, 30, III, 192, I.

260 SCHULTE, Darstellung, 324, XIII Urteilsformulare.

er alles, was zur Aufrechterhaltung des Ehebandes dienen könne, … erforschen und zum Schutz desselben … geltend machen wolle. … Er ist … zu allen gerichtlichen Verhandlungen beizuziehen. Jede gerichtliche Verhandlung, bei welcher nicht er selbst oder sein vom Bischof ernannter Stellvertreter gegenwärtig ist, soll als ungültig … betrachtet werden.“ Darüber hinaus konnte der *Matrimoniorum Defensor* gemäß § 177 „von Amts wegen alle Erhebungen anordnen, welche [ihm] zu[r] Vervollständigung des Beweisverfahrens notwendig scheinen.“[261] In § 181 war die Berufungspflicht des *Matrimoniorum Defensor* gegen die erstmalige Ungültigkeitserklärung enthalten. Auch konnte er nach dieser Regelung ein weiteres Mal in Berufung gehen. Hinsichtlich des Verfahrens in der höheren Instanz ist festzustellen, dass die Einsetzung eines Richterkollegiums hierfür nicht mehr verlangt war. Dies geht aus § 185 hervor: „Der Richter, welcher in höherer Instanz entscheidet.“

Zusammenfassend lässt sich feststellen, dass die *„Instructio Austriaca“* in Übereinstimmung mit den Anordnungen *Benedikts XIV.* stand und darüber hinaus verschärfende Modifikationen zum Schutz der Ehe enthielt. Nachdem der *Heilige Stuhl* der *„Instructio Austriaca“* im Rahmen der Konkordatsverhandlungen zugestimmt hatte[262], waren diese über die kirchlichen Gesetze hinausgehenden Anordnungen von den kirchlichen Gerichten in Österreich auch zu beachten.

II. Die Instruktion *„Causae matrimoniales“* und die Instruktion an die Patriarchen, Erzbischöfe und Bischöfe der orientalischen Kirchen von 1883

Außerhalb Österreichs setzte sich die neue Konzeption der Urteilsfindung noch nicht durch. Gleichwohl hatte sie einen gewissen Einfluss auf den *Heiligen Stuhl.*[263] So legte die Instruktion der *Sacra Congregatio de Propaganda Fide* von 1883[264] *„Causae matrimoniales“* für die Missionsgebiete – gleichlautend die *„Instructio ad Patriarchas, Archiepiscopos, Episcopos Rituum orientalium*[265] *in*

261 Diese Regelung findet sich im CIC/1917 und im CIC/1983 nicht.

262 Vgl. POTOTSCHNIG, Ehegesetzgebung, 402 f.

263 Vgl. DORDETT, Bedeutung, 124.

264 Die Instruktion nennt kein Datum für Erlass oder Inkrafttreten.

265 Papst Piux IX. errichtete mit dem Apostolischen Schreiben „Romani Pontifices“ vom 06.01.1862 innerhalb der Sacra Congegatio de Propaganda Fide eine besondere Kongregation pro negotiis ritus orientalis (vgl. PIUS IX., Romani Pontifices). Dementsprechend war auch die hier zitierte Instruktion „ad Patriarchas … Rituum orientalium“ gerichtet. Die diesbezügliche Begrifflichkeit hat sich zwischenzeitlich insoweit

causis Matrimonialibus“ der *Congregatione Generali in rebus fidei Inquisitorum Generalium, Feria IV*, vom 20.06.1883 für die katholischen Ostkirchen – fest, dass der Bischof nach Eingang der Klage entweder selbst oder durch einen von ihm Beauftragten das Amt des Verhandlungsleiters zu übernehmen habe.[266] Nach Abschluss der Ermittlungen und wenn der Ehebandverteidiger nichts mehr vorzubringen habe, seien die Akten „duobus aut tribus viris peritis“ zur Überprüfung vorzulegen.[267] Nach dem Wortlaut könnte es sich dabei um Laien handeln. Dies erscheint jedoch vor dem Hintergrund, dass Laien zu dieser Zeit noch nicht in kirchliche Gerichtshandlungen eingebunden werden konnten[268], abwegig. Gemeint sein können daher nur Priester.

Erst nachdem also zwei bis drei Priester ihr Votum abgegeben hätten, sei das Urteil zu fällen.[269] Es fällt auf, dass die Vorgehensweise umgekehrt zu der der „*Instructio Austriaca*“ ist: während hier die „duobus aut tribus viris peritis“ eine Überprüfung der Akten vornahmen, bevor der Bischof oder sein Beauftragter das Urteil fällte, war es bei jener so, dass der Bischof die Verfahrensüberprüfung vornahm, ehe das Urteil in seinem Namen von dem Kollegialgericht, aus dem einer die Verhandlungen geführt hatte, fällte.

Unklar bleiben bei den Instruktionen die Auswirkungen der Passus „duobus aut tribus viris peritis, si haberi possint.“[270] Konnte kein Urteil ergehen, falls solche nicht zu finden waren, oder waren sie für einen solchen Fall entbehrlich?

Für letztgenanntes spricht die schwache einschränkende Formulierung. Daraus lässt sich ableiten, dass der Urteilsspruch des Bischofs nicht von der

---

verändert, als nunmehr von den katholischen Ostkirchen oder den orientalischen katholischen Kirchen (vgl. can.1 CCEO) gesprochen wird (vgl. MADEY, Quellen, 1).

266 Vgl. S.C. DE PROP. FIDE, Causae matrimoniales, § 6; C.G., Instructio (ad Patriarchas … Rituum Orientalium), Nr. 4.

267 Vgl. S.C. DE PROP. FIDE, Causae matrimoniales, § 6; C.G., Instructio (ad Patriarchas), Nr. 4. Beide Vorschriften sprechen von „viris peritis“. Nach dem Wortlaut könnte es sich also um Laien handeln. Dies erscheint jedoch vor dem Hintergrund, dass Laien zu dieser Zeit noch nicht in kirchliche Gerichtshandlungen eingebunden werden konnten (vgl. Kapitel E II.), abwegig. Gemeint sein können daher nur Kleriker.

268 Vgl. dazu Kapitel E II.

269 Vgl. S.C. DE PROP. FIDE, Causae matrimoniales, § 24; C.G., Instructio (ad Patriarchas, Nr. 22.

270 S.C. DE PROP. FIDE, Causae matrimoniales, § 24; C.G., Instructio (ad Patriarchas), Nr. 22.

Verfügbarkeit solcher Männer abhängig war, also nicht auf die Weise, dass nur ein Mann oder niemand zur Verfügung stand[271], verhindert werden konnte.

Standen Priester zur Verfügung, hatte der Bischof deren Vota zumindest abzuwarten: „et nonnisi“[272]. An diese gebunden war er allerdings nicht.

Die Instruktionen enthalten keine Regelungen darüber, ob die Vota schriftlich anzufertigen oder mündlich zu erstatten waren.

Der Wortlaut „nonnisi audito eorum voto“ spricht für einen mündlichen Vortrag des Votums. Andererseits fällte der Bischof das Urteil aber allein, weshalb keine gemeinsame Sitzung zur Findung desselben stattfand. Dies spricht für eine schriftliche Erstattung der Vota. Hinsichtlich der Übersichtlichkeit der jeweiligen Entscheidungsgründe sprechen auch praktische Gründe für die schriftliche Ausfertigung. Schließlich unterstützt die Pflicht, das Urteil unter Angabe der Entscheidungsgründe auszufertigen[273], die These von einer Schriftlichkeit der Vota.

Hinsichtlich des *Matrimoniorum Defensor* ist festzustellen, dass sich die Instruktionen an die Anordnungen *Benedikts XIV.* hielten: § 7 *„Causae matrimoniales“* und Nr. 5 *„ad Patriarchas“* schrieben seine Ernennung für die Eheverfahren vor.[274] Erging ein affirmatives Urteil, hatte er Berufung einzulegen.[275]

III. Die Eheprozessordnung für das Bistum Culm von 1885

Johannes Nepomuk, Bischof der westpreußischen Diözese Culm (seit 1992 Pelplin), erließ am 22.01.1885 eine im Vergleich zu den vorgenannten wiederum andersgeartete, neue Form der Eheprozessordnung für sein Gebiet.[276]

---

271 Ausgehend davon, dass die Regelungen mit „viris peritis“ nur Priester meinen dürften, oblag dem Bischof ohnehin die Entscheidung darüber, ob und wer von seinen in seiner Diözese inkardinierten Priestern ihm entsprechend zur Verfügung stand.

272 S.C. DE PROP. FIDE, Causae matrimoniales, § 24; C.G., Instructio (ad Patriarchas), Nr. 22.

273 Vgl. S.C. DE PROP. FIDE, Causae matrimoniales, § 24: „Sententia … in scriptis erit exaranda, in eaque rationum momenta, quibus innititur, ex processu deprompta exponantur, succincte quidem, sed ita tamen, ne quidpiam essentiale omittatur“; gleichlautend C.G., Instructio (ad Patriarchas), Nr. 22.

274 Beide Vorschriften lauten: „Ordinarius omnino tenetur deputare … virum ecclesiasticum …, qui matrimonii defensor existat.“

275 Vgl. S.C. DE PROP. FIDE, Causae matrimoniales, § 25; C.G., Instructio (ad Patriarchas), Nr. 23.

276 Vgl. IOANNES NEPOMUCENUS, Eheprocessordnung.

Hierin legte er fest, dass im Falle der Einreichung einer Nichtigkeitsklage beim *Bischöflichen General-Consistorium* der Offizial die Instruktion des Falles einem geeigneten Priester zu übertragen und gleichzeitig einen *defensor matrimonii* zu ernennen habe.[277] Die Urteilsfindung fand gemäß § 25 in einem „Spruchtermin" statt, an welchem außer dem Offizial und den „Geistlichen Räten"[278] auch der *defensor* teilnahm. „Der Referent[279] [trägt] ... den Inhalt der Akten nach Massgabe eines schriftlichen Referats und sein Votum vor, worauf der defensor [das Wort erhält]. Erst, wenn der Letztere erklärt, nichts weiter anführen zu wollen, kann das *General-Consistorium*[280] zur Abstimmung schreiten, bei welcher die einfache Stimmenmehrheit entscheidet. Bei etwaiger Stimmengleichheit ist auf Zurückweisung der Klage zu erkennen[281]."

Es fällt auf, dass der Bischof in dieser Eheprozessordnung keine aktive Rolle einnimmt. Vielmehr wird seine Jurisdiktionsgewalt in Ehesachen ganz auf das *Bischöfliche General-Consistorium*, also sein bischöfliche Gericht, übertragen. Dieses traf gleichwohl seine Entscheidung offenkundig im Namen des Bischofs, denn die nach *Benedikt XIV.* obligatorische Appellation des *defensor matrimonii* hatte an das *Erzbischöfliche General-Consistorium* in Gnesen zu erfolgen.[282]

IV. Die Instruktion an den Bischof von Mysore von 1890

In der Instruktion des *Heiligen Offiziums* an den Bischof von Mysore/ Indien von 1890 heißt es: „Confectis actis, antequam Ordinarius ad sententiam procedat, integrum processum examinandum mandabit uni vel pluribus sacerdotibus, quos peritiores existimaverit, eorumque votum exquiret tam circa formam quam circa substantiam; et quatenus ipsis moralis certitudo exinde hauriri posse videatur, Ordinarius, audito vinculi defensore, iudicabit in prima instantia."[283]

---

277 Vgl. IOANNES NEPOMUCENUS, Eheprocessordnung, § 1.

278 Die Eheprozessordnung enthält keine Angaben darüber, wie viele „Geistlichen Räte" bei Gericht vorhanden sein mussten. Ausgehend von „Quamvis Paternae" Benedikts XIV. kann jedoch angenommen werden, dass es sich um mindestens vier handelte (vgl. Kapitel C II).

279 Dieser wurde vom Offizial mit Blick auf den Spruchtermin ernannt. Vgl. IOANNES NEPOMUCENUS, Eheprocessordnung, § 24.

280 Unter dem „General-Consitorium" ist hier das Kollegium, bestehend aus dem Offizial und den Geistlichen Räten, zu verstehen (vgl. IOANNES NEPOMUCENUS, Eheprocessordnung, § 25).

281 Gemeint ist die Fällung eines negativen Urteils.

282 Vgl. IOANNES NEPOMUCENUS, Eheprocessordnung, § 31.

283 S.C.S. OFF., Instructio, Nr. 5; vgl. ZIRKEL, Quam Primum, 52.

Durch die Formulierung: „quatenus" – „insofern" wird deutlich, dass der Bischof hier offensichtlich kein Urteil entgegen den oder ohne die Vota der angefragten Priester fällen durfte. Tat er es dennoch, war das Urteil freilich trotzdem gültig.[284]

Es fällt auf, dass die Regelung inhaltlich der der Instruktionen von 1883 *„Causae matrimoniales"* und *„ad Patriarchas"* gleicht.[285] Das lässt darauf schließen, dass zwischen den Kongregationen eine diesbezügliche Abstimmung stattgefunden hat. Im Vergleich zu den beiden Instruktionen von 1883 ist die von 1890 jedoch präziser formuliert. So heißt es nunmehr, dass „uni vel pluribus sacerdotibus" beizuziehen sind. Auch fehlt der Passus „si haberi possint".

V. Die Regelungen des CIC/1917

In Vorbereitung des ersten kodifizierten universellen kanonischen Rechts lauteten alle Schemata dahingehend übereinstimmend, dass der Diözesanbischof der Richter erster Instanz seines Gebietes sei.[286] Unter Verweis auf den Beschluss des *Konzils von Trient*[287] wurde dies dann auch in can. 1572 § 1 CIC/1917 so festgeschrieben[288]: „In unaquaque dioecesi et pro omnibus causis a iure expresse non exceptis, iudex primae instantiae est loci Ordinarius."

Es stellte sich jedoch die Frage, wie das Gericht künftig besetzt werden sollte. Die Ansichten reichten vom Einzelrichter über den Einzelrichter mit beigeordneten Auditoren oder Assessoren und die generelle Besetzung mit einem Kollegium bis hin zu der grundsätzlichen Besetzung mit einem Einzelrichter, in Ehe- und Strafsachen jedoch der Einsetzung eines Kollegiums.[289]

284 Die Instruktion enthält keine Nichtigkeitssanktion für den Fall, dass der Bischof entgegen der Anordnung handelt. Eine solche wäre indes aber auch wirkungslos, nachdem die Vorschrift einer Instruktion die aufgrund der Weihe des Bischofs übertragene Jurisdiktionsgewalt nicht beschneiden kann (vgl. für die derzeitige Gesetzeslage can. 34 CIC).

285 Vgl. Kapitel D II.

286 Vgl. ROBERTI, Schemata, 36–37: can.30 § 1 Schema A: „Iudices ordinarii … sunt Episcopi"; can.14 § 1 Schema B: „Iudex ordinarius … est Episcopus"; can.23 Schema C und can.30 Schema D: „Iudex … est Praelatus loci Ordinarius"; can.29 Schema E: „Iudex … est Episcopus loci Ordinarius"; can.23 Schema F und can.24 G: „Iudex … est loci Ordinarius".

287 Vgl. TRIDENTINUM, Sessio XXIV., decretum de reformatione, Cap.XX; vgl. Kapitel B IV.

288 Vgl. ROBERTI, Schemata, 37, Anm. α.

289 Vgl. ROBERTI, Schemata, 36, Schema B, Anm. 4. Welche Argumente für die jeweiligen Vorschläge angeführt wurden, konnte trotz intensiver Recherche nicht festgestellt werden.

Es lässt sich aus den Quellen nicht entnehmen, weshalb sich die letztgenannte Auffassung durchsetzte. Es kann nicht ganz ausgeschlossen werden, dass die Erfahrungen mit der „*Instructio Austriaca*"[290] hierbei eine Rolle gespielt haben mögen. Aber auch das Bestreben, die Ehe vor übereilten oder leichtfertigen Nichtigkeitserklärungen zu schützen[291], wird seinen Beitrag dazu geleistet haben. So sieht *Mörsdorf* in der Besetzung mit einem Kollegialgericht in Ehesachen „eine bessere Gewähr für eine gerechte Entscheidung."[292] Auch *Geringer* ist der Ansicht, dass „ein Kollegialgericht … einen Fall viel umfassender würdigen kann und viel weniger der Gefahr der Einseitigkeit ausgesetzt ist, als dies bei einem Einzelrichter der Fall wäre."[293] *Hahn* geht davon aus, dass man sich von der Anwendung des Kollegialitätsprinzips allgemein eine höhere Gerechtigkeitswahrscheinlichkeit der richterlichen Entscheidung versprochen habe. Kollegialität fördere die Qualität, da sie verschiedene Perspektiven auf den Verfahrensgegenstand lenke. So werde durch ein plurivok geformtes Urteil Einseitigkeit vermieden und befördert, dass unterschiedliche Sicht- und Deutungsweisen im Zuge der Urteilsfindung Wirksamkeit entfalteten. Die Kollegialität diene als Kontrollmechanismus, der der Willkürpraxis des Einzelnen eine Grenze ziehe.[294] *Landau* ist der Ansicht, das „Mehraugenprinzip und die Diskursivität eines Entscheidungsprozesses" stärke „die mit seinem Ergebnis verbundene Legitimitätsvermutung."[295]

Ab can. 23 Schema C war jedenfalls die Formulierung zu finden, die Eingang in can. 1572 § 1 CIC/1917 gefunden hat: „Iudex primae instantiae est loci Ordinarius, qui iudiciariam potestatem exercere potest ipse per se, vel per alios, secundum tamen canones qui sequuntur." Unter „alios" waren in diesem Zusammenhang die ständigen Vertretungsorgane des Bischofs, nämlich der Offizial und das aus den Synodalrichtern zu bildende Kollegialgericht, zu verstehen.[296]

Während can. 40 Schema A und can. 20 Schema B hinsichtlich der Gerichtsbesetzung in Ehenichtigkeitsverfahren noch keine vom Grundsatz der Einzelrichterbesetzung abweichenden Regelungen vorsahen, änderte sich dies mit can.

290 Auch in den Diözesen Preussens hatte man an den kirchlichen Gerichten zum Teil schon Erfahrung mit Richterkollegien gemacht, vgl. KAAS, Gerichtsbarkeit, 206 f.

291 FLATTEN, Reform, 421, spricht von der „hohen Bedeutung, welche von der Natur der Sache her einem Ehenichtigkeitsurteil zukommt."

292 MÖRSDORF, Lehrbuch, 52.

293 GERINGER, Kollegialgericht, 294.

294 HAHN, Richteramt, 357.

295 LANDAU, Rechtsbegriff, 232.

296 Vgl. MÖRSDORF, Lehrbuch, 48.

28 § 1 Schema C. Dort hieß es erstmals: „Causae in quibus agitur de sacro vinculo … matrimonii, … tribunali collegiali trium iudicum reservantur." Diese Formulierung entsprach inhaltlich der des späteren can. 1576 § 1 °1 CIC/1917: „Causae contentiosae de … matrimonii … tribunali collegiali trium iudicum reservantur."[297]

In can. 34 §1 Schema D, can. 33 § 1 Schema E, can. 27 § 1 Schema F und can. 28 §1 Schema G war zwar übereinstimmend ein „tribunali collegiali trium saltem iudicum" vorgesehen, can. 1576 § 1 °1 CIC/1917 enthielt das Wort „saltem" jedoch nicht. Aus den Quellen geht nicht hervor, warum „saltem" vor dem Inkrafttreten des CIC/1917 wieder gestrichen wurde. Es erscheint jedoch nicht ganz unwahrscheinlich, dass dies mit Blick auf die Anzahl der vorhandenen Priester und der, die für die Besetzung von größeren Kollegien notwendig gewesen wäre, geschehen ist.

Das Kollegium in Ehesachen hatte aus dem Offizial[298] oder Vizeoffizial als Vorsitzendem und zwei Synodalrichtern[299] zu bestehen[300] (vgl. cann. 1576 § 3[301], 1577 § 2 CIC/1917[302]). Das Kollegium fällte seine Urteile als Stellvertretungsorgan des Bischofs und besaß als solches ordentliche Gerichtsgewalt.[303]

---

297 Eine Ausnahme von dieser Regelung galt bei Verfahren, in denen die Ehenichtigkeit auf einem trennenden Ehehindernis beruhte und dieses urkundlich nachweisbar war (cann. 1990–1992 CIC/1917) oder wenn die Ehenichtigkeit aus einem sicheren Formmangel resultierte (Art. 231 PME).

298 Der Offizial und der Vize-Offizial besaßen ordentliche richterliche Gewalt, das bedeutet, dass der Bischof durch den Offizial oder Vize-Offizial Recht sprach; vgl. MÖRSDORF, Lehrbuch, 50.

299 Von Synodalrichtern sprach man, wenn sie auf der Diözesansynode gewählt worden waren. Vier bis zwölf Priester probatae vitae et in iure canonico periti sollten gewählt werden. Sie brauchten nicht in der Diözese inkardiniert zu sein. Schieden sie während ihrer Amtszeit aus, bestellte der Bischof Ersatzpriester. Prosynodalrichter wurden die Priester genannt, die der Bischof nach Anhörung des Domkapitels außerhalb der Diözesansynode ernannte. Die rechtliche Stellung der Prosynodalrichter unterschied sich nicht von der der Synodalrichter. Beider Hauptaufgabe war es, für die kollegial zu behandelnden Gerichtssachen als Mitglieder des bischöflichen Kollegialgerichtes tätig zu sein (vgl. cann. 385, 386, 1574 CIC/1917; vgl. MÖRSDORF, Lehrbuch, 51–52; vgl. WEBER, Diözesanrichter, 262.

300 Vgl. HARING, Eheprozess, 17–18; MÖRSDORF, Lehrbuch, 53.

301 „Duos … iudices qui una cum praeside tribunal collegiale constituunt, inter iudices synodales Ordinarius … eligat per turnum."

302 „Eidem praeest officialis vel vice-officialis, cuius est processum dirigere."

303 Vgl. MÖRSDORF, Lehrbuch, 53; vgl. JONE, Gesetzbuch, III. Band, 2. Aufl., Kanon 1574 § 1. Außerhalb des Kollegiums hatten die einzelnen Synodal-/Prosynodalrichter

Die Entscheidung musste nach can. 1577 § 1 CIC/1917[304] in kollegialer[305], also gemeinschaftlicher[306], Weise ergehen. Hierzu referierte zunächst der *ponens seu relator* über die Rechtsfrage und den Tatbestand. Er legte auch die Beweise dar, die für und gegen den Klageantrag sprachen und zeigte Widersprüche auf. Am Ende des Referates stand sein Votum. Im Anschluss gaben die übrigen Richter, beginnend mit dem Vorsitzenden, ihr Votum ab[307] (vgl. can. 1871 § 3 CIC/1917[308]). Sodann schloss sich unter Leitung des Vorsitzenden eine Diskussion an. Aufgrund dieser konnten die einzelnen Mitglieder auch von ihrem ursprünglichen Votum abweichen (vgl. can. 1871 § 4 CIC/1917).[309]

Die Ausarbeitung des Urteils oblag dem *ponens seu relator* (vgl. cann. 1584, 1872 CIC/1917).[310] Konnte bei der Sitzung keine gemeinsame Entscheidung getroffen werden, musste eine weitere Sitzung anberaumt werden (vgl. can. 1871 § 5 CIC/1917).[311]

---

hingegen delegierte Gewalt (vgl. JONE, Gesetzbuch, III. Band, 2. Aufl., Kanon 1572 § 1).

304 „Tribunal collegiale collegialiter procedere debet, et ad maiorem suffragiorum partem sententias ferre."

305 Vgl. PERATHONER, Gesetzbuch, 545; MÖRSDORF, Lehrbuch, 53; BONNET, Tribunali, 202; LLOBELL, Genesi, 718.

306 Vgl. JONE, Gesetzbuch, III. Band, 2. Aufl., Kanon 1577 § 1.

307 Vgl. JONE, Gesetzbuch, III. Band, 2. Aufl., Kanon 1871 § 3.

308 „Prolatis ex ordine, secundum praecedentiam, ita tamen ut semper a causae ponente seu relatore initium fiat, singulorum conclusionibus, habeatur moderata discussio sub tribunalis praesidis ductu, praesertim ut constabiliatur quid statuendum sit in parte dispositiva sententiae."

309 „In discussione autem fas unicuique est a pristina sua conclusione recedere."; vgl. JONE, Gesetzbuch, III. Band, 2. Aufl., Kanon 1577 § 4.

310 „In tribunali vero collegiali servetur praescriptum can. 1584." „Tribunalis collegialis praeses debet unum de iudicibus collegii ponentem seu relatorem designare qui in coetu iudicum de causa referat et sententias in scriptis redigat."; vgl. JONE, Gesetzbuch, III. Band, 2. Aufl., Kanon 1872; MÖRSDORF, Lehrbuch, 53.

311 „Quod si iudices in prima discussione ad hanc sententiam devenire aut nolint aut nequeant, differri poterit decisio ad novum conventum"; vgl. HARING, Eheprozess, 90; vgl. WERNZ, Processibus, 563, 594; A CORONATA, Processibus, 309–311. Im CIC/1983 ist dieses Vorgehen in can. 1609 CIC normiert (vgl. AYMANS/MÖRSDORF/MÜLLER, KanR IV, 486).

Das Appellationsgericht war gemäß can. 1595 CIC/1917[312] ebenfalls mit einem Kollegium aus drei Richtern zu besetzen, das gemäß can. 1596 CIC/1917 seine Entscheidung in gleicher Weise kollegial zu fällen hatte.[313]

VI. Sonderregelungen für USA und Australien

In den 1960er Jahren gab es in den USA Bestrebungen, das Ehenichtigkeitsverfahren zu vereinfachen.[314] Die *Canon Law Society of America* trug vor, dass die seinerzeit gültigen prozessrechtlichen Vorschriften nicht jedem in einer ungültigen Ehe Lebenden ermöglichten, ein kirchliches Ehenichtigkeitsverfahren in einer angemessenen Zeit durchführen zu lassen.[315] Im Oktober 1966 wurde auf einer Tagung der *Canon Law Society of America* ein Thesenpapier erarbeitet, das die Vereinfachung des Eheprozesses vorsah.[316] *Stephen J. Kelleher*, ab 1943 Diözesanrichter und seit 1962 Offizial des Metropolitangerichts von New York[317], setzte sich in besonderer Weise für die Reformbewegung in den USA ein. Auf dem Jahreskongress der *Canon Law Society of America* 1967 beklagte er in einem von ihm verfassten Artikel mit dem Titel *Canon 1014 and American Culture*[318], dass Betroffene oft gar nicht die Möglichkeit hätten, eine Klage auf Ehenichtigkeit bei einem Gericht einzubringen, da die Hälfte der US-amerikanischen Diözesen nicht über ein funktionierendes Gericht verfügten, weshalb dort auch keine Ehenichtigkeitsverfahren geführt würden, und die daher nur dem Namen nach existierten. In einem Viertel der verbleibenden US-amerikanischen Diözesen würden nur ein oder zwei Fälle im Jahr und im restlichen Viertel der Diözesen – in 36 von 144 in den USA – schließlich fünf bis 20 Verfahren im Jahr verhandelt.

Gebe es für Betroffene die Möglichkeit, ein Verfahren einzuleiten, benötige der Prozess aufgrund der komplexen Natur der aktuellen prozessrechtlichen Normen viel zu lange, bis eine Entscheidung ergehe, nach seinen Recherchen

---

312 „Tribunal appellationis eodem modo quo tribunal primae instantiae constitui debetet; eaedem regulae, accommodatae ad rem, in causae discussione servandae sunt …“; vgl. WERNZ, Processibus, 114, 126; HARING, Eheprozess, 100.

313 „Si collegialiter causa in prima instantia cognita fuerit, etiam in gradu appellationis collegialiter nec a minore iudicum numero definiri debet.“

314 Vgl. GREEN, Revision, 519; LEFEBVRE, Procedura, 564.

315 Vgl. CLSA, The Renewal, 166, Nr. 14; so auch KELLEHER, Canon 1014, 2.

316 Vgl. CLSA, The role of law, S. 180, Nr. 4 a.

317 Vgl. GORDON, Processum, 644, Anm. 1; LLOBELL, Prospettive, 250.

318 Vgl. KELLEHER, Canon 1014, 1–12.

nämlich im Durchschnitt schon in der I. Instanz zwei Jahre.[319] *Kelleher* sprach sich in seinem Artikel deutlich gegen die Appellationspflicht des Ehebandverteidigers gegen ein erstmalig affirmatives Nichtigkeitsurteil und somit für die Vollstreckbarkeit desselben aus. Zudem schlug er die Abschaffung der Notwendigkeit eines Kollegialgerichts aus drei Priestern vor[320] und sprach sich für einen Priester als Einzelrichter aus.[321] *Kelleher* ging so weit, die Möglichkeit einer kirchlichen Scheidung der sakramentalen und vollzogenen Ehe zu fordern.[322]

Im Mai 1968 übernahm *Kelleher* die Leitung des *Committee for the Formulation of a Revised Procedure for Processing of Marriage Cases in Formal Trials*, das *27 Rules* entwickelte.[323] Die US-amerikanischen Bischöfe beschlossen bei ihrer Herbsttagung im November 1968, diese mit ihren Mitarbeitern zu beraten und Bedenken oder Einwände so rechtzeitig vor der nächsten Vollversammlung einzureichen, dass diese noch Berücksichtigung erfahren könnten.[324] Auf der Frühjahrsvollversammlung 1969 wurde die überarbeitete Fassung beschlossen und mit der Bitte um Approbation an den *Heiligen Stuhl* übersandt.[325] Auf Einladung des Leiters des Staatssekretariats, Erzbischof *Casaroli*, kam es im Januar 1970 zu einem Treffen zwischen einer Delegation der US-amerikanischen Bischofskonferenz und einer Kommission des *Heiligen Stuhls* unter Leitung von Kardinal *Felici*, seinerzeit Präsident der *Päpstlichen Kommission für die Auslegung der Gesetze des Zweiten Vatikanischen Konzils*, bei dem die *27 Rules* eingehend besprochen wurden. Im Nachgang des Treffens wurden die 27 *Rules* noch einmal modifiziert.[326] Hiernach lag die endgültige Fassung vor, die nach Entscheidung Papst *Pauls VI.* mit *Reskript des Rates für die öffentlichen Angelegenheiten*[327] am

---

319 Vgl. KELLEHER, Canon 1014, 2.

320 Vgl. KELLEHER, Canon 1014, 3–6; ders., Dignity, 244.

321 Vgl. KELLEHER, Dignity, 243.

322 Vgl. KELLEHER, Canon 1014, 8 f.: „Can there be a judicial or administrative procedure whereby the Church will grant divorces, including divorces in sacramental, consummated marriages? … If the Church permitted divorce, would Catholics be in a more realistically effective position to influence civil legislation to sustain individual rights and to foster the common good? My response to these questions inclines to the affirmative."

323 Vgl. LAWRENCE, The APN, 175 f. In Anhang 2 sind die „27 rules" wiedergegeben (252–257); vgl. LEFEBVRE, Procedura, 564.

324 Vgl. LAWRENCE, The APN, 175; LLOBELL, Prospettive, 250–252.

325 Vgl. GUTH, Ehescheidung, 112.

326 Vgl. LAWRENCE, The APN, 175 f.; GUTH, Ehescheidung, 113.

327 Der Rat für die öffentlichen Angelegenheiten war nach Art. 28 REU zuständig für die diplomatischen Beziehungen des Heiligen Stuhls zu anderen Staaten und für alle

28.04.1970 als Sondernormen für den Bereich der US-amerikanischen Bischofskonferenz mit Wirkung zum 01.07.1970 „ad triennium et experimenti causa" in Kraft gesetzt wurden.[328]

1. Art. 3 *American Procedural Norms*

Abweichend von can. 1576 § 1 °1 CIC/1917[329], ermöglichte Art. 3 *American Procedural Norms*: „Conferentia Episcopalis secundum facultates postulandas a Sancta Sede permittere poterit competenti Tribunali ecclesiastico derogationem huic regulae per tempus quoddam determinatum, ita ut casus tractari possit ab unico iudice. Conditiones sunt: 1) gravis ratio … et 2) nullam adesse oppositionem expressam ante sententiam definitivam nec a iudice, nec a vinculi defensore …, nec a partibus."

Die *National Conference of Catholic Bishops* anerkannte nach einer von ihr verfassten Kommentierung der *American Procedural Norms* hinsichtlich der Frage, ob ein schwerwiegender Grund für eine Einzelrichterzulassung gegeben sei, Überlastung des Gerichts, Fehlen einer spezifischen Ausbildung, Personalmangel, u.s.w. Der Kommentar betonte dabei, dass die Bischofskonferenz die vom Ordinarius[330] für die Einzelrichterzulassung angegebenen Gründe nicht

---

Geschäfte, die mit der staatlichen Gesetzgebung zusammenhängen. Da letzteres bei dem Erlass der APN nicht der Fall war, stellt sich die Frage, warum gleichwohl dieser Rat handelte. Eine offizielle Erklärung darüber gibt es nicht. Es kann daher nur vermutet werden, dass der Rat von allen Kongregationen, Gerichten und Räten schlicht den engsten Bezug zur Materie hatte. Ziel war es ja, ein Sondergesetz für die USA zu entwerfen. Eine Zuständigkeit der seinerzeit existierenden Päpstlichen Kommission für die Auslegung der Gesetze des Zweiten Vatikanischen Konzils war hinsichtlich des angestrebten Ziels nicht gegeben, die Apostolische Signatur war gemäß Art. 105 REU lediglich für die Überwachung der rechten Verwaltung der Gerichtsbarkeit zuständig.

328 Vgl. CpPEN, Rescriptum 28.04.1970, 243. Das Rescriptum wurde nicht amtlich, beispielsweise in den AAS, publiziert. Statt dessen erfolgte die Publikation durch die Übersendung des Rescriptum an die US-amerikanische Bischofskonferenz. Auf diese Weise hatte man zuvor auch z. B. die „Instructio ad patriarchas, archiepiscopos, episcopos rituum orientalium in causis matrimonialibus adhibenda" (vgl. Kapitel D II) publiziert (vgl. dazu LEFEBVRE, Procedura, 563, Anm. 2). Der Heilige Stuhl scheint diesen Weg der Veröffentlichung zu wählen, wenn es sich um prozessuale Sondernormen für einzelne Länder handelt, so wie hier.

329 „Causae contentiosae de … matrimonii … tribunali collegiali trium iudicum reservantur."

330 Die Verwendung des Begriffs „Ordinarius" ist ungenau, denn „unter dem Ordinarius hat man nach can. 198 §2 CIC/1917 außer dem Ortsbischof … vor allem den Generalvikar mitzuverstehen." STUTZ, Geist, 281 f., 301. Nach can. 368 § 1 CIC/1917

überprüft. Vielmehr obliege es ihm, angesichts der Umstände in seiner Diözese, zu entscheiden, ob er einen schwerwiegenden Grund für gegeben halte. Seine diesbezügliche Entscheidung werde man nicht in Frage stellen.[331]

Mit dieser Norm sollte vor allen Dingen dem Anliegen der Schnelligkeit und Effizienz in Ehenichtigkeitsverfahren Rechnung getragen werden. Hinzu kam, dass durch sie Engpässe hinsichtlich der Anzahl von qualifiziert ausgebildeten Richtern behoben werden sollten.

Pototschnig hielt als „Ergebnis eines Studienaufenthaltes in Brooklyn" und darauf beruhenden „eigenen Beobachtungen"[332] fest: „In der Regel werden Eheprozesse vor dem Einzelrichter verhandelt."[333] Damit bestätigten sich die von *Lefebvre* bereits 1970 geäußerten Befürchtungen, die Norm werde missbräuchlich angewendet werden.[334]

(„Vicario Generali, vi officii, ea competit in universa dioecesi iurisdictio in spiritualibus ac temporalibus, quae ad Episcopum iure ordinario pertinet, exceptis iis quae Episcopus sibi reservaverit, vel quae ex iure requirant speciale Episcopi mandatum") entsteht der Eindruck, dass der Generalvikar den Bischof in allen Funktionen der Oberhirtengewalt zu vertreten hatte. Dies zu Grunde gelegt, hätte der Generalvikar nach dem Wortlaut also auch den Antrag bei der Bischofskonferenz einreichen und begründen können. Dass dies dennoch ausgeschlossen war, ergibt sich aus der Abgrenzung der Amtsbefugnisse des Generalvikars. Nach can. 1573 § 1 CIC/1917 hatte der Bischof die Pflicht, grundsätzlich einen vom Generalvikar personell zu unterscheidenden Offizial zu ernennen: „Quilibet Episcopus tenetur officialem eligere cum potestate ordinaria iudicandi, a Vicario Generali distinctum." (Eine Ausnahme bildete can. 1573 § 1 CIC/1917.) Diesem oblag die gemeingerichtliche Rechtspflege. Somit war eine Zuständigkeit des Generalvikars in diesem Bereich ausgeschlossen. Vgl. MÖRSDORF, Regierungsaufgaben, 382, 389. Da es sich bei dem Antrag zur Einzelrichterzulassung um eine Frage handelte, die die Gerichtsverwaltung betraf, war er aus dem Zuständigkeitsbereich des Generalvikars ausgeklammert. Demnach konnte diesen nur der Diözesanbischof stellen. Unter dem „Ordinarius" war hier also nur der Diözesanbischof zu verstehen. Auch im CIC/1983 sind die Zuständigkeitsbereiche von Generalvikar und Offizial strikt getrennt, vgl. GÜTHOFF, Gerichtsvikar, 66; PREE, Zuständigkeitsfragen, 493–495; BENZ, Verhältnis, 462, 466; PLATEN, Diözesankurie, 646.

331 Vgl. NCCB, Commentary, Norm 3, 407 f.; POTOTSCHNIG, Entwicklungstendenzen, 67–68.

332 POTOTSCHNIG, Entwicklungstendenzen, 65, Anm. 38.

333 POTOTSCHNIG, Entwicklungstendenzen, 68.

334 Vgl. LEFEBVRE, Procedura, 567.

2. Art. 23 § 2 *American Procedural Norms*

Entgegen can. 1986 CIC/1917[335], normierte Art. 23 § 2 *American Procedural Norms*: „In casibus exceptionalibus, in quibus iudicio vinculi Defensoris et Ordinarii[336], appellatio a sententia affirmativa sit aperte superflua, Ordinarius poterit ipse postulare ab Episcopali Conferentia, ut in istis casibus individualibus vinculi Defensor exoneretur ab obligatione appellandi ita ut sententia prioris instantiae statim possit executioni mandari."

Voraussetzung hierfür war, dass sich nach einer erstmalig affirmativen Entscheidung des Gerichts zunächst der Ehebandverteidiger ein Urteil darüber bildete, ob er die Einlegung einer Berufung für eindeutig überflüssig hielt.[337] Maßstab seiner Entscheidung sollte dabei seine Verpflichtung „pro rei veritate" sein.[338] Der Wahrheit nämlich, so hatte Papst *Pius XII.* bei seiner Ansprache vor der *Römischen Rota* vom 02.10.1944 ausgeführt, sei auch die eigentliche Aufgabe des Defensors, das Eheband zu verteidigen, untergeordnet.[339] Keine Rolle bei seiner Entscheidung sollte hingegen die Frage spielen, ob das Berufungsgericht effizient oder ineffizient arbeite, liberal oder konservativ sei.[340]

Sodann hatte sich der Diözesanbischof[341] ein Urteil darüber zu bilden, ob die Wahrheit bereits durch das vorliegende Verfahren feststehe und eine Berufung daher eindeutig überflüssig sei.[342] Allerdings, so führte der Kommentar der Bischofskonferenz aus, bedeute dies nicht, dass der Diözesanbischof[343] dazu jeden affirmativ entschiedenen Fall seines Gerichtes selbst studieren müsse. Vielmehr sei es ausreichend, wenn er die Entscheidung seines Ehebandverteidigers generell bestätige, sofern er zuverlässige Ehebandverteidiger ernannt habe und deren Urteil vertrauen könne.[344]

---

335 „A prima sententia, quae matrimonii nullitatem declaraverit, vinculi defensor … ad superius tribunal provocare debet."

336 Auch hier könnten vom Wortlaut sowohl der Diözesanbischof als auch der Generalvikar gemeint sein. Dass dies dennoch auszuschließen war, ergibt sich aus der Abgrenzung der Amtsbefugnisse des Generalvikars (vgl. Anm. 330).

337 Vgl. NCCB, Commentary, Norm 23, 419 f.; vgl. POTOTSCHNIG, Entwicklungstendenzen, 68.

338 Vgl. PIUS XII., Allocutio 1944, 283–285.

339 Vgl. PIUS XII., Allocutio 1944, 283–285; BONNET, Tribunali, 212; POTOTSCHNIG, Entwicklungstendenzen, 68–69.

340 Vgl. NCCB, Commentary, Norm 23, 420; POTOTSCHNIG, Entwicklungstendenzen, 69.

341 Vgl. Anm. 336.

342 Vgl. NCCB, Commentary, Norm 23, 420.

343 Vgl. Anm. 336.

344 Vgl. NCCB, Commentary, Norm 23, 420.

Waren Ehebandverteidiger und Diözesanbischof[345] in einem konkreten Fall zu der Überzeugung gelangt, dass eine Berufung eindeutig überflüssig sei[346], hatte der letztgenannte einen Antrag auf Befreiung des Ehebandverteidigers von seiner Pflicht, Berufung einzulegen, zu formulieren und an die *National Conference of Catholic Bishops* zu richten.[347] Entsprach diese dem Gesuch, wurde das erstmalig affirmative Urteil nach Art. 23 § 2 *American Procedural Norms* sofort vollziehbar.

Pototschnig hielt als „Ergebnis" wiederum fest: „In der Regel wird vom Gericht in erster Instanz ein definitives Urteil gefällt"[348], das heißt, die als Ausnahme konzipierte Norm des Art. 23 § 2 *American Procedural Norms* wurde zum Regelfall und die erstinstanzlichen Urteile nach entsprechender Zustimmung durch die *National Conference of Catholic Bishops* überwiegend sofort vollziehbar. Auch in diesem Punkt bestätigte sich demnach der von *Lefebvre* 1970 befürchtete Missbrauch in der Anwendung des Artikels.[349]

3. Art. 23 § 1 3. Abs. *American Procedural Norms*

Entgegen can. 1595 CIC/1917[350], nach dem in II. Instanz noch einmal das gleiche Verfahren durchzuführen war, wie in I. Instanz, lautete Art. 23 § 1 3. Abs. *American Procedural Norms*: „(De appellatione) … Si vero non postulentur ulteriores inquisitiones, iudex decernet statim causam conclusam. Intra mensem ab isto decreto, Tribunal, ratione habita defensionum et observationum patroni et vinculi Defensoris, novam sententiam edicet ad normam legis."

Der Kommentar der *National Conference of Catholic Bishops* wies darauf hin, dass die Stellungnahmen der Parteien oder deren Anwälte und des Ehebandverteidigers mit Blick auf den zeitlichen Rahmen offenbar als einfache Bestätigungen unter Verweis auf ihre bereits in I. Instanz vorgelegten Schriftsätze gedacht seien.[351] Grundsätzlich hatten die genannten Prozessbeteiligten nach dem Wortlaut des Artikels aber das Recht, sich auch ein weiteres Mal oder sogar erstmals ausführlich zu äußern. Sinnvoll war dies freilich nur dann, wenn z. B. der

345 Vgl. Anm. 336.
346 Vgl. MORHARD, Berufung, 206.
347 Vgl. NCCB, Commentary, Norm 23, 420.
348 POTOTSCHNIG, Entwicklungstendenzen, 69.
349 Vgl. LEFEBVRE, Procedura, 590–592.
350 „Tribunal appellationis … eaedem regulae, accommodatae ad rem, in causae discussione servandae sunt."
351 Vgl. NCCB, Commentary, Norm 23, 421 f.

Ehebandverteidiger oder die nichtklagende Partei seine/ihre Argumente für den Erhalt der Ehe nicht in ausreichendem Maß bei der Urteilsfindung berücksichtigt fanden oder die nichtklagende Partei sich nach Prozessabwesenheit in I. Instanz nunmehr erstmals gegen die Nichtigkeitserklärung wehren wollte.[352]

Hinsichtlich der Urteilsausfertigung in der Berufungsinstanz führte der Kommentar der *National Conference of Catholic Bishops* aus, dass ein reines Bestätigungsdekret der II. Instanz über das erstinstanzliche Urteil zwar nicht ausreichend sei, es allerdings auch nicht obligatorisch sei, bei der Abfassung des Urteils II. Instanz noch einmal die Rechts- und Tatsachenlage und die Begründung, die das Berufungsgericht zu seiner Entscheidung geführt habe, auszuführen. Unter Umständen genüge es, durch eine kurze, einfache Darstellung anzugeben, dass das Berufungsgericht in den wesentlichen Punkten (Rechts- und Tatsachendarstellung und Urteilsbegründung) mit dem Urteil des Gerichtes I. Instanz übereinstimme. Der Tenor sei jedoch selbstverständlich immer abzufassen.[353]

In Art. 23 § 1 3. Abs. *American Procedural Norms* kann der Vorläufer der späteren Dekretbestätigung II. Instanz gesehen werden.[354]

Nach Entscheidung Papst *Pauls VI.* traten die für die USA geschaffenen Sonderregeln auf Bitte der Bischofkonferenz Australiens mit Reskript des *Rates für die öffentlichen Angelegenheiten* vom 31.08.1970 auch dort versuchsweise für drei Jahre zum 01.11.1970 in Kraft.[355]

Mit Schreiben vom 15.12.1972 bat der Vorsitzende der *National Conference of Catholic Bishops* um Verlängerung der auf drei Jahre gewährten Sondernormen.[356] Beim *Heiligen Stuhl* bestanden dagegen jedoch Bedenken. Es sei – so der *Rat für die öffentlichen Angelegenheiten* in seinem Antwortschreiben vom 20.06.1973[357] – mit dem Erlass des Motu proprio „*Causas matrimoniales*“[358] zwischenzeitlich eine für die ganze lateinische Kirche geltende einheitliche Regelung in Ehesachen getroffen worden, weshalb den USA kein Vorzug durch Verlängerung von Sondernormen im Vergleich zu anderen Ländern zu gewähren sei.[359] Darüber hinaus habe die USA die durch Art. 23 § 2 *American Procedural*

352 Im letztgenannten Fall wäre dann allerdings eine vorherige Berufungseinlegung angezeigt.

353 Vgl. NCCB, Commentary, Norm 23, 422.

354 Vgl. Kapitel E I 1.

355 Vgl. CpPEN, Rescriptum 31.08.1970, 259 f.; KILLERMANN, Rota Romana, 306.

356 Vgl. CpPEN, Epistola 20.06.1973, 252 RN 1431.

357 Vgl. CpPEN, Epistola 20.06.1973, 252–254.

358 Vgl. dazu Kapitel E I 1.

359 Vgl. CpPEN, Epistola 20.06.1973, 253, RN 1433 f.

Norms gewährte Möglichkeit, den Ehebandverteidiger von der Pflichtberufung zu befreien, so häufig in Anspruch genommen, dass die als Ausnahme konzipierte Norm zwischenzeitlich zur Regel geworden sei. Dies gehe aus den vorgelegten Statistiken hervor.[360] Um jedoch schwere Nachteile für derzeit laufende Verfahren abzuwenden, würden die Sonderregelungen nach Entscheidung Papst *Pauls VI.* als Übergangszeit noch einmal um ein weiteres Jahr bis zum 01.07.1974 gewährt.[361] Mit der Verlängerung wurde die *National Conference of Catholic Bishops* jedoch ermahnt, zukünftig große Vorsicht bei der Anwendung des Art. 23 § 2 *American Procedural Norms* walten zu lassen.[362]

1974 stellten die USA abermals den Antrag auf Verlängerung der Sondernormen und machten dafür erneut schwerwiegende und dringende pastorale Gründe geltend. *Paul VI.* gewährte deshalb am 22.05.1974 noch einmal die Sonderregelungen. Sie sollten gelten bis zum Inkrafttreten des sich in Vorbereitung befindlichen neuen gesamtkirchlichen Rechts, des CIC/1983. Dieses Mal beließ es der Papst allerdings nicht bei einer Ermahnung der *National Conference of Catholic Bishops* hinsichtlich Art. 23 § 2 *American Procedural Norms*: War der Antrag auf Befreiung des Ehebandverteidigers von der Pflichtberufung in einem konkreten Fall bisher an die *National Conference of Catholic Bishops* zu richten gewesen, war er zukünftig einem eigens für diese Entscheidungen eingerichteten Gremium der *National Conference of Catholic Bishops* vorzulegen.[363] Auf diese Weise sollte offensichtlich eine intensivere Beschäftigung mit dem jeweiligen Antrag und eine vom Gremium in bewusster Verantwortung getroffene Bescheidung desselben erreicht werden. Die entsprechenden Durchführungsbestimmungen sollten von der *National Conference of Catholic Bishops* erlassen und der Apostolischen Signatur zur Prüfung und Genehmigung vorgelegt werden.[364] Nachdem sie dieser Auflage *Pauls VI.* nachgekommen war, wurden die Durchführungsbestimmungen am 02.08.1975[365] durch die *Apostolische Signatur* bestätigt.[366] Gleichwohl wurde das von *Paul VI.* beabsichtigte Ziel, die Anwendung

360 Vgl. CpPEN, Epistola 20.06.1973, 254, RN 1436; LLOBELL, Prospettive, 253.

361 Vgl. CpPEN, Epistola 20.06.1973, 254, RN 1435.

362 Vgl. CpPEN, Epistola 20.06.1973, 254, RN 1436.

363 Vgl. CpPEN, Epistola 22.05.1974, 255, RN 1439.

364 Vgl. CpPEN, Epistola 22.05.1974, 255, RN 1439.

365 Hinsichtlich des Datums gibt es in den beiden vorhandenen Quellen eine Abweichung. Während in OCHOA, Leges V, Nr. 4394, für das Schreiben der Apostolischen Signatur der 01.08.1975 angegeben wird, wird in GROCHOLEWSKI, Documenta, Vol. II., 121, der 02.08.1975 ausgewiesen. Grocholewskis Angabe ist wohl der Vorzug zu geben, nachdem Ochoa auf diesen verweist.

366 Vgl. AS, Litterae transmissionis a Conferentia Episcopalis USA.

von Art. 23 § 2 *American Procedural Norms* zu supprimieren, offensichtlich nicht erreicht. So berichtet *Potoschnig*: „Tatsächlich hat sich, wie ich im April 1977 bei meinem Studienaufenthalt in den USA feststellen konnte, an der bewährten amerikanischen Praxis nichts geändert.“[367]

---

367 POTOTSCHNIG, Entwicklungstendenzen, 70.

E) Das Ehenichtigkeitsverfahren seit dem MP *„Causas Matrimoniales"*

Wie aus den vorangegangenen Kapiteln ersichtlich geworden ist, erfreute sich die Ehe unter den Regelungen des CIC/1917 des geschichtlich gesehen ausgeprägtesten Schutzsystems: Das Verfahren über die Nichtigkeitserklärung einer Ehe bedurfte nach affirmativem Urteil durch ein Kollegium von drei Richtern eines erneuten Verfahrens in höherer Instanz. Der Ehebandverteidiger war verpflichtet, die Sache durch Berufung dort anhängig zu machen.[368] Die höhere Instanz, ebenfalls ein Kollegium aus drei Richtern, hatte das Verfahren noch einmal durchzuführen.[369] Nur, wenn auch die höhere Instanz aus dem gleichen Klagegrund, wie die vorherige Instanz, zu einem affirmativen Urteil gelangte, waren die ehemaligen Eheleute frei, eine neue kirchliche Ehe zu schließen.[370]

Mit dem Motu Proprio *„Causas Matrimoniales"* Papst *Pauls VI.* vom 28. März 1971 setzte eine Reihe von Veränderungen hinsichtlich des Ehenichtigkeitsprozesses ein, die ihren vorläufigen Abschluss in dem Motu Proprio *„Mitis Iudex Dominus Iesus"* Papst *Franciscus* vom 15. August 2015 gefunden hat. Einige davon hatten die schnellere Durchführung des Eheprozesses zum Ziel, zum Teil wurden sie vor dem Hintergrund der stetig wachsenden Zahl an Klagen auf Nichtigkeit bei jedoch anhaltendem Rückgang an Priestern und damit an geeigneten Personen für das Richteramt notwendig. Der Gesetzgeber hatte aber stets auch die Qualität der Prozesse im Blick, weshalb er hinsichtlich dieser ebenfalls Neuerungen einführte.

Im folgenden Kapitel werden die für das Thema relevanten Veränderungen vorgestellt. Aus Gründen der Übersichtlichkeit wird dabei von der bislang chronologischen Darstellung auf eine thematische Untergliederung umgestellt.

---

368 Can. 1986 CIC/1917: „A prima sententia, quae matrimonii nullitatem declaraverit, vinculi defensor … ad superius tribunal provocare debet."; vgl. Kapitel C IV.

369 Can. 1595 CIC/1917: „Tribunal appellationis … eaedem regulae, accommodatae ad rem, in causae discussione servandae sunt."; vgl. Kapitel C IV.

370 Vgl. Kapitel C III–IV, D V.

I. Veränderungen im Verfahrensablauf

1. Die Dekretbestätigung

Benedikt XIV. hatte durch § 8 seiner Konstitution „*Dei miseratione*“ eingeführt, dass der *Matrimoniorum Defensor* gegen ein erstmalig affirmatives Urteil grundsätzlich Berufung einlegen musste. Das Verfahren in der Berufungsinstanz war nach § 10 „*Dei miseratione*“ sodann noch einmal in der gleichen Weise durchzuführen, wie das Verfahren in I. Instanz.[371] Diese Regelungen hatten Eingang in die cann. 1595, 1986 CIC/1917 gefunden.[372] Die Berufungsinstanz entschied demnach wie die I. Instanz durch Urteil.

Vor dem Hintergrund der zunehmenden Ehenichtigkeitsverfahren und zur Vermeidung einer überlangen Prozessdauer[373] erließ Papst *Paul VI.* am 28.03.1971 durch Art. VIII § 3 MP „*Causas Matrimoniales*“ eine diesbezügliche Änderung: „Visa sententia et perpensis animadversionibus defensoris vinculi necnon, si exquisitae et datae fuerint, partium earumve patronorum, collegium suo decreto vel decisionem primi gradus ratam habet, vel ad ordinarium examen secundi gradus causam admittit.“

Fortan hatte das Richterkollegium der Berufungsinstanz also zunächst anhand aller bis dato aufgekommenen Akten[374] I. Instanz, sowie der Stellungnahme des Ehebandverteidigers der II. Instanz und gegebenenfalls der Parteien zu überprüfen, ob das Urteil I. Instanz durch Dekret bestätigt werden konnte.[375] Dies stellte insofern ein Novum im Ehenichtigkeitsverfahren dar, als die II. Instanz bis dato – ungeachtet der in I. Instanz aufgekommenen Akten und des erstinstanzlichen Urteils – nach einer Pflichtberufung durch den Ehebandverteidiger I. Instanz grundsätzlich ein erneutes, wiederholendes, ordentliches Verfahren durchzuführen hatte.[376]

Kam das Kollegium zu der Entscheidung, dass das erstinstanzliche Urteil bestätigt werden könne, entfiel die Durchführung eines ordentlichen Verfahrens in II. Instanz mit erneuter Beweisaufnahme, wodurch eine zeitliche Beschleunigung des Verfahrens erreicht war.[377]

---

371 Vgl. Kapitel C III.

372 Vgl. Kapitel C IV.

373 Vgl. PAULUS VI., Causas Matrimoniales, Einleitung. SCHMITZ, Neue Regelungen, 11, spricht sogar davon, dass „die lange Dauer der Prozesse … manchmal einer Rechtsverweigerung sehr nahe [kommt].“

374 Vgl. FLATTEN, Reform, 429.

375 Vgl. MÖRSDORF, Lehrbuch, 252; LEFEBVRE, Motu Proprio, 49 f.

376 Vgl. MORHARD, Berufung, 205; vgl. Kapitel C IV.

377 Vgl. SCHMITZ, Neue Regelungen, 12; FLATTEN, Reform, 428.

Art. VIII § 3 MP „*Causas Matrimoniales*" konnte generell aber nur das zweitinstanzliche Verfahren auf diese Weise beschleunigen. Lagen bereits zwei voneinander abweichende Urteile, ein affirmatives, ein negatives, vor, musste die dann III. Instanz die Sache in jedem Fall zum ordentlichen Verfahren annehmen. Eine Bestätigung eines der beiden Urteile durch Dekret war in einem solchen Fall nicht möglich.[378]

Die Regelung des Art. VIII § 3 MP „*Causas Matrimoniales*" wurde bei Erlass des CIC/1983 übernommen und hat Eingang gefunden in can. 1682 § 2 CIC/1983: „Si sententia pro matrimonii nullitate prolata sit in primo iudicii gradu, tribunal appellationis, perpensis animadversionibus defensoris vinculi ... suo decreto vel decisionem continenter confirmet vel ad ordinarium examen novi gradus causam admittat."

2. Die obligatorische II. Instanz

a. Die Einführung

In can. 1986 CIC/1917 hatte die Berufungspflicht des Ehebandverteidigers gegen ein erstmalig affirmatives Urteil, die *Benedikt XIV.* für diesen durch § 8 „*Dei miseratione*" eingeführt hatte[379], Eingang gefunden, Art. VIII § 1 MP „*Causas Matrimoniales*" hatte diese übernommen: „A prima sententia, matrimonii nullitatem declarante, vinculi defensor ad superius Tribunal provocare tenetur."[380] Bis zum Inkrafttreten des CIC/1983 gelangte ein Verfahren also immer durch eine Berufungseinlegung des Ehebandverteidigers in die II. Instanz.

Dies änderte sich durch can. 1682 § 1 CIC/1983: „Sententia, quae matrimonii nullitatem primum declaraverit, ... et ceteris iudicii actis, ... ad tribunal appellationis ex officio transmittatur."

Fortan gelangte ein erstmals affirmativ entschiedenes Verfahren also auch ohne Berufungseinlegung in die höhere Instanz. Die verpflichtende Appellation durch den Ehebandverteidiger war im CIC/1983 nicht mehr normiert und somit

---

378 PCDCVI, Responsa, 2): „Utrum Tribunal tertii gradus causam per decretum definire possit, si instantia primi gradus matrimonii nullitatem declaraverit, alterius vero gradus instantia contra matrimonii nullitatem, ex eodem capite, sententiam dederit. – Negative."; vgl. SCHMITZ, Neue Regelungen, 12; EISENHOFER, Rota-Rechtsprechung, 255; LÜDICKE, Berufungssystem, 519, 3.

379 Vgl. Kapitel C III.

380 Hinsichtlich der erteilten Sondernormen für die USA vgl. Kapitel D VI.

aufgehoben.[381] Stattdessen übersandte das erstmalig affirmativ entscheidende Gericht sein Urteil von Amts wegen zur Überprüfung an die höhere Instanz.[382]

Die Einführung dieser Regelung war im Vorfeld umstritten.[383] So hatten einige Bischöfe eingewandt: „Non est Ecclesia universa punienda propter abusus alicubi insurgentes. ... Concedantur saltem exceptiones.“[384] Zu diesem Zweck solle der Passus „nisi in casibus exceptionalibus aliter a Sancta Sede provisum fuerit“ in das Gesetz aufgenommen werden.[385] Die Bischöfe der US-amerikanischen Diözesen, in denen schon nach Art. 23 § 2 *American Procedural Norms* von der Appellationspflicht des Ehebandverteidigers dispensiert werden konnte[386], „firmiter persuasi sunt appellationem obligatoriam essentialem non esse ad integritatem[387] processus matrimonialis.“[388] Das Zusammenwirken der Parteien, des Ehebandverteidigers und des Richterkollegiums[389] I. Instanz sei ausreichend, um moralische Gewissheit zu erlangen. Damit sei der Gerechtigkeit Genüge getan. Geschähen Missbräuche, gebe es andere Mittel der Korrektur[390],

381 In Art. 279 § 2 DC wurde jedoch wieder eine Pflicht des Ehebandverteidigers zur Berufung von Amts wegen genannt, „si censeat satis fundatam non esse sententiam, quae matrimonii nullitatem primum declaraverit.“

382 AYMANS/MÖRSDORF/MÜLLER, KanR IV, 544.

383 Communicationes 16 (1984) 75, Nr. 2, Relatio ad novissimum schema (1980), can. 1634: „Hic canon valde controversum est et acceptatio totius Codicis in discrimen mittere valet, pluribus in regionibus.“; einzelne Stellungnahmen verschiedener Bischöfe und Kardinäle sind nachzulesen in: PCL, Congregatio Plenaria, 101–106.

384 Vgl. Communicationes 16 (1984) 75, Nr. 2.

385 Vgl. Communicationes 16 (1984) 75, Nr. 2, Relatio ad novissimum schema (1980), can. 1634.

386 Vgl. Kapitel D VI 2.

387 Die Aussage ist dahingehend zu verstehen, dass die US-amerikanischen Bischöfe die Ansicht vertraten, dass es für die Richtigkeit des Urteils I. Instanz nicht erforderlich sei, dass es durch eine obligatorische weitere Instanz bestätigt werde.

388 Vgl. Communicationes 16 (1984) 75, Nr. 3.

389 Entgegen can. 1576 § 1 °1 CIC/1917, der das Richterkollegium für Ehenichtigkeitsverfahren normierte, sprachen die US-amerikanischen Bischöfe nur vom „labor iudicum“, vgl. Communicationes 16 (1984) 75, Nr. 3. Zwar kann es sich dabei lediglich um eine Ungenauigkeit in der Fomulierung handeln, es kann aber auch nicht ausgeschlossen werden, dass sich die zur Regel gewordene Einsetzung eines Einzelrichters anstelle eines Kollegiums nach Art. 3 APN (vgl. Kapitel D VI 1) hier im Sprachgebrauch widerspiegelte.

390 Alternative Vorschläge unterbreiten die US-amerikanischen Bischöfe allerdings nicht.

als eine obligatorische Berufungsinstanz.[391] Es wurde auch vorgeschlagen, statt einer generellen Verpflichtung in allen Fällen, „intuitu gravitatis materiae" einen Passus einzufügen, nach dem die höhere Instanz, die ein Kollegium sein müsse, immer dann eine Überprüfung durchzuführen habe, wenn das erstinstanzliche Urteil durch einen Einzelrichter ergangen sei.[392]

Entgegen aller Einwände und Vorschläge fand die beabsichtigte Regelung[393] gleichwohl in can. 1682 § 1 CIC/1983 Eingang. Der *Coetus consultorum* der *Pontificia Commissio Codici Iuris Canonci Recognoscendo* führt dazu aus: „Systema propositum non est neque `iuridice absurdum´ neque `sanae rationi contrarium´[394]. Potius quam de appellatione (canon non loquitur de appellatione) agitur de ulteriore revisione in re maximi momenti, uti est vinculum sacramentale."[395]

Die generelle Frage nach der Notwendigkeit einer verpflichtenden II. Instanz wurde im Oktober 1981 in der *Congregatio Plenaria* der *Codex-Reform-Kommission* beraten. Nach Einholung zweier Gutachten von *Sabattani*[396] und *Gordon*[397] und nach ausführlicher Diskussion[398], sprach sich die *Congregatio Plenaria* mit 46 von 59 Stimmen für die Beibehaltung aus.[399]

Gleichwohl gab es auch nach Inkrafttreten des CIC/1983 Bestrebungen, diese wieder abzuschaffen: Seit 1996 arbeitete eine sechsköpfige Kommission, bestehend aus Daneels und Scicluna von der Apostolischen Signatur, Funghini

---

391 Vgl. Communicationes 16 (1984) 75, Nr. 3, Relatio ad novissimum schema (1980), can. 1634.

392 Vgl. Communicationes 16 (1984) 75, Nr. 4, Relatio ad novissimum schema (1980), can. 1634.

393 Der Gesetzestext des can. 1682 § 1 CIC stimmt wörtlich überein mit dem Schema CIC (1980), can. 1634 § 1: „Sententia, quae matrimonii nullitatem primum declaraverit, … et ceteris iudicii actis, … ad tribunal appellationis ex officio transmittatur.", und dem Schema Novissimum (1982), can. 1682 § 1: „Sententia, quae matrimonii nullitatem primum declaraverit, … et ceteris iudicii actis, … ad tribunal appellationis ex officio transmittatur."

394 So aber: PCL, Congregatio Plenaria, Hume, Submission, 100.

395 Communicatones 16 (1984) 75, Relatio ad novissimum schema (1980). Nachdem die Unauflöslichkeit der Ehe im Naturrecht begründet ist, fand die Bestimmung jedoch auch Anwendung auf nicht sakramentale Ehen. Insoweit ist der Wortlaut des Coetus consultorum: „vinculum sacramentale" hier ungenau.

396 PCL, Congregatio Plenaria, Sabattani, 106–110.

397 PCL, Congregatio Plenaria, Gordon, 111–127.

398 PCL, Congregatio Plenaria, 230–278.

399 Vgl. MECKEL, Iudex, 78; LÜDICKE, Die Reform, 153.

und Huber von der Römischen Rota und Navarrete und De Paolis vom Rat für die Gesetzestexte unter dem Vorsitz Daneels auf Anordnung Papst *Johannes Pauls II.* zum Zwecke des bestmöglichen Schutzes der Unauflöslichkeit der Ehe an einer neuen Eheprozessordnung.[400]

Noch bevor diese ihr *Primum Schema a Commissione approbatum* vorgelegt hatte, kündigte Papst *Johannes Paul II.* in seiner Rota-Ansprache vom 17.01.1998 die Einsetzung einer weiteren Interdikasteriellen Kommission an, die einen Vorschlag zum Ablauf der Eheprozesse erarbeiten solle, der die Sorgfältigkeit und Zügigkeit berücksichtigen sollte, die aufgrund der Natur der Sache für die Verfahren erforderlich seien.[401]

Diese zweite Kommission, bestehend aus Girotti und McCormack von der Kongregation für die Glaubenslehre, Pallath und Amenta von der Kongregation für den Gottesdienst und die Sakramentenordnung, Daneels und Scicluna[402] von der Apostolischen Signatur, Funghini und Stankiewicz von der Römischen Rota und Davino und Marchesi vom Rat für die Gesetzestexte, arbeitete unter dem Vorsitz von Pompedda[403], zu dieser Zeit Präfekt der Apostolischen Signatur, ihren Vorschlag zwischen dem 18.07.2001 und dem 04.05.2002 unter dem Titel *Novissimum Schema*[404] aus.[405] Der dortige Art. 43 § 2[406] sah vor, das Recht auf Wiederheirat ohne zweites bestätigendes Urteil zuzulassen, wenn das affirmative Urteil durch ein Kollegialgericht ergangen, keine Berufung durch den Ehebandverteidiger oder die Parteien erfolgt und der Moderator des Gerichts I. Instanz nach einem positiven Votum des Kollegialgerichts der Wiederheirat zustimmte.

---

400 Vgl. DANEELS, Storia, 177, 1.6, 179, 2.1.

401 IOANNES PAULUS II., Ad Romanae Rotae praelatos auditores, 784: „Ho presente la necessità che le cause matrimoniali siano portate a termine con la serietà e la celerità richieste dalla loro propria natura. In proposito, ed allo scopo di favorire una sempre migliore amministrazione della giustizia, … ho istituito una Commissione Interdicasteriale incaricata di preparare un progetto di Istruzione circa lo svolgimento dei processi riguardanti le cause matrimoniali.“

402 Daneels und Scicluna waren auch bereits Mitglieder der ersten Kommission gewesen. Scicluna nahm darüber hinaus in beiden Kommissionen die Aufgabe des Sekretärs wahr. Vgl. DANEELS, Storia, 179, 2.1, 190, 3.2.

403 Vgl. DANEELS, Storia, 190, 3.2.

404 Das Schema wurde nicht veröffentlicht. Über die Inhalte der einzelnen Artikel finden sich jedoch Angaben bei: DANEELS, Storia, 192–194, 3.6.

405 Vgl. DANEELS, Storia, 192, 3.5.

406 Nachdem das Schema nicht veröffentlicht wurde, ist der Wortlaut des Artikels nicht bekannt. Die inhaltliche Wiedergabe erfolgt deshalb nach den Angaben von DANEELS, Storia, 193, 3.6.

Die Diskussion über die einzelnen Artikel des *Novissimum Schema* ist nicht veröffentlicht. Bekannt[407] ist lediglich die allgemeine Kritik: Gegen das Schema wurde vorgebracht, dass es vom Richter erhebliche Kenntnisse des Verfahrensrechts verlange und wegen seiner Kürze (es umfasste nur 47 Artikel) die Möglichkeit für Ermessensspielräume und Freiheiten eröffne. Außerdem weiche das Schema von der Vorgabe, alle spezifischen Vorschriften über den Eheprozess in einem möglichst klaren und vollständigen Text zu sammeln, der praktische Hilfe für den Richter geben könne, ab.[408]

Diese Einwände gegen das *Novissimum Schema* sind jedoch nicht oder nur bedingt berechtigt. So müssen die Richter nach can. 1421 § 3 CIC Lizentiaten des kanonischen Rechts sein, demnach also in jedem Fall eine umfassende Kenntnis im Verfahrensrecht besitzen. Dem Einwand, das *Novissimum Schema* eröffne durch seine Kürze Ermessensspielräume und Freiheiten, kann zumindest die Frage entgegengehalten werden, inwiefern hierdurch ein Missbrauch in der Anwendung dieser Möglichkeiten zu befürchten gestanden hätte. Davon abgesehen hätte das *Novissimum* Schema, um vom CIC/1983 abweichende oder erweiterte Ermessensspielräume oder Freiheiten eröffnen zu können, als Gesetz erlassen werden müssen, was, nachdem es lediglich als eine Anwendungshilfe für den Richter geplant war, offenkundig aber gar nicht vorgesehen war. Letztlich wurde aus Teilen beider Entwürfe 2005 die Instruktion „*Dignitas connubii*“ gebildet und in Kraft gesetzt[409] – der im *Novissimum Schema* vorgeschlagene Art. 43 § 2 fand darin keinen Eingang.

b. Die Abschaffung

Nachdem zuletzt die *III. Außerordentliche Generalversammlung der Bischofssynode* vom 05.-19.10.2014 in ihrem Abschlusstext ebenfalls die Anregung gab, die notwendige Bestätigung des Urteils durch eine zweite Instanz abzuschaffen[410], wurde dies 2015 durch Art. 4 MP „*Mitis Iudex*“ mit dem neuen can. 1679 CIC nunmehr umgesetzt.

407 Aufgrund der Darstellung bei DANEELS, Storia, 195–197.

408 Vgl. DANEELS, Storia, 196, 3.8.

409 Vgl. DANEELS, Storia, 200, 4.4.

410 Vgl. RELATIO SYNODI, Nr. 48: „Eine große Zahl der Synodenväter hat die Notwendigkeit unterstrichen, die Verfahren zur Anerkennung der Nichtigkeit einer Ehe … schneller zu gestalten. … Dazu werden u. a. folgende Vorschläge gemacht: Die Notwendigkeit zweier gleichlautender Urteile aufzugeben.“

Fortan gelangt eine Ehesache nur noch durch Berufung einer der Parteien oder des Ehebandverteidigers in die II. Instanz.[411] Damit wird das Urteil, das die Nichtigkeit einer Ehe erstmals festgestellt hat, nach Ablauf der in den cann. 1630–1633 CIC festgelegten Fristen vollstreckbar. Die verpflichtende Überprüfung durch die II. Instanz ist seit dem 08.12.2015 abgeschafft.

II. Laien im Richterkollegium

1. Die Einführung durch das MP „*Causas Matrimoniales*“

Während durch can. 1574 § 1 CIC/1917 festgelegt war, dass nur „presbyteri … in litibus iudicandis partem habeant“ und für Ehenichtigkeitssachen gemäß can. 1576 § 1 °1 CIC/1917 ein „tribunali collegiali trium iudicum“ einzusetzen war, sah Art. V § 1 MP „*Causas Matrimoniales*“ vor, dass künftig ein „collegium trium iudicum clericorum“ ausreichend sei. Somit konnten nunmehr also auch Diakone zu erkennenden Richtern ernannt werden. Durch Art. V § 1 MP „*Causas Matrimoniales*“ wurde jedoch ein weiteres Novum in der Geschichte des kirchlichen Eheprozessrechts grundgelegt: künftig war es möglich, in Gebieten, in denen die Bildung eines Kollegiums aus drei Klerikern nicht möglich war, dieses aus „duobus clericis et uno viro laico“ zu bilden.[412]

a. Die Problematik der Bestellung

Die Einführung von Art. V § 1 MP „*Causas Matrimoniales*“ löste in der Literatur eine heftige Diskussion darüber aus, ob Laien überhaupt zu kirchlichen Richtern bestellt werden könnten oder ob hierfür die Weihe notwendig sei.

Lüdicke war der Ansicht, die Frage danach, ob die Weihe notwendige Voraussetzung für die Übertragbarkeit einer Aufgabe sei, richte sich nach dem Inhalt derselben: Nach Aussage des *II. Vatikanischen Konzils*[413] bestehe eine fundamentale Gleichheit der Glieder des Volkes Gottes, weshalb „die Zuweisung von

411 Vgl. FRANCISCUS, MP MIDI, Art. 4; can. 1680 § 1 CIC.

412 Die gleiche Möglichkeit wurde für die katholischen Ostkirchen durch das MP „Cum Matrimonialium“ eröffnet. Art. V § 1 lautet: „Si in Tribunali primi et secundi gradus collegium trium iudicum clericorum efformari nequeat, Patriarcha vel Archiepiscopus Maior …, facultate instruitur permittendi in praedictis gradibus constitutionem collegii ex duobus clericis et uno viro laico; extra patriarchatus vel archiepiseopatus, eadem facultate gaudet Metropolita.“

413 LG 32: „Nulla igitur in Christo et in Ecclesia inaequalitas.“

Aufgaben … an besonders qualifizierte Personen[414] … die Ausnahme [ist], die einer Begründung bedarf. Eine solche … hat aus der zu erfüllenden Aufgabe heraus zu geschehen. Wenn diese … nicht ausführbar ist ohne die Zugehörigkeit zur Weihehierarchie, dann muss sie den Inhabern dieser Weihe vorbehalten werden. Andernfalls aber gibt es keinen solchen Vorbehalt."[415]

Hinsichtlich der zu erfüllenden Aufgabe des kirchlichen Richters führte er aus, dass die Rechtsprechungsgewalt keine rechtsschaffende Macht, sondern Rechtsanwendung sei. Der Richter könne im Urteil nur aussprechen, was für ihn tatsächlich und rechtlich feststehe, er habe keine Freiheit, selbst Recht zu setzen.[416] Das Feststellungsurteil, das im Ehenichtigkeitsverfahren gefällt werde, mache dies besonders deutlich: der Richter erkläre in seinem Urteil lediglich, ob die Ehe unter Konfrontierung von Gesetz und Sachverhalt gültig ist oder nicht[417]. Für ein Ermessen sei dabei kein Raum. Der Richter richte daher nicht über das Sakrament der Ehe, sondern prüfe, ob es kraft Rechtes, unabhängig von seinem Willen, bestehe oder nicht. Die Tätigkeit des Richters sei es also, Tatsachen zu ermitteln und das Recht auf sie anzuwenden.[418] *Lüdicke* kommt zu dem Ergebnis: „Wer das Richteramt ausüben will, muss fachlich qualifiziert sein, damit er das Recht beherrscht, das er anwenden soll. Da sein Urteilen … einem geistlichen Zweck dient, muss er mit den Zielen der kirchlichen Gemeinschaft konform gehen. Da das Urteil moralische Gewissheit voraussetzt und auf der gewissenhaften Würdigung der Beweise beruhen soll, muss der kirchliche Richter die Bedeutung seines Tuns kennen und leben, er muss seine Entscheidung als Spruch seines Gewissens verstehen."[419] Darüber hinaus sei nichts weiter nötig.[420]

Lüdicke resümierte, dass die Tätigkeit des Richters – ausgehend von der zu erfüllenden Aufgabe – der Weihe nicht bedürfe. Somit könnten Laien zu kirchlichen Richtern bestellt werden. Diese benötigten dann freilich noch eines entsprechenden „kirchlichen Auftrages".[421]

---

414 Lüdicke meint in diesem Zusammenhang Träger der sakramentalen Weihe. Die Weihegewalt als Qualifizierungsmerkmal zu bezeichnen, ist fragwürdig.

415 Vgl. LÜDICKE, Laien, 349; ders., Volk Gottes, 104.

416 Vgl. LÜDICKE, Laien, S. 342.

417 Dem kann nicht zugestimmt werden. Das Urteil in einem Ehenichtigkeitsverfahren trifft eine Feststellung dahingehend, ob die Nichtigkeit der Ehe festgestellt wurde oder nicht. Deshalb lautet der Tenor: Constare / non constare de nullitate matrimonii in casu.

418 Vgl. LÜDICKE, Laien, 345–347.

419 LÜDICKE, Laien, 349 f.

420 Vgl. LÜDICKE, Laien, 350.

421 Vgl. LÜDICKE, Laien, 349.

Lüdicke kann sicher dahingehend zugestimmt werden, dass ein Laie bei entsprechender fachlicher Qualifizierung rein faktisch in der Lage ist, sich unter Anwendung des Rechts ein Urteil über einen Sachverhalt zu bilden. Darauf kommt es hier jedoch nicht an. *Lüdicke* war der Ansicht, es gebe keinen „theologischen Aufweis“ dafür, dass es sich bei der Tätigkeit des erkennenden Richters um die Ausübung von Leitungsgewalt handle.[422] *Aymans* hat jedoch den ekklesiologischen Nachweis darüber geführt, dass die Ausübung des kirchlichen Richteramtes Teil der Leitungsgewalt ist und der Richter demzufolge der Weihe bedarf. Er legte dar, dass es „dem Codex Iuris Canonici … eine Selbstverständlichkeit [ist], dass die kirchlichen Ehegerichte mit hoheitlicher Gewalt tätig werden und dass alle Richter hierfür mit geistlicher Vollmacht ausgerüstet werden müssen. … Es gibt … keinen Anhaltspunkt für die Annahme, das Konzil habe indirekt eine Änderung etwa in dem Sinne eingeleitet, dass die Diözesangerichte zukünftig nicht mehr aufgrund hoheitlicher Gewalt tätig werden oder die Vollmacht der Richter im Kollegium nicht geistlichen Charakters sei.“[423] Hinsichtlich der Möglichkeit der Übertragung von Leitungsgewalt auf Laien führt *Aymans*[424] aus, dass „die Elemente der einen geistlichen Vollmacht die durch heilige Weihe übertragene Weihegewalt (‚potestas ordinis‘) und die durch einen nichtsakramentalen Akt verliehene Hirtengewalt (‚potestas iurisdictionis‘)“ seien. „Die Einheit beider Gewaltelemente wird dadurch gewahrt, dass die Hirtengewalt nur einem Geweihten übertragen werden kann.“[425] Hierbei stützt sich *Aymans* auf can. 118 CIC/1917: „Soli clerici possunt potestatem sive ordinis sive iurisdictionis ecclesiasticae … obtinere.“ Weihe- und Hirtengewalt ließen sich zwar unterscheiden, seien jedoch nicht trennbar.[426] Auch das *II. Vatikanische Konzil* habe „unumstritten die Einheit der einen Kirchengewalt betont“ und „sogar auf die herkömmliche bloße Unterscheidung von Weihegewalt und Hirtengewalt verzichtet[427], und statt dessen stets nur von der ‚sacra potestas‘“

---

422 Vgl. LÜDICKE, Laien, 350 f.

423 AYMANS, Laien, 10 f.

424 So auch GÜTHOFF, Begriff, 70.

425 AYMANS, Laien, 8. So auch MÖRSDORF, Anpassung, 788: „Das kanonische Recht [sucht] die innere Einheit von Weihe- und Hirtengewalt dadurch aufrecht zu erhalten, dass es die vorgängige Weihe zur Voraussetzung der Übertragung von Hirtengewalt macht. Das ist der tiefere theologische Sinn des … can. 118.“

426 Vgl. AYMANS, Laien, 8; ders., Erwägungen, 44, ders., GrNKirchRK, 130 II 1. So auch CORECCO, Anwendung, 285, 293; ders., Natur, 363; MÖRSDORF, Weihesakrament, 229.

427 Vgl. LG 21: „Episcopalis autem consecratio, cum munere sanctificandi, munera quoque confert docendi et regendi.“; LG 27: „Episcopi Ecclesias particulares sibi commissas

gesprochen.[428] Daher „ist nach dem II. Vatikanischen Konzil jeder Gedanke an eine von der Weihe eigenständige Jurisdiktionsgewalt und somit an die Trägerschaft von geistlicher Vollmacht durch Laien ausgeschlossen".[429] *Mörsdorf* führt dazu erläuternd aus: „Durch die Weihe vollzieht sich eine Aussonderung aus dem Gottesvolk, die den … Unterschied zwischen Klerikern und Laien begründet. Die Weihe gibt eine bleibende personale Prägung, die den Geweihten befähigt, das unsichtbare Haupt der Kirche sichtbar zu vertreten und einer kirchlichen Gemeinschaft als Haupt vorzustehen. … Dem Laien fehlt diese personale Prägung, sodass er nicht Hirte sein kann. Hier liegt … die unübersteigbare Schranke für die Teilnahme von Laien an Vollmachten der Hirtengewalt."[430]

Nachdem die Ausübung der Rechtsprechungsgewalt also Teilhabe an der Leitungsgewalt ist und der kirchliche Richter deswegen der Weihe bedarf, stellt sich die Frage, mit welcher Rechtfertigung oder Begründung der Gesetzgeber durch Art. V § 1 MP „*Causas Matrimoniales*" die Möglichkeit der Zulassung von Laien als erkennende Kollegialrichter eröffnen konnte.

Bei der Suche nach einer Antwort auf diese Frage sei man, so *Aymans*, weitgehend auf Vermutungen angewiesen. So scheine es, dass bereits vor Erlass des Art. V § 1 MP „*Causas Matrimoniales*" die *Kommission für die Reform des kanonischen Rechtes* eine prinzipiell gleiche, wenn auch enger gefasste Zulassung von Laien als Kollegialrichter angestrebt habe.[431] Hierfür habe sie das historische Argument angeführt, dass schon *Reiffenstuel*[432] und *Schmalzgrueber*[433] die Fähigkeit von Laien zum Richteramt aufgrund der *plenitudo potestatis* des

---

ut vicarii et legati Christi regunt, consiliis, suasionibus, exemplis, verum etiam auctoritate et sacra potestate…. Vi huius potestatis Episcopi sacrum ius et coram Domino officium habent in suos subditos leges ferendi, iudicium faciendi, atque omnia, quae ad cultus apostolatusque ordinem pertinent, moderandi. Ipsis munus pastorale seu habitualis et cotidiana cura ovium suarum plene committitur"; LG 28: „Christus … consecrationis missionisque suae per Apostolos suos, eorum successores, videlicet Episcopos participes effecit, qui munus ministerii sui, vario gradu, variis subiectis in Ecclesia legitime tradiderunt. Sic ministerium ecclesiasticum divinitus institutum diversis ordinibus exercetur."

428 AYMANS, Laien, 10; CORECCO, Natur, 362; MÖRSDORF, Heilige Gewalt, 207; ders., Potestas, 223; ders. Kollegialitätsprinzip, 279.

429 Vgl. AYMANS, Laien, 10.

430 MÖRSDORF, Laien, 422 f.

431 Vgl. AYMANS, Laien, 11.

432 Vgl. REIFFENSTUEL, Ius Ecclesiasticum, Lib. I, Tit. XXIX, n. 92.

433 Vgl. SCHMALZGRUEBER, Ius Ecclesiasticum, 175.

Papstes gelehrt hätten.[434] Dieses sei jedoch mit der Begründung zu widerlegen, dass das *II. Vatikanische Konzil* klar formuliert habe, dass alle „sacra potestas" durch Weihe übertragen oder wenigstens ontologisch grundgelegt werde.[435] Eine Übertragung durch bloßen Rechtsakt, erfolge er auch aufgrund der *plenitudo potestatis* des Papstes, sei damit unhaltbar und dem historischen Argument der *Kommission* der Boden entzogen.[436]

Auch das weitere Argument der *Kommission*, das *II. Vatikanische Konzil* habe dazu eingeladen, dass Laien zu bestimmten kirchlichen Diensten von der kirchlichen Autorität herangezogen werden sollten[437], widerlegte *Aymans* als Rechtfertigung für Art. V § 1 MP *„Causas Matrimoniales"*. Dazu führte er aus, dass dem Artikel letztlich die „unausgesprochene Theorie über das eigentümliche Wesen von Kollegien" zugrunde liege.[438] Diese gehe davon aus, dass die Vollmacht eines Kollegiums als solchem unterschieden werden müsse von den Einzelvollmachten seiner Mitglieder. Wenn das Ehegericht, wie zuvor festgestellt, nur mit Leitungsgewalt handeln könne, so müsse zwar das Kollegium selbst Leitungsgewalt haben, nicht aber auch alle seiner Mitglieder persönlich. Der Theorie zufolge sei dies gewährleistet, wenn mehr als die Hälfte seiner Mitglieder – beim kirchlichen Ehegerichtskollegium also zwei – Priester, seien, denn auf diese Weise werde erreicht, dass in jedem Fall wenigstens ein Träger von „sacra potestas" Mitträger des Gesamtwillens des Kollegiums sei.[439] Diese Theorie, so *Aymans*, sei jedoch sowohl juristisch als auch rechtstheoretisch nicht haltbar: Wer das Recht habe, an der Beschlussfassung durch Stimmabgabe gestalterisch mitzuwirken, der habe auch Anteil an der Kompetenz, die dem Kollegium als solchem zustehe. Ein Kollegium könne deshalb nur aufgrund von Leitungsgewalt handeln, weil und insofern seine Mitglieder jeweils Träger derselben seien.[440] Im Ergebnis kam *Aymans* zu der Feststellung, dass es keine Rechtfertigung oder Begründung gebe, durch Art. V § 1 MP *„Causas Matrimoniales"* Laien als erkennende Kollegialrichter zuzulassen.

---

434 Vgl. AYMANS, Laien, 11–12.

435 Vgl. LG 21, 27, 28.

436 Vgl. AYMANS, Laien, 14.

437 Vgl. LG 33: „Laici insuper diversis modis ad cooperationem magis immediatam cum apostolatu Hierarchiae vocari possunt. … Praeterea aptitudine gaudent, ut ad quaedam munera ecclesiastica, ad finem spiritualem exercenda, ab Hierarchia adsumantur."

438 Vgl. AYMANS, Laien, 15.

439 Vgl. AYMANS, Laien, 16.

440 Vgl. AYMANS, Laien, 16–17.

Um dem personellen Engpass an Gerichten dennoch entgegenwirken zu können, schlug *Aymans* vor, das Eheprozessrecht insoweit zu ändern, „dass dem Kollegium die gesamte prozessuale Untersuchung zufiele. An deren Ende hätte allerdings nicht das Urteil, sondern ein Votum zu stehen. Das Votum in seinem Entstehen sowie seinem Inhalt nach zu überprüfen und dann das Urteil zu fällen, wäre Sache des Gerichtsherrn, ... also der Diözesanbischof bzw. seines ... Offizials. Eine solche Reform würde alle theologischen Bedenken bezüglich der geistlichen Vollmacht ausräumen“[441] und Laien im Kollegium somit unproblematisch ermöglichen. Bis eine solche Reform umgesetzt werde, empfehle er den Bischofskonferenzen, „vorerst den Diözesanbischöfen weitherzig die Möglichkeit zu eröffnen, die Eheprozesse in erster Instanz vor den geistlichen Einzelrichter zu bringen“ (Art. V § 2 MP *„Causas Matrimoniales“*[442]). „Dies scheint mir insoweit gerechtfertigt zu sein, als die“ Bestellung von Laien zu erkennenden Richtern „theologisch nicht verantwortet werden kann.“[443]

b. Die Voraussetzungen für die Bestellung

Bei dem beizuziehenden Laien konnte es sich nach dem Wortlaut des Art. V § 1 MP *„Causas Matrimoniales“* nur um einen Mann handeln.[444] Die Bildung eines Kollegiums unter Hinzuziehung eines solchen nach Art. V § 1 MP *„Causas Matrimoniales“* war der Genehmigung der Bischofskonferenz vorbehalten. Für diese war darzutun, dass bei einem Diözesangericht oder Interdiözesangericht in ihrem Zuständigkeitsbereich die Bildung eines Kollegiums aus drei Klerikern, bzw. die Bildung eines Kollegiums ohne Beiziehung eines Laien, nicht möglich ist.[445] Die Deutsche Bischofskonferenz fasste bei ihrer Vollversammlung vom

---

441 Vgl. AYMANS, Laien, 20.

442 „In primo gradu, cum nec per aggregationem viri laici collegium de quo in § 1 efformari possit, singulis in casibus causae nullitatis matrimonii clerico tamquam iudici unico per eandem Episcopalem Conferentiam demandari possunt. Qui iudex, ubi fieri possit, assessorem et auditorem in iudicio sibi asciscat.“ Nachdem Beisitzer und Vernehmungsrichter nicht an der Urteilsfindung beteiligt sind, wären für diese Ämter auch Laien vorstellbar.

443 AYMANS, Laien, 19, Anm. 30.

444 Dies wurde durch den Coetus Studiorum de Processibus auch noch einmal bekräftigt: vgl. Communicationes 10 (1978) 231: „Suggestum est ut etiam mulieres ad officium iudicis admitti possint. Sed Consultores censent hac in materia standum esse M.P. ‚Causas Matrimoniales‘, ubi mens Supremi Legislatoris clare expressa est.“

445 Vgl. LÜDICKE, MKCIC, can. 1421 RN 4, 51. Erg.-Lfg., November 2015.

17.-20.02.1975 auf den Antrag des Bischofs von Münster, *Tenhumberg*, den entsprechenden Beschluss für ihr Gebiet.[446]

2. Die Modifikationen des CIC/1983

a. Die Zuspitzung des Problems

Nachdem es sich, wie *Amann* zu Recht ausführt, „bei der Frage um die Ausübung von Leitungsgewalt durch Laien … um eine grundsätzliche und für die Kirche wesentliche Frage handelt“[447], war diese auch während der Erarbeitung des CIC ein viel diskutiertes Thema.

Ratzinger sprach sich in einer schriftlichen Stellungnahme im Rahmen der Vollversammlung der *Codex-Reform-Kommission*, die vom 20.-29.10.1981 stattfand, wie zuvor schon *Aymans*, gegen die Teilhabe von Laien bei der Ausübung der Jurisdiktionsgewalt aus. Seiner Argumentation zufolge stehe eine solche mit dem *II. Vatikanischen Konzil* nicht in Übereinstimmung. *Ratzinger* sah die Unvereinbarkeit darin, dass das *II. Vatikanum* gerade den Gedanken der Einheit der Kirchengewalt unterstrichen habe, um der Aufteilung in *ordo* und *jurisdictio* zu wehren. Die Lehre des Konzils sei es, dass die „sacra potestas“ durch die Weihe vermittelt werde. Die in der Weihe übertragene Vollmacht bedürfe zu ihrer Ausübbarkeit der zusätzlichen „canonica seu iuridica determinatio“. Dass ein Laie an der Ausübung einer „potestas“ teilhaben können solle, ohne selbst Subjekt dieser zu sein, sah *Ratzinger* als logischen Widerspruch.[448]

Dem gegenüber standen zwei Gutachten von *Stickler* und *Beyer*. *Stickler* argumentierte historisch für Laien als Träger von Leitungsgewalt, nachdem es in der Geschichte solche bereits als Jurisdiktionsträger gegeben habe. Vor dem

---

446 Vgl. ASSENMACHER, Laien, 354–355. Assenmacher gibt hier auch den unveröffentlichten Beschlusstext wieder: „Sofern in einem Diözesan- oder Metropolitangericht nach dem Urteil des Diözesanbischofs nicht ein Kollegium aus drei Richtern, die Kleriker sind, gebildet werden kann, erteilt die Deutsche Bischofskonferenz gemäß der Ermächtigung in Art. V § 1 des Motu Proprio Papst Paul VI. ‚Causas Matrimoniales‘ … hiermit die Erlaubnis, das Richterkollegium der 1. oder der 2. Instanz … für die Behandlung von Ehesachen aus zwei Klerikern und einem männlichen Laien zu bilden.“ Anders verhielt es sich für die Gebiete der Berliner, der Österreichischen und der Schweizer Bischofskonferenz. Diese fassten keinen diesbezüglichen Beschluss. Laien waren hier erst nach einer entsprechenden Beschlussfassung nach Inkrafttreten des CIC/1983 als Richter zugelassen (vgl. Kapitel E II 2 b).

447 AMANN, Laien, 63.

448 Vgl. RATZINGER, Demokratisierung, 31 f.; PCL, Congregatio Plenaria, 38–41; THEISEN, Die Laien, 48; AMANN, Laien, 54.

Hintergrund, dass die Weihe- und die Leitungsgewalt nicht nur zu unterscheiden, sondern auch trennbar seien, könnten sie auch grundsätzlich getrennt ausgeübt werden.[449] *Beyer* setzte sich aus ekklesiologischer Perspektive ebenfalls mit der Unterscheidung der beiden Gewalten und deren Übertragbarkeit durch Weihe und missio divina auseinander und kam, wie *Stickler*, zu dem Ergebnis, dass Laien durch die Übertragung von Leitungsgewalt zu Richtern ernannt werden könnten.[450]

Eine Einigung in der Frage konnte nicht erzielt werden und so wurde die Diskussion auch nach dem Inkrafttreten des CIC/1983 fortgeführt. Den Ausführungen *Sticklers* und *Beyers*, die beiden Gewalten könnten getrennt ausgeübt werden, hielt *Aymans* entgegen, dass der Leitungsdienst nicht als bloße Funktion der Ordnung schaffenden Vernunft zu verstehen sei.[451] *Ratzinger* erklärte, dass die Gewaltentrennung in der kirchlichen Rechtsgeschichte zwar vorgekommen sei, dies habe jedoch „zu einer realen Aufspaltung der einen apostolischen Vollmacht in Weihegewalt und Hirtengewalt geführt; dabei wurde die Weihegewalt allein auf bestimmte heilige Handlungen, die Hirtengewalt dagegen auf das äußere Kirchenregiment bezogen. … Eine solche Aufspaltung der apostolischen Vollmacht in Regiment und Sakrament bedeutet eine Aufspaltung der Kirche in ihrem inneren Wesen. … Dabei wird … die Weihevollmacht ins Magische, die Leitungsvollmacht dagegen ins Profane abgedrängt. … Das Sakrament wird nur mehr rituell und nicht als Auftrag zur Leitung der Kirche durch Wort und Liturgie gefasst; das Leiten umgekehrt wird als ein rein politisch-administratives Geschäft gesehen. … In Wahrheit ist das Vorsteheramt … ein unteilbarer Dienst."[452] Die Aufrichtung einer von der Weihe

449 Vgl. STICKLER, De potestatis, 65–91.

450 Vgl. BEYER, De Natura, 93–145; ders. Iudex Laicus, 39–43; ders., Vollmacht, 295.

451 Vgl. AYMANS, Strukturen, 384 f.

452 RATZINGER, Demokratisierung, 32. Ähnlich auch MÖRSDORF, Heilige Gewalt, 205: „Die Unterscheidung zwischen Weihe- und Hirtengewalt [wurde] mehr und mehr dahin bestimmt, dass die Weihegewalt der Austeilung der göttlichen Gnadenmittel und die Hirtengewalt allein der äußeren Leitung der Kirche diene. In dieser Sicht erscheint die Weihegewalt als sakramentale Gewalt, weil ihr das Spenden der Sakramente zugeordnet wird, und die Hirtengewalt als rechtliche Gewalt, weil sie das Gottesvolk mit dem Einsatz rechtlicher Mittel zu führen hat. Damit wurde ein bedenklicher Gegensatz zwischen Sakrament und Recht aufgerissen" (so auch in MÖRSDORF, Weihesakrament, 235); 210 f.: „Man [kann] von einer Einheit in der Zweiheit sprechen. … Weihegewalt und Hirtengewalt bilden … zwei komplementäre Elemente der einen heiligen Gewalt, die Jesus Christus seiner Kirche anvertraut hat." So auch in

unabhängigen Leitungsvollmacht berge die Gefahr der Entleerung der geistlichen Amtsgewalt.[453]

Mit dem Inkrafttreten des CIC/1983 war das Problem jedoch weiter zugespitzt worden: Die Regelung des Art. V § 1 MP „*Causas Matrimoniales*", nach der ein Kollegium auch aus „duobus clericis et uno viro laico" gebildet werden könne, fand Eingang in can. 1421 § 2 CIC: „Etiam laici iudices constituantur, e quibus … unus assumi potest ad collegium efformandum."[454] Jedoch steht dieser Canon in erkennbarem Widerspruch zu can. 129 § 1 CIC: „Potestas regiminis, … etiam potestas iurisdictionis vocatur, … habiles sunt qui ordine sacro sunt insigniti"[455] und can. 274 § 1 CIC: „Soli clerici obtinere possunt officia ad quorum exercitium requiritur … potestas regiminis ecclesiastici".

Fraglich ist, ob der Widerspruch zwischen cann. 129 § 1, 274 § 1 und 1421 § 2 CIC aufgelöst werden kann.[456]

Beyer will die Überwindung des Widerspruchs aus can. 129 § 2 CIC: „In exercitio eiusdem potestatis, christifideles laici ad normam iuris cooperari possunt" herleiten. „Die Weihe … befähigt den Geweihten … zur Ausübung der kirchlichen Vollmacht. … Diese Befähigung wird Laien nicht gegeben; sie bleiben dennoch Mitarbeiter der Hierarchie; sie können ein Mandat empfangen und Autorität ausüben; das setzt eine wirkliche Teilhabe an der Vollmacht voraus, wenn auch keine vollständige, so doch eine partielle, die immer in Abhängigkeit von der höheren Autorität steht.[457] Dem ist mit *Amann* jedoch entgegenzuhalten,

---

MÖRSDORF, Potestas, 228; ders., Erwägungen, 356. Vgl. auch MÖRSDORF, Weihesakrament, 238.

453 Vgl. AYMANS, Strukturen, 384 f.

454 AYMANS, Leitungsdienst, 49–50, äußerte mit Blick auf can. 1421 § 1 CIC: „Wir [haben] es bei der Rechtsfigur des einen Laienrichters im Kollegium mit einer kanonistisch nicht annehmbaren Erscheinung zu tun. … den Bischofskonferenzen und den Diözesanbischöfen [ist] dringend zu raten, von der anderen Alternative, nämlich der Zulassung des Einzelrichters …(c. 1425 § 4) Gebrauch zu machen." Ähnlich auch in: AYMANS, Gewalt, 17, ders., Strukturen, 374. So auch FLATTEN, Eheprozeß, 47.

455 AYMANS, Strukturen, 385, betonte, dass aus can. 129 § 1 CIC hervorgehe, dass die Leitungsgewalt von der Weihegewalt zu unterscheiden, „nicht aber eine davon unabhängige Gewalt" sei. In diesem Zusammenhang unterstrich er seine bereits nach Inkrafttreten von Art. V § 1 MP „*Causas Matrimoniales*" dargelegten Ausführungen, dass das *II. Vatikanische Konzil* sich gerade nicht auf die Unterscheidung von Weihe- und Hirtengewalt eingelassen, sondern von der „sacra potestas" gesprochen und damit einen wesentlichen Beitrag zur Wiederherstellung der Einheit der Kirchengewalt geleistet habe.

456 WIRTH, Gerichtsverfassung, 985, rekurriert auf eine wissenschaftliche Klärung.

457 Vgl. BEYER, Vollmacht, 274–276, 290.

dass die Wortbedeutung des in can. 129 § 2 CIC verwendeten „cooperari" nicht eindeutig ist[458] und somit nicht geeignet, den Widerspruch der Regelungen der cann. 129 § 1, 274 § 1 CIC einerseits und can. 1421 § 2 CIC andererseits zu überwinden. *Celeghin* schlägt vor, die allgemeinen Normen der cann. 129, 274 § 1 CIC von der Spezialnorm des can. 1421 § 2 CIC her auszulegen.[459] Dabei stützt er sich auf die Rechtsregel, nach der das spezielle Gesetz dem allgemeinen vorgeht.[460] Dem halten *Aymans, Flatten* und *Amann* entgegen, dass die cann. 129 § 1, 274 § 1 CIC einen Grundsatz normierten, der in sich keine Ausnahme von der Regel zulässt.[461]

Wie *Amann* zutreffend resümiert, hat sich der Gesetzgeber in den cann. 129 § 1, 274 § 1 CIC dahingehend festgelegt, „dass die Trägerschaft von sacra potestas Klerikern vorbehalten ist." Can. 1421 § 2 CIC widerspricht diesen. Die Wortverwendung „cooperari" bringt in Bezug auf die Frage nach der Teilhabe oder Nichtteilhabe der Laien keine Klärung.[462] Zusammenfassend ist mit *Assenmacher* deshalb festzustellen, dass „der Gesetzgeber ... es in unbestreitbarer Kenntnis beider Positionen vorgezogen [hat], die Spannung zwischen cann. 129, 274 § 1 CIC auf der einen und can. 1421 § 2 CIC auf der anderen Seite stehenzulassen."[463]

Zu diesem Spannungsverhältnis hat sich der Gesetzgeber bislang nicht erklärt. Vielmehr hat er entgegen seinem in cann. 129 § 1, 274 § 1 CIC erklärten Grundsatz nachfolgend in Art. 43 § 2 DC[464] die Beiziehung von Laienrichtern zugelassen. Auch der durch Art. 1 MP *„Mitis Iudex"* geänderte can. 1673 § 3 CIC normiert die Zulassung von Laien zum Richteramt.[465] Dieses Vorgehen muss als Inkonsequenz des Gesetzgebers verstanden werden. Ein Verstoß gegen göttliches Recht liegt indes nicht vor, nachdem die cann. 129 § 1, 274 § 1 CIC

---

458 Vgl. AMANN, Laien, 7–12.

459 Vgl. CELEGHIN, Origine, 440–459.

460 Vgl. MAY/EGLER, Einführung, 223.

461 Vgl. AMANN, Laien, 30; AYMANS, Strukturen, 374; FLATTEN, Eheverfahren, 986; ders., Eheprozeß, 46–47.

462 Vgl. AMANN, Laien, 155.

463 ASSENMACHER, Laien, 360 f. MÖRSDORF, Weihesakrament, 237 f., spricht davon, „dass die theologische Kernfrage, ob und in welcher Weise Laien an der Ausübung der hoheitlichen Hirtengewalt beteiligt sein können, in pragmatischer Weise umgangen wird." So auch in MÖRSDORF, Verständnis, 492 f.

464 „Episcoporum conferentia permittere potest, ut etiam laici iudices constituantur, e quibus ... unus assumi potest ad collegium efformandum."

465 Vgl. dazu Kapitel E II 3.

kirchlichen Rechts sind. Aus diesem Grund kann der Gesetzgeber sie auch durch Ausnahmeregelungen durchbrechen.[466] Dies hat er vorliegend, offenkundig aus rein praktischen Erwägungen, getan.

Mit Blick auf die katholischen Ostkirchen ist festzustellen, dass Art. V § 1 MP „*Cum Matrimonialium*" von 1973, der die Möglichkeit von Laienrichtern eröffnet hatte, in can. 1087 § 2 CCEO[467] normiert wurde und der durch Art. 1 MP „*Mitis et misericor Iesus*" geänderte can. 1359 § 3 CCEO[468] diese Möglichkeit ebenfalls aufrecht erhält.

Zwischen dem MP „*Causas Matrimoniales*" von 1971 und dem MP „*Mitis Iudex*" von 2015 kann insoweit eine klare Linie erkannt werden, als der Gesetzgeber – ungeachtet der Diskussionen – an der 1971 eingeführten Möglichkeit der Bestellung von Laien zu Richtern ohne Ausnahme festgehalten und diese mit Inkrafttreten des CIC/1983 und dem MP „*Mitis Iudex*" 2015 sogar ausgeweitet hat.

b. Die Voraussetzungen für die Bestellung

Die Einsetzung von Laienrichtern nach can.1421 § 2 CIC war, wie zuvor bei Art. V § 1 MP „*Causas Matrimoniales*", der Erlaubnis der Bischofskonferenz vorbehalten. Während unter der Geltungsdauer des MP „*Causas Matrimoniales*" die Genehmigungen jedoch für das jeweilige einzelne Gericht erteilt worden waren, sah der *Coetus Studiorum de Processibus*[469] in seiner Sitzung vom 07.04.1978 den Sinn der Erlaubniserteilung nunmehr darin, dass es in den jeweiligen Gebieten der Bischofskonferenzen zu möglichst einheitlicher Praxis komme[470], das heißt,

466 AMANN, Laien, 24, konstatiert aus dem Umstand, dass es sich auch bei can. 1421 § 2 CIC um rein kirchliches Recht handelt, dass der Gesetzgeber dann auch die Kompetenz habe, Laien als Einzelrichter oder mehrere Laien in einem Richterkollegium gesetzlich zu ermöglichen. „Wie weit Laien in der Ausübung der richterlichen Gewalt zugelassen werden können, … liegt … in der Kompetenz des Gesetzgebers."

467 „Patriarcha … vel Metropolita … permittere potest, ut etiam alii christifideles iudices nominentur, ex quibus … unus assumi potest ad collegium efformandum."

468 „Causae de matrimonii nullitate collegio trium iudicum reservantur. Eidem praeesse debet iudex clericus, reliqui iudices etiam alii christifideles esse possunt."

469 Die Mitglieder waren: Castillo Lara, Sabattani, Pinto, Damizia, Dordett, Maida, O´Connel, Ciprotti, Voto. Als Gast: Gordon. Vgl. Communicationes 10 (1978) 209.

470 Communicationes 10 (1978) 231, Adunatio can. 20 (CIC 1574): „Suggestum est ut non requiratur licentia Episcoporum Conferentiae ut Episcopus laicos ad officium iudicis admittere possit. Consultores autem censent opportunam esse licentiam Conferentiae, ita ut, quantum fieri possit, uniformitas habeatur in eadem regione."

wenn die Bischofskonferenz sich dazu entschloss, Laien an den Gerichten als Richter zuzulassen, galt diese Erlaubnis für alle Gerichte in ihrem Bereich.

Die Deutsche Bischofskonferenz erteilte eine solche erneut[471] am 05.10.1995[472], ebenso die Österreichische Bischofskonferenz[473] und die Schweizer Bischofskonferenz[474], so dass in ihrem jeweiligen Gebiet Laien gemäß can. 1421 § 2 CIC rechtskräftig zu Richtern bestellt werden können.[475] Die Notwendigkeit, gegenüber der Bischofskonferenz darzutun, dass ohne die Beiziehung eines Laien an einem konkreten Gericht kein Kollegium gebildet werden könne, entfiel damit in Deutschland, Österreich und der Schweiz. Dies ist fortan nur noch auf diözesaner Ebene zu prüfen.[476]

Neu im Vergleich zu Art. V § 1 MP „*Causas Matrimoniales*" war auch, dass mit dem Inkrafttreten des CIC/1983 – erstmals in der Geschichte des kirchlichen Eheprozessrechts – eine Frau in das Richterkollegium berufen werden kann. Dies zeigt sich am Wortlaut des can. 1421 § 2 CIC, der von „laici" spricht. In Art. V § 1 MP „*Causas Matrimoniales*" war noch vom „vir laicus" die Rede.

3. Die weitere Veränderung durch das MP „*Mitis Iudex*"

Durch Art. 1 des MP „*Mitis Iudex*" lautet der neue can. 1673 § 3 CIC: „Causae de matrimonii nullitate collegio trium iudicum reservantur. Eidem praeesse debet iudex clericus, reliqui iudices etaim laici esse possunt." Zwar hat der klerikale Richter nach wie vor den Vorsitz zu übernehmen, jeder der drei Richter

---

471 Die Deutsche Bischofskonferenz hatte eine solche Genehmigung erstmals gemäß Art. V § 1 MP „Causas Matrimoniales" auf ihrer Vollversammlung vom 17.–20.02.1975 erlassen (vgl. Kapitel E II 1). Die Berliner Bischofskonferenz hatte den entsprechenden Beschluss am 08.09.1985 mit Wirkung zum 01.11.1985 gefasst.

472 Vgl. z. B. KABl Rottenburg-Stuttgart, 1995, 614, Nr. 20: „Die Deutsche Bischofskonferenz erteilt die Erlaubnis, dass Laien gemäß can. 1421 § 2 CIC als Richter bestellt werden. … Die Partikularnormen erhalten … am 1. Januar 1996 ihre Rechtskraft. Gleichzeitig verlieren die von der Deutschen und von der Berliner Bischofskonferenz zu denselben Canones erlassenen Partikularnormen ihre Geltung."

473 Vgl. ÖAKR 34 (1983/84) 402.

474 Vgl. AfkKR 154 (1985) 544, Nr. 15.

475 Nachdem can. 1421 § 1 CIC festlegte, dass künftig der Bischof für seine Diözese Richter bestellen solle, tragen diese Personen nun die Bezeichnung Diözesanrichter, nicht mehr Synodal- oder Prosynodalrichter.

476 Vgl. LÜDICKE, MKCIC, can. 1421 RN 4, 51. Erg-Lfg., November 2015. Soweit die Personallisten der einzelnen Offizialate veröffentlicht sind, ist festzustellen, dass derzeit faktisch an allen Gerichten Deutschlands, Österreichs und der Schweiz Laien zu erkennenden Richtern ernannt wurden.

hat jedoch eine Stimme bei der Urteilsfindung, wodurch es denkbar geworden ist, dass der Kleriker durch die beiden Laien überstimmt wird. Damit hat sich der Gesetzgeber aus praktischen Erwägungen nun scheinbar endgültig über die der Übertragung von Leitungsgewalt auf Laien ablehnend gegenüberstehenden ekklesiologischen Grundsatzüberlegungen hinweggesetzt. Doch kann eine „pragmatische Lösung zulässig sein, die mit der Lehre des Zweiten Vatikanischen Konzils nicht zu vereinbaren ist?“[477] Der Gesetzgeber scheint davon auszugehen.

III. Interdiözesangerichte

„In unaquaque dioecesi et pro omnibus causis a iure expresse non exceptis, iudex primae instantiae est loci Ordinarius.“[478] Davon ausgehend war die Gerichtsbarkeit in I. Instanz diözesan zu organisieren. Hiervon kannte der CIC/1917 auch keine Ausnahme.

Nicht alle Diözesen waren jedoch in der Lage, ein eigenes Gericht, speziell zur Verhandlung von Ehesachen, einzurichten. Hintergrund hierfür waren personelle Mängel.[479] Dies geht aus einem Brief der *Sacra Congregatio de disciplina Sacramentorum* an die Erzbischöfe und Bischöfe vom 01.07.1932[480] hervor. Hierin heißt es: „Quod si fieri contingat ut, spectata parvitate dioecesis et praesertim inopia sacerdotum … ecclesiasticum Tribunal constituat … ad hanc Sacram Congregationem significare, ut ipsa huiusmodi necessitati, saltem ad tempus, prospicere possit, competentiam Tribunalis deferendo alii Curiae ecclesiasticae provinciae vel regionis.“[481]

1. Die Einführung

Durch das MP „*Qua cura*“ vom 08.12.1938 wollte Papst *Pius XI.* diesem, offenbar vor allem in Italien vorherrschenden, Missstand abhelfen.[482] Deshalb unterteilte er Italien in 18 Gerichtsbezirke: „Singula quaeque Regio Conciliaris seu Ecclesiastica Italiae constituet circumscriptionem unicam unumque habebit regionale tribunal quoad tractationem et decisionem causarum de nullitate

477 AYMANS/MÖRSDORF/MÜLLER, Ehenichtigkeitsverfahren, 21.

478 Can. 1572 § 1 CIC/1917.

479 Vgl. GANARIN, Tribunali, 10 f.

480 Vgl. Sacra Congregatio de disciplina Sacramentorum, Litterae 01.07.1932, 272–274.

481 Vgl. Sacra Congregatio de disciplina Sacramentorum, Litterae 01.07.1932; 273 III; HILLING, Gesetzgebung, 195.

482 Vgl. GANARIN, Tribunali, 10.

matrimoniorum."[483] Die erstinstanzlichen Interdiözesangerichte ordnete er nach dem MP „*Qua cura*" sodann neun Berufungsgerichten zu.[484] Auf diese Weise entstanden erstmals in der Eheprozessrechtsgeschichte interdiözesane[485] Gerichtshöfe.[486] Unberührt hiervon blieb die Jurisdiktionsgewalt der einzelnen Diözesanbischöfe grundsätzlich jedoch bestehen: „Episcopo dioecesano in dioecesi ipsi commissa omnis competit potestas ordinaria ... quae ad exercitium eius muneris pastoralis requiritur."[487] Nachdem zunächst die *Sacra Congregatio de Propaganda Fide*[488] und die *Sacra Congregatio de Disciplina Sacramentorum*[489], wenn sie dies für angebracht hielten, weiterer Interdiözesangerichte errichten konnten[490], wurde diese Kompetenz mit dem Inkrafttreten der AK „*Regimini Ecclesiae Universae*" auf die I. Sektion der *Apostolischen Signatur* übertragen.[491]

---

483 PIUS XI., Qua cura, 412 I.

484 Vgl. PIUS XI., Qua cura, 412 II.

485 EICHMANN/MÖRSDORF, Lehrbuch, 59: „Das Regionalgericht ist, auch wenn es für die Bistümer einer Kirchenprovinz eingerichtet wird, kein Metropolitangericht, sondern ein für die beteiligten Bistümer gemeinsames Gericht erster Instanz, so dass jedes beteiligte Bistum in dem Regionalgericht sein eigenes Gericht erster Instanz besitzt." Dies entspricht der Struktur des Interdiözesanen Gerichts gemäß can. 1423 CIC/1983. ZAGGIA, Il matrimonio, 235, verwendet den Begriff „Interdiözesanes" Gericht zuerst.

486 Vgl. GANARIN, Tribunali, 10 f.

487 Can. 381 § 1 CIC.

488 So z. B. mit Dekret: Designationes vom 14.11.1939 für Albanien und Designationes vom 23.01.1940 für Libyen.

489 So z. B. mit Decretum de Ordinandis vom 20.12.1940 für die Phillipinen; Decretum de Ordinandis vom 28.01.1946 für Kanada; Decretum de Ordinandis vom 17.02.1965 für Frankreich (Toulouse u.a.); Decretum de Constituendis vom 17.02.1965 für Frankreich (Marseille u.a.); Decretum de Ordinandis vom 22.12.1966 für Frankreich (Gallien u.a.) und Decretum de Constituendis vom 22.02.1968 für Frankreich (Paris u.a.).

490 Vgl. GANARIN, Tibunali, 11. Bis 1974 wurde insgesamt 63 neu errichteten und 40 erneuerten regionalen Gerichten die Approbation erteilt. Vgl. FAHRNBERGER, Möglichkeiten, 301. Zwischenzeitlich finden sich im europäischen Bereich neben Italien und Frankreich z. B. auch in Belgien, Deutschland, der Schweiz und Spanien Interdiözesangerichte.

491 Vgl. Nr. 105 REU: „Per Sectionem Primam ... tribunalium regionalium vel interregionalium erectionem curat.", Art. 1 § 1 Normae: „Ut causarum iudicialium, praesertim matrimonialium ... in Ecclesia habeantur Tribunalia interdioecesana, regionalia vel interregionalia; horum erectio a Supremo Signaturae Apostolicae Tribunali curatur ... ad eiusdem ... decisionem."

Die Initiative zur Begründung von Interdiözesangerichten konnte auch von den Bischöfen ausgehen: „Si erectio fiat petentibus Episcopis, oportet ut Episcopi quorum interest, petito et accepto `nihil obstat´[492] Supremi Tribunalis Signaturae Apostolicae, decretum erectionis ferant, quod tamen vim non habebit nisi post Sanctae Sedis approbationem.“[493] Die Entscheidung über die Errichtung lag jedoch beim Papst.[494]

Dies hat sich durch can. 1423 § 1 CIC/1983 geändert: „Plures dioecesani Episcopi, probante Sede Apostolica, possunt concordes, in locum tribunalium dioecesanorum ..., unicum constituere in suis dioecesibus tribunal primae instantiae.“ Nunmehr wird der konstitutive Akt der Errichtung also durch die jeweils betroffenen Diözesanbischöfe gesetzt, der dann von der III. Sektion der *Apostolischen Signatur* als Gerichtsaufsichtsbehörde gemäß can. 1445 § 3 °3 CIC/1983[495], Artt. 121[496], 124 °4 Pastor Bonus[497], Art. 35 °5 Lex Propria[498] nur noch zu genehmigen ist.[499]

Das Gericht II. Instanz für ein Interdiözesangericht kann beim Gericht des Metropoliten eingerichtet werden, sofern die sich zusammenschließenden Diözesen der gleichen Metropolie angehören. Ist dies aufgrund regionaler Umstände nicht möglich oder gehören die betroffenen Diözesen nicht der gleichen Erzdiözese an, muss die Bischofskonferenz ein Gericht II. Instanz für das

492 Eine Unterscheidung zwischen regionalem und interdiözesanen Gericht trat lediglich beim bischöflichen Antrag auf Erteilung des Nihil obstats zur Errichtung zu Tage. Beim regionalen Gericht musste sich die zuständige Bischofskonferenz mit einer Zweidrittelmehrheit, beim interdiözesanen Gericht die jeweils betroffenen Bischöfe einstimmig für die Errichtung ausgesprochen haben. Die verfassungsrechtliche Struktur war bei beiden dieselbe (vgl. MÖRSDORF, Lehrbuch, 59). Im CIC/1983 findet sich die Unterscheidung nicht mehr (vgl. can. 1423 CIC/1983), vgl. GÜTHOFF, Gerichtsverfassung, 1666.

493 Art. 2 § 1 Normae. Vgl. GANARIN, Tribunali, 13 f.

494 Vgl. MÖRSDORF, Lehrbuch, 59.

495 „Supremi huius Tribunalis praeterea est: ... approbare erectionem tribunalium, de quibus in cann. 1423 et 1439.“

496 „Hoc Dicasterium, præter munus, quod exercet, Supremi Tribunalis, consulit ut iustitia in Ecclesia recte administretur.“

497 „Ipsius quoque est: ... approbare erectionem tribunalium interdioecesanorum.“

498 „Signaturae Apostolicae ... promovere et approbare erectionem tribunalium interdioecesanorum.“

499 Vgl. LLOBELL, Processi, 154 f.; BONNET, Tribunali, 197 f.; GÜTHOFF, Gerichtsverfassung, 1668; FAHRNBERGER, Möglichkeiten, 301.

Interdiözesane Gericht errichten und nach can. 1439 § 1 CIC[500], Art. 124 °4 PB, Art. 35 °5 Lex Propria von der III. Sektion der *Apostolischen Signatur* genehmigen lassen. Interdiözesane Gerichte II. Instanz können jedoch auch unabhängig davon eingerichtet werden, ob ein interdiözesanes Gericht I. Instanz besteht.[501]

2. Die Veränderungen durch das MP „*Mitis Iudex*"

Art. 8 § 2 der *Ratio procedendi* ermöglicht es jedem Diözesanbischof, sich von einem nach can. 1423 CIC für seinen Gerichtsbezirk errichteten Interdiözesangericht zurückzuziehen.[502] Den entsprechenden Entschluss kann der Bischof frei treffen „senza la necessità di alcuna approvazione dalla Segnatura Apostolica".[503] Mit dieser Regelung soll das Recht des Bischofs, ein eigenes Gericht zu haben[504], in den Fokus gerückt werden.[505]

Allerdings entstand durch Art. 8 § 2 der *Ratio procedendi* ein Widerspruch zu den Regelungen des MP „*Qua cura*"[506]: während auf der einen Seite explizit das

500 „Si quod tribunal primae instantiae unicum pro pluribus dioecesibus, ad normam can. 1423, constitutum sit, Episcoporum conferentia debet tribunal secundae instantiae, probante Sede Apostolica, constituere, nisi dioeceses sint omnes eiusdem archidioecesis suffraganeae."

501 GÜTHOFF, Gerichtsverfassung, 1666.

502 Diese Möglichkeit ist nicht neu, war im CIC/1983 jedoch nicht explizit normiert. Sie ließ sich dort vielmehr aus cann. 135 § 1, 1419 CIC/1983 herleiten: danach ist die richterliche Gewalt ein Teil der kirchlichen Leitungsgewalt des Diözesanbischofs. Somit ist er für alle vom Recht nicht ausgenommenen Sachen Richter erster Instanz in seiner Diözese und kann seine richterliche Gewalt entweder persönlich oder durch andere Richter ausüben (vgl. WEIß, Grundfragen, 1648; GÜTHOFF, Gerichtsverfassung, 1663). Grundsätzlich ist er nach can. 1420 CIC gehalten, einen Offizial zu bestellen, mithin ein eigenes Gericht zu errichten. Die Möglichkeit, mit anderen Bischöfen gemäß can. 1423 CIC ein Interdiözesangericht zu bilden, stellt im Vergleich dazu lediglich eine Ausnahme dar, die von der Apostolischen Signatur zu genehmigen ist (vgl. Kapitel E III 1). Es ist jedoch auch schon vorgekommen, dass ein Diözesanbischof seine richterliche Gewalt an einen anderen Diözesanbischof übertragen hat. Einem entsprechenden Antrag des Diözesanbischofs von Essen stimmte die Apostolische Signatur mit Dekret vom 30.01.2009 zu und erweiterte die Kompetenz des Erzbischöflichen Offizialats Köln auf den Bereich der Diözese Essen (vgl. SUPREMUM SIGNATURAE APOSTOLICAE TRIBUNAL, Decretum, 30.01.2009, 121).

503 PCL, Prot.N. 15291/2016.

504 Vgl. can. 1419 § 1 CIC, can. 1673 § 1 CIC n.F.

505 Vgl. FRANCISCUS, MIDI, Einführung VI; PINTO, Intervista, 7.

506 Vgl. GANARIN, Tribunali, 18; ROCA FERNÁNDEZ, Criterios, 579 f.

Recht des Bischofs, sich von einem Interdiözesangericht zurückzuziehen, normiert wird, sind auf der anderen Seite die Gebiete der italienischen Diözesen einem bestimmten Interdiözesangericht verpflichtend zugeordnet.

Pinto äußerte in einem Interview mit dem *Osservatore Romano* am 07.10.2015: „Questa legge rifonda e riordina in pieno, ex integro, il processo matrimoniale, dando al vescovo il diritto di costituire il suo tribunale diocesano. Cade dunque la legge che prevede i tribunali regionali, esistenti del resto soltanto in alcuni Paesi.“[507] Mit Datum vom 13.10.2015 erklärte hingegen der *Päpstliche Rat für die Gesetzestexte*, gemäß can. 20 CIC hebe das spätere universelle Gesetz, hier also das MP „*Mitis Iudex*“, das frühere besondere Gesetz, hier das MP „*Qua cura*“ als päpstliches Gesetz für Italien, nicht auf, nachdem es an einer diesbezüglich expliziten Erklärung im MP „*Mitis Iudex*“ fehle. Demzufolge seien die Regelungen des MP „*Qua cura*“ nach wie vor in Kraft.[508] Papst *Franciscus* intervenierte mit Reskript vom 07.12.2015: „Le leggi di riforma del processo matrimoniale succitate abrogano o derogano ogni legge o norma contraria finora vigente, generale, particolare o speciale, eventualmente anche approvata in forma specifica (come ad especialmente il Motu Proprio Qua cura, dato dal mio Antecessore Pio XI in tempi ben diversi dai presenti).“[509]

Somit ist durch das MP „*Mitis Iudex*“ den italienischen Bischöfen erstmals seit dem Inkrafttreten des MP „*Qua Cura*“ vom 08.12.1938[510] wieder die Möglichkeit gegeben, sich zu entscheiden, ob sie von ihrem Recht, ein eigenes Gericht zu errichten, Gebrauch machen oder aufgrund eines nunmehr aus eigener Initiative zu fassenden Beschlusses Interdiözesangerichte erneuern oder neu bilden wollen.[511]

Voraussetzung für einen Rückzug des Diözesanbischofs von einem Interdiözesangericht ist freilich, dass er auch ein eigenes Gericht errichten kann. Grundsätzlich genügen hierzu der Diözesanbischof als oberster Richter seiner Diözese[512] und ein Notar, der an jedem Verfahren zu beteiligen ist.[513] Wegen des

---

507 PINTO, Intervista, 7. Vgl. BELFIORE, Processi, 140 f.

508 Vgl. PCL, Prot. N. 15157/2015. Vgl. BELFIORE, Processi, 141–145.

509 FRANCISCUS, Rescritto, I. Die Terminologie Franciscus´ ist hier insofern missverständlich, als ein Motu Proprio, hier konkret „Qua cura“, nicht für nichtig oder unrechtmäßig erklärt, sondern seine Regelungen allenfalls widerrufen (revocare) werden können.

510 Vgl. Kapitel E III 1.

511 Vgl. can. 1673 §§ 1–2 CIC n.F; ROCA FERNÁNDEZ, Criterios, 580 f.; GANARIN, Tribunali, 15 f; LLOBELL, Questions, 40 f.

512 Vgl. can. 1419 § 1 CIC, can. 1673 § 1 CIC n.F.

513 Vgl. can. 1437 § 1 CIC.

Vorbehalts der Behandlung von Ehenichtigkeitssachen durch ein Kollegialgericht[514] muss der Diözesanbischof jedoch grundsätzlich wenigstens noch zwei Kleriker zu Diözesanrichtern ernennen[515], die mit ihm ein Kollegium bilden können. Nach can. 1673 § 3 CIC n.F. können statt zwei Klerikern zwei Laien bestellt werden. Art. 8 § 1 der *Ratio procedendi* führt dazu aus: „In dioecesibus quae proprio tribunali carent, curet Episcopus ut quam primum, etiam per cursus institutionis permanentis et continuae, … personae formentur quae in constituendo tribunali pro causis matrimonialibus operam navare valeant." Solange eine Kollegiumsbildung wegen Personalmangels unmöglich ist, kann der Diözesanbischof – abweichend vom Grundsatz – Ehenichtigkeitsverfahren einem klerikalen Einzelrichter übertragen, der sich nach Möglichkeit einen Beisitzer und einen Vernehmungsrichter beiziehen soll.[516] An der Errichtung eines Diözesangerichts ist gemäß can. 1445 § 3 °3 CIC, Artt. 121, 124 °4 PB, Art. 35 Lex Propria die III. Sektion der *Apostolischen Signatur* als Gerichtsaufsichtsbehörde notwendigerweise zu beteiligen.

Entscheidet sich der Bischof, nach can. 1673 § 2 CIC n.F. mit anderen Bischöfen ein Interdiözesangericht zu errichten oder sich einem bereits bestehenden anzuschließen, ist er nach dem Schreiben des *Päpstlichen Rates für die Gesetzestexte* vom 18.11.2015[517] gleichwohl dazu verpflichtet, für seine Diözese zumindest einen Gerichtsvikar[518] und einen Ehebandverteidiger zu bestellen, da diese für die Durchführung des *processus brevior* vor dem Bischof notwendig seien. Des weiteren müsse es Personen geben, die die Aufgaben eines Vernehmungsrichters[519] und eines

514 Vgl. can. 1425 § 1 °1 b CIC, can. 1673 § 3 CIC n.F.

515 Vgl. can. 1421 § 1 CIC.

516 Vgl. can. 1673 § 4 CIC n.F. (dazu näher unter Kapitel E V).

517 Vgl. PCL, 18.11.2015, Prot.N. 15201/2015.

518 Während im CIC/1917 überwiegend die im deutschsprachigen Raum übliche Bezeichnung „Offizial" verwendet wurde, wird im CIC/1983 vom „Vicarius iudicialis" gesprochen. Dadurch „soll sprachlich deutlicher als durch die allgemeine und unbestimmte Bezeichnung Offizial zum Ausdruck kommen, dass die so bezeichnete Person der Stellvertreter des Bischofs bei der Ausübung der richterlichen Gewalt ist." GÜTHOFF, Gerichtsvikar, 64.

519 Cann. 1685, 1687 CIC n.F. sprechen vom „instructor". Hinsichtlich der Frage, wer darunter zu verstehen ist, verweist die Anwendungshilfe der Römischen ROTA für das MP „Mitis Iudex", Sussidio applicativo, 38, auf can. 1428 § 2 CIC, der die Rechtsfigur des „auditor" regelt. Es ist nicht nachzuvollziehen, warum das MP „Mitis Iudex" für die gleiche Funktion im Zusammenhang mit dem *processus brevior* einen anderen Begriff verwendet (vgl. AYMANS/MÖRSDORF/MÜLLER, Ehenichtigkeitsverfahren,

Beisitzers[520] bei diesem Verfahren gemäß cann. 1685, 1687 CIC n.F. erfüllen könnten. Ebenfalls sei ein Notar zu bestellen, da ein solcher nach can. 1437 § 1 CIC an jedem Verfahren zu beteiligen sei. Somit werden Ehenichtigkeitsklagen, die im *processus brevior* verhandelt werden können, vom Diözesanbischof entschieden, ordentliche Verfahren hingegen vom Interdiözesangericht.

IV. Akademische Anforderungen an die Richter

Nach can. 1574 § 1 CIC/1917 sollten die zu Richtern ernannten Priester „probatae vitae et in iure canonico periti"[521] sein. Ein über das Theologiestudium hinausgehendes, weiteres Studium des kanonischen Rechts war nicht erforderlich. Dies änderte sich mit can. 1421 § 3 CIC/1983, in dem erstmals festgelegt wurde, dass die Richter[522] Doktoren oder wenigstens Lizentiaten des kanonischen Rechtes zu sein haben.[523]

Einige Kardinäle hatten in der *Codex-Reform-Kommission* zwar den Antrag gestellt, die Voraussetzungen für das Richteramt nachgiebiger zu formulieren[524], da es in manchen Gebieten schwierig sei, genügend Personen mit der entsprechenden Qualifikation zu finden[525], dieser wurde jedoch zurückgewiesen: Für die wirksame Tätigkeit der Gerichte sei erforderlich, dass die Richter das kanonische Recht gut kennen.[526] Deshalb sei es wichtig, das Studium des kanonischen Rechts zu fördern. Wenn es jedoch wirklich unmöglich sei, Lizentiaten des

---

38). Ausgehend von can. 1428 § 2 CIC kann der „auditor" Kleriker oder Laie sein, der sich durch gute Sitten, Klugheit und Wissen auszeichnet. Der Canon lässt offen, anhand welcher Kriterien die geforderten Attribute überprüft werden sollen. Die diesbezügliche Entscheidung liegt beim Bischof.

520 Vgl. Kapitel E V 3 b.

521 Für Offiziale und Vizeoffiziale war nach can. 1573 § 4 CIC/1917 ein Doktorat im kanonischen Recht oder sonstige Erfahrung („vel ceteroqui periti") erforderlich.

522 Für Offiziale und Vizeoffiziale besteht nach can. 1420 § 4 CIC/1983 hinsichtlich der Ausbildung die gleiche Anforderung. Die Klausel des can. 1573 § 4 CIC/1917 („vel ceteroqui periti") wurde zur Vermeidung von Missbrauch nicht übernommen.

523 Vgl. GÜTHOFF, Gerichtsverfassung, 1664; GROCHOLEWSKI, Questioni, 352.

524 Vgl. Communicationes 16 (1984) 55, can. 1373 § 3. Vorgeschlagen wurden Formulierungen wie: „Doctores vel licentiati vel saltem in eadem disciplina sufficienter periti", „saltem vere periti" und „vel ceteroquin periti".

525 Vgl. Communicationes 16 (1984) 55, can. 1371 § 3.

526 So auch GROCHOLEWSKI, Questioni, 352.

kanonischen Rechts zu bekommen, könne sich der Bischof an die Apostolische Signatur wenden.[527]

Fraglich ist, was unter einer echten Unmöglichkeit in diesem Zusammenhang zu verstehen ist.

Das *PCL* hat in einem Brief vom 12.02.2016 dargelegt, auf welche Weise die *Apostolische Signatur* in einem Fall von Unmöglichkeit, Lizentiaten zu bekommen, Abhilfe schaffen kann: „Nel caso in cui qualcuno degli addetti del tribunale non possieda i titoli accademici richiesti dal diritto, è possibile domandare la dispensa dai totoli alla Segnatura Apostolica."[528]

Vor dem Hintergrund dieser Ausführungen des *PCL* wird deutlich, dass Abhilfe durch die *Apostolische Signatur* also nur erfolgen kann, wenn grundsätzlich zum Richter geeignete Kleriker oder Laien zur Verfügung stehen, die von dem Erfordernis des akademischen Titels eines Lizentiaten des kanonischen Rechts dispensiert werden können. Dies könnten beispielsweise Richter sein, die bereits vor dem Inkrafttreten von can. 1423 § 3 CIC/1983 als Diözesanrichter tätig waren, und daher auf jahrelange Erfahrung zurückgreifen können, oder Studenten des kanonischen Rechtes, deren Abschluss in einem absehbaren Zeitrahmen zu erwarten ist. Sind allerdings sogar solche Personen nicht vorhanden, ist eine Abhilfe vom Personalmangel mittels Dispens nicht möglich. Demnach wird sich der Diözesanbischof also nur im Falle einer relativen Unmöglichkeit an die *Apostolische Signatur* wenden können. Im Falle absoluter Unmöglichkeit wird hingegen die Errichtung eines Interdiözesangerichts gemäß can. 1423 § 1 CIC empfehlenswert sein.

Vor Erlass der Instruktion „*Dignitas Connubii*" gab es noch einmal Bestrebungen, die Anforderung an die akademischen Qualifikationen für Richter zu erleichtern oder sogar zur Rechtslage unter dem CIC/1917 zurückzukehren.[529] Diese hatten jedoch keinen Erfolg, sondern das Schema zu „*Dignitas Connubii*" schlug demgegenüber sogar eine Verschärfung der Anforderungen vor: Unabhängig von der akademischen Qualifikation sollten nur solche Personen zu Richtern ernannt werden dürfen, die vorher eine angemessene Zeit in einem anderen[530] Gerichtsamt tätig waren.[531] Mit Art. 43 § 4 DC wurde der Vorschlag des Schemas schlussendlich in abgemilderter Form in die Instruktion aufgenommen: Hiernach wird

527 Vgl. Communicationes 16 (1984) 55, Relatio zu can. 1373 § 3; zuletzt bestätigt durch PCL, 12.02.2016, Prot.N. 15291/2016.

528 PCL, 12.02.2016, Prot.N. 15291/2016; vgl. Art. 124 °2 PB, Art. 35 °2 Lex propria.

529 Vgl. HAERING, Eine neue Eheprozeßordnung?, 168.

530 Das Schema benennt zwar das Amt nicht, jedoch kann es sich unter Berücksichtigung des angestrebten Zwecks nur um das der Ehebandverteidigung handeln.

531 Vgl. HAERING, Eine neue Eheprozeßordnung?, 168.

empfohlen, dass niemand zum Richter bestellt wird, der nicht für eine angemessene Zeit ein anderes Amt am Gericht ausgeübt hat.

V. Einzelrichter in Ehenichtigkeitsverfahren

Waren Ehenichtigkeitsverfahren bis zum Inkrafttreten des CIC/1917 von einem Einzelrichter entschieden worden[532], normierte can. 1576 § 1 °1 CIC/1917 die grundsätzliche Einsetzung eines Dreierkollegiums.[533] Das Verfahren einem Einzelrichter anzuvertrauen, war ab diesem Zeitpunkt ausgeschlossen.[534]

1. Das MP „*Causas Matrimoniales*“

Erst Art. V § 2 MP „*Causas Matrimoniales*“ eröffnete wieder die Möglichkeit, einen Eheprozess in I. Instanz durch einen Einzelrichter durchführen zu lassen: „In primo gradu, cum nec per aggregationem viri laici collegium de quo in § 1 efformari possit, singulis in casibus causae nullitatis matrimonii clerico tamquam iudici unico per eandem Episcopalem Conferentiam demandari possunt.“

Die Regelung macht deutlich, dass die Übertragung eines Ehenichtigkeitsverfahrens auf einen Einzelrichter jedoch nicht in das Belieben des Diözesanbischofs gestellt war.[535] Vielmehr war sie gemäß dem Gesetzestext an mehrere Bedingungen geknüpft, wodurch sich zeigt, dass die Norm als Ausnahmefall konzipiert und nur restriktiv anzuwenden war.[536]

Für die Übertragung war kumulativ erforderlich:

a. Der Einzelrichter musste Kleriker, also Priester oder Diakon[537], sein.
b. Die Übertragung sollte nur statthaft sein, wenn die Bildung eines Kollegiums auch mit den in Art. V § 1 MP „*Causas Matrimoniales*“ vorgesehenen Erleichterungen, das heißt insbesondere auch unter Beiziehung eines männlichen Laien[538], nicht möglich war[539].

---

532 Vgl. Kapitel C, D. So auch GORDON, De M.P., 276.

533 Vgl. Kapitel D V.

534 Eine Ausnahme bildete Art. 3 APN (vgl. Kapitel D VI 1).

535 Vgl. FLATTEN, Reform, 425.

536 FLATTEN, Reform, 423–424, ist wegen der engen Grenzen, die das Gesetz der Einsetzung des Einzelrichters setzt, der Ansicht, diese sei „offensichtlich nur die letzte Notlösung.“ So auch LEFEBVRE, Motu Proprio, 40 f.

537 Vgl. GORDON, De M.P., 277.

538 Vgl. Kapitel E II 1.

539 Die Gründe hierfür konnten „sive physica sive moralis“ sein, vgl. GORDON, De M.P., 277.

c. Die Bischofskonferenz musste die Übertragung für den konkreten Einzelfall genehmigen.

Flatten war 1971[540], also schon im Jahr des Erlasses des MP „*Causas Matrimoniales*“, der Ansicht, dass mit dem konkreten Einzelfall nicht gemeint sein könne, dass es für jede anstehende Ehesache eines erneuten Beschlusses der Bischofskonferenz bedürfe. „Ein solch umständliches Verfahren liefe dem erklärten Ziel des Motu proprio, zur Abkürzung der Eheprozesse beizusteuern, gerade zuwider. Vielmehr besagt die Wendung: Für jede Diözese muss einzeln festgestellt werden, dass die Bildung eines Dreierkollegiums nicht möglich ist und deshalb die Vergünstigung des Einzelrichters gewährt wird.“[541]

Lefebvre hingegen vertrat die gegenteilige Position: „Questa facoltà non può essere concessa dalla Conferenza episcopale se non singillatim, cioè caso per caso.“[542] Auch *Gordon* war wegen des Ausnahmecharakters der Norm dieser Auffassung.[543]

Vor dem Hintergrund *Flattens* Bedenken im Hinblick auf die zeitliche Verzögerung der Verfahren und der wiederkehrenden, zusätzlichen Arbeitsbelastung der Bischofskonferenz, ist *Flattens* Verständnis des Begriffs vorzuziehen. Jedoch zeigt sich vor allen Dingen durch die erst spätere Änderung des Genehmigungsverfahrens durch die Deutsche Bischofskonferenz mit Inkrafttreten des can. 1425 § 4 CIC[544], dass die Norm – wie von *Lefebvre* und *Gordon* dargelegt – tatsächlich so verstanden wurde, dass für jedes konkrete Ehenichtigkeitsverfahren, für das ein Bischof kein Kollegium bilden konnte und daher mit einem klerikalen Einzelrichter besetzen wollte, die Genehmigung[545] der Bischofskonferenz[546] notwendig war.

---

540 Vgl. FLATTEN, Reform, 416.

541 FLATTEN, Reform, 425.

542 LEFEBVRE, Motu Proprio, 40.

543 Vgl. GORDON, De M.P., 277–278.

544 Vgl. Kapitel G II.

545 GREEN, Revision, 668, war der Ansicht, die Genehmigungspflicht durch die Bischofskonferenz verstosse gegen das Subsidiaritätsprinzip der Gerichtsorganisation. Die Kompetenz für die Einzelrichterzulassung solle beim Diözesanbischof bzw. beim Offizial liegen.

546 Die Bischofskonferenz musste im vorliegenden Fall allerdings nicht unbedingt im Rahmen einer Vollversammlung entscheiden: „Conferentia Episcopalis facultates, de quibus supra, concedere valet iuxta propria statuta, vel per membrorum coetum, vel saltem per membrum Conferentiae, quae ad id eligatur.“ (Art. V § 3 MP Causas Matrimoniales). Vgl. FLATTEN, Reform, 426.

Waren die Bedingungen zur Übertragung erfüllt, sollte gemäß Art. V § 2 MP „*Causas Matrimoniales*“ dem Einzelrichter – „ubi fieri possit“ – ein Quasi-Kollegium durch Beiziehung eines Beisitzers[547] und eines Vernehmungsrichters[548] beigegeben werden. Auch hierin zeige sich, „wie ungern sich der Gesetzgeber mit dem Einzelrichter allein begnüge.“[549] Gleichwohl kann aus der schwach einschränkenden Formulierung „ubi fieri possit“ abgeleitet werden, dass der Einzelrichter das Verfahren auch ohne den Beisitzer und den Vernehmungsrichter führen konnte, wenn es aufgrund personeller Mängel nicht möglich war, solche beizuziehen.

2. Der CIC/1983

Durch can. 1425 § 4 CIC wurde die Ausnahmeregelung des Art. V § 2 MP „*Causas Matrimoniales*“ in den CIC/1983 aufgenommen: „In primo iudicii gradu, si forte collegium constitui nequeat, Episcoporum conferentia, quamdiu huiusmodi impossibilitas perduret, permittere potest ut Episcopus causas unico iudici clerico committat, qui, ubi fieri possit, assessorem et auditorem sibi asciscat.“

Da die Praxis jedoch gezeigt hatte, dass eine Einzelrichtergenehmigung durch die Bischofskonferenz ein zu schwerfälliges Vorgehen war, das zu Verzögerungen führte und damit dem Anliegen, Verfahren zügiger zu gestalten, entgegenlief[550], wurde das Erfordernis nun insoweit gelockert, als die Bischofskonferenz die Genehmigung nicht auf einen konkreten Einzelfall[551] bezogen, sondern auf die Zeitspanne, in der die Unmöglichkeit der Bildung eines Kollegiums zu erwarten war, erteilte. Sie musste sich dabei davon überzeugen bzw. sich glaubhaft machen

547 Aufgabe des Beisitzers ist es, dem Einzelrichter vor allem im Hinblick auf die Urteilsfällung beratend zur Seite zu stehen (vgl. can.1575 CIC/1917; näher dazu unter Kapitel E V 3 b), vgl. FLATTEN, Reform, 424; BONNET, Tribunali, 199: „Assessore non è un giudice.“

548 Can. 1582 CIC/1917: „Eorum est testes citare et audire, aliaque acta iudicialia instruere secundum tenorem mandati, non autem sententiam definitivam ferre.“ FLATTEN, Reform, 424, sprach sich dafür aus, den Vernehmungsrichter nicht auf diese Aufgabe zu beschränken, sondern ihn als zweiten beratenden Beisitzer einzubeziehen, „was der Sache in der Regel nur dienlich sein kann, weil er aus den Vernehmungen mit der Prozessmaterie aufs Beste vertraut ist.“

549 FLATTEN, Reform, 424.

550 So schon 1971 FLATTEN, Reform, 425 (vgl. Kapitel E V 1 c).

551 Zum Verständnis des konkreten Einzelfalls vgl. Kapitel E V 1 c.

lassen, dass die Bildung eines Kollegialgerichts bei dem beantragenden Bischof unmöglich ist.[552] Wie schon in Art. V § 2 MP „*Causas Matrimoniales*" sollte der Einzelrichter, soweit möglich, unterstützt von einem Beisitzer[553] und einem Vernehmungsrichter[554] urteilen.

3. Das MP „*Mitis Iudex*"

Auch das MP „*Mitis Iudex*" bietet die Möglichkeit, einen Kleriker als Einzelrichter in Ehesachen entscheiden zu lassen. Im Einleitungstext wird als das Reformwerk leitendes, fundamentales Kriterium dazu ausgeführt: „Constitutio iudicis unici, clerici utique, in prima instantia Episcopi responsabilitati committitur."[555]

Dies könnte die Vermutung zulassen, dass es zukünftig allein in der Entscheidungskompetenz des Bischofs liegt, ob er Einzelrichter in Eheverfahren einsetzen möchte oder nicht. Dem steht allerdings der durch Art. 1 des MP „*Mitis Iudex*" neu gefasste can. 1673 § 4 CIC entgegen, der eindeutig festlegt: „Episcopus Moderator, si tribunal collegiale constitui nequeat in dioecesi vel in viciniore tribunali ad normam § 2 electo, causas unico iudici clerico committat."[556]

a. Die Frage der Unmöglichkeit

Fraglich ist, ob eine tatsächliche Unmöglichkeit zur Bildung eines Kollegiums vorliegen muss, oder ob eine relative für die Einsetzung eines Einzelrichters ausreichend ist.

Paprocki ist der Ansicht, die tatsächliche Unmöglichkeit sei entscheidend.[557] Reine Unannehmlichkeiten, beispielsweise durch weitere Entfernungen der

---

552 Vgl. LÜDICKE, MKCIC, can. 1425, RN 6, 54 Erg.-Lfg., November 2017.

553 Vgl. zum Beisitzer Kapitel E V 3 b.

554 Can. 1428 § 2 CIC: „Episcopus potest ad auditoris munus approbare clericos vel laicos, qui bonis moribus, prudentia et doctrina fulgeant." Vgl. zum Vernehmungsrichter auch unter Kapitel F III.

555 Vgl. FRANCISCUS, MIDI, Einleitung, II.

556 Vgl. AYMANS/MÖRSDORF/MÜLLER, Ehenichtigkeitsverfahren, 22; LÜDICKE, MKCIC, can. 1673, RN 6, 52. Erg.-Lfg., September 2016; PAPROCKI, Implementation, 597.

557 So auch ORTÍZ, Potestà, 95: „una reale impossibilità". Ortiz´ Ausführungen beziehen sich zwar auf Art. 30 § 3 DC, dieser setzte jedoch ebenfalls, vergleichbar can. 1673 § 4 CIC n.F., die Unmöglichkeit der Bildung eines Kollegiums voraus.

jeweils als Richter ernennbaren Personen zum Gericht, genügten im Zeitalter von elektronischem Postverkehr und der Möglichkeit, Akten zu scannen, nicht.[558]

Dem hält *Beal* entgegen, dies sei ein falsches Verständnis des Begriffes der Unmöglichkeit. Diese Form der Auslegung sei abstrakt und entspreche nicht dem typischen Vorgehen bei der Auslegung. *Paprocki* fokussiere sich ausschließlich auf die Möglichkeit, ein Kollegialtribunal für den Einzelfall zu bilden, ignoriere aber die Frage nach der Unmöglichkeit hinsichtlich des Umgangs mit einer Menge an Fällen, die an ein Gericht gebracht würden. Seit die Möglichkeit in den USA, Einzelrichter einzusetzen, eröffnet worden sei, sei die Unmöglichkeit, für die Fälle ein Kollegium einzusetzen, nicht aufgrund eines Mangels an Richtern zur Bildung eines Kollegiums das Problem gewesen, sondern die Vielzahl der Fälle, die es, wenn man die Prozesse nicht unnötig in die Länge hätte ziehen wollen, unmöglich gemacht hätten, für jeden Fall ein Tribunal einzusetzen. Dies sei das entscheidende Kriterium bei der Auslegung der Frage nach der Unmöglichkeit.[559]

*Beal*s Ausführungen müssen als reine Behauptungen betrachtet werden, nachdem er diese nicht durch entsprechende Quellen belegt.

Zur Beantwortung der Frage ist jedoch auch Folgendes zu berücksichtigen: Die Anwendung von Art. 3 *American Procedural Norms*, der die Einsetzung eines Einzelrichters in Eheverfahren in den USA unter erleichternden Bedingungen[560] ermöglicht hatte, wurde nach Inkrafttreten des CIC/1983 nicht mehr verlängert. Grund hierfür waren die allzu großzügige Anwendung der Sondernorm und die damit verbundenen negativen Erfahrungen.[561] „Der Eheprozess [ist] in wenigen Tagen zu Ende, in einer einzigen Instanz, vor einem Einzelrichter, der oft nur eine ganz spärliche juristische Ausbildung hat.“[562] Bei einem

---

558 Vgl. PAPROCKI, Implementation, 597. Die Notwendigkeit, wenigstens zur Urteilssitzung mit den beiden anderen Richtern zusammenzukommen (vgl. can. 1609 CIC), thematisiert Paprocki nicht eigens. Es scheint, als subsumiere er diese unter eine „reine Unannehmlichkeit“, die keine tatsächliche Unmöglichkeit bewirkt.

559 Vgl. BEAL, Challenges, 170 f.

560 Erforderlich war lediglich, dass ein schwerwiegender Grund für die Abweichung von der Kollegialbesetzung vorlag und kein Widerspruch von Seiten des Richters selbst, der Parteien oder des Ehebandverteidigers erhoben wurde, vgl. Art. 3 APN. Näher dazu unter Kapitel D VI 1.

561 Vgl. LLOBELL, Prospettive, 143 f.; MECKEL, Iudex, 78; vgl. dazu Kapitel D VI 1.

562 GROCHOLEWSKI, Probleme, 406.

Verständnis des Begriffes der Unmöglichkeit nach der Vorstellung *Beals* stünde dies erneut wegen der dehnbaren Begriffsauslegung zu befürchten.

Das aber widerspräche can. 1673 § 4 CIC n.F., der die Einsetzung eines Einzelrichters als *ultima ratio* formuliert: sie ist nur erlaubt, „si tribunal collegiale constitui nequeat in dioecesi vel in viciniore tribunali ad normam § 2 electo." Auch die oben[563] dargelegte Geschichte der Norm, wonach der Gesetzgeber die Einsetzung eines Einzelrichters seit seiner Wiedereinführung durch das MP „*Causas Matrimoniales*" immer nur als Ausnahmefall betrachtet und nur zugelassen hat, wenn verschiedene Bedingungen kumulativ erfüllt waren, sprechen gegen *Beals* Begriff der Unmöglichkeit.

Schließlich spricht vor dem Hintergrund der Abschaffung der verpflichtenden II. Instanz gegen *Beals* Ansicht das erhöhte Schutzbedürfnis der Ehe vor Nichtigkeitserklärung, dem gerade die kollegiale Besetzung des Spruchkörpers gemäß can. 1673 § 3 CIC n.F. dienen soll.[564]

Paprockis Forderung nach einer echten Unmöglichkeit, nicht nur einer Schwierigkeit, bei der Besetzung eines Kollegiums verdient somit in dieser Diskussion den Vorzug und ist deshalb zur Einsetzung eines Einzelrichters notwendige Voraussetzung.

b. Die Anforderungen an die Beisitzer

Erst, wenn also eine echte Unmöglichkeit zur Besetzung des Spruchkörpers mit einem Kollegium vorliegt[565], kann der Bischof einen klerikalen Richter als Einzelrichter einsetzen. Diesem sind gemäß can. 1673 § 4 CIC n.F. nach Möglichkeit zwei Beisitzer beizuordnen. Dieses Erfordernis zeige, so *Llobell*, dass der Gesetzgeber die Verhandlung von Eheverfahren als schwierig einschätze[566], der Einzelrichter sich also zumindest beraten können sollte.

Can. 1673 § 4 CIC n.F. leitet sich aus can. 1424 CIC ab: „Unicus iudex in quolibet iudicio duos assessores, clericos vel laicos probatae vitae, sibi consulentes asciscere potest." Jedoch sind die Anforderungen an die Beisitzer hier höher: diese müssen nicht nur im Leben bewährt[567], sondern auch Fachleute in Rechts- und

---

563 Vgl. Kapitel E V 1–2.
564 Vgl. Kapitel F I.
565 Vgl. Kapitel E V 3 a.
566 Vgl. LLOBELL, Processi, 175.
567 LÜDICKE, MKCIC, can. 1424, RN 2–3, 28. Erg-Lfg., August 1997. Anhand welcher Kriterien die Bewährung im Leben überprüft werden kann, lässt der Gesetzgeber offen. Die diesbezügliche Entscheidung liegt beim Bischof.

Humanwissenschaften sein.[568] Dies erklärt sich aus der Aufgabe der Beisitzer als Berater. Mithilfe ihrer Fachkenntnisse soll der Einzelrichter vorgelegte Beweise sachgerecht würdigen können.[569] Gleichwohl werden die Erfordernisse des can. 1673 § 4 CIC n.F. von zahlreichen Personen unterschiedlicher Ausbildung und Qualifikation in den genannten Bereichen wohl erfüllt werden können. Insoweit dürfte es nahezu immer möglich sein, entsprechende Beisitzer zu finden. *Boni* befürchtet sogar, dass es aufgrund dieser Formulierung der Anforderungen zu einer Invasion von Soziologen, Sozialarbeitern und Familienmediatoren oder von Personen ohne irgendeine professionelle Qualifikation komme.[570]

Nach dem Wortlaut des Gesetzes müssen die Beisitzer – wie auch schon nach can. 1424 CIC – nicht katholisch sein.

Fraglich ist, ob dies im Hinblick auf ihre Aufgabe erforderlich ist.

Aufgabe der Beisitzer ist es, den Einzelrichter im Hinblick auf das Urteil zu beraten[571], Stimmrecht haben sie – wie sich aus dem Gesetzestext eindeutig ergibt – nicht.[572] Insofern haben sie also keinen Anteil an der Jurisdiktionsgewalt des Richters. Eine zwingende Notwendigkeit, katholisch zu sein, ergibt sich im Hinblick auf die Aufgabe des Beisitzers somit nicht. Gleichwohl ist der Einfluss, den die Beisitzer auf die Entscheidung des Richters haben können, nicht zu unterschätzen. Insoweit empfiehlt sich die Beachtung *Lüdickes* Rat, keinen dem kirchlichen Verfahren fremden oder gar feindlich entgegenstehenden Beisitzer miteinzubeziehen.[573]

Zusammenfassend ist festzustellen, dass die Einsetzung eines Einzelrichters in Ehenichtigkeitsverfahren seit seiner Wiedereinführung durch das MP „*Causas Matrimoniales*" vor dem Hintergrund der unbedingt vor falschen Nichtigkeitserklärungen zu schützenden Ehe als restriktiv anzuwendende Ausnahme vom jeweiligen Gesetz gehandhabt wurde.

568 Vgl. BONNET, Tribunali, 199.
569 Vgl. LLOBELL, Processi, 175.
570 Vgl. BONI, Riforma, 20.
571 Vgl. LÜDICKE, MKCIC, can. 1424, RN 3, 28. Erg.-Lfg., August 1997.
572 Vgl. LÜDICKE, MKCIC, can. 1424, RN 4, 28. Erg.-Lfg., August 1997.
573 Vgl. LÜDICKE, MKCIC, can. 1424, RN 5, 28. Erg.-Lfg., August 1997.

F) Überlegungen

Durch das Reform-MP „*Mitis Iudex*“ wurde 2015 die verpflichtende II. Instanz abgeschafft, dem Ehebandverteidiger die eigenständige Entscheidung, in Berufung zu gehen oder darauf zu verzichten, übertragen, der Bischof als Gerichtsherr seiner Diözese in den Fokus gerückt. Was bringen diese Veränderungen für den Schutz der Unauflöslichkeit der Ehe, die im Laufe der Geschichte vom Gesetzgeber immer wieder betont worden ist[574], mit sich?

Das folgende Kapitel geht dieser Fragestellung nach.

I. Zur Abschaffung der obligatorischen II. Instanz

„Das Urteil, das die Nichtigkeit einer Ehe erstmals festgestellt hat, ist nach Ablauf der in den cann. 1630–1633 CIC festgelegten Fristen vollstreckbar.“[575] Durch diese Regelung ist die in Eheverfahren obligatorische II. Instanz nach ihrer Einführung durch Papst *Benedikt XIV.* 1741[576] 2015 durch Papst *Franciscus* abgeschafft worden. Eine Überprüfung des affirmativen Urteils I. Instanz erfolgt seit dem 08.12.2015 nur noch, wenn Berufung dagegen eingelegt wird. Hierdurch ist der Ehenichtigkeitsprozess in die Gestalt zurückgeführt worden, die sowohl die ordentlichen Streitverfahren des Kirchenrechts[577] als auch die meisten Prozessordnungen des weltlichen Bereichs[578] haben.[579] Ist die Ehe dadurch nun nicht mehr ausreichend vor nicht berechtigten Nichtigkeitserklärungen geschützt?

1. Rückblick

Um sich einer Antwort auf diese Frage zu nähern, ist noch einmal in Erinnerung zu rufen, dass *Benedikt XIV.* mit seiner Konstitution „*Dei miseratione*“ das Ziel verfolgte, die Ehe vor allzu leichter und schneller Nichtigkeitserklärung durch laxe, bestechliche oder mangelhaft ausgebildete Richter zu schützen. Aus diesem Grund schuf er die Figur des *Defensor matrimonii* und verpflichtete ihn, gegen

574 Zuletzt durch FRANCISCUS in MIDI, Einführung.

575 Can. 1679 CIC n.F.

576 Vgl. Kapitel C.

577 Vgl. can. 1628 CIC; vgl. PEÑA GARCÍA, Agilización, 55.

578 Vgl. z.B. für Deutschland § 529 §1 1 ZPO, für Österreich § 461 I ZPO, für die Schweiz § 308 1a ZPO.

579 Vgl. LÜDICKE, Reform, 150, 154.

jedes erstmalig affirmative Urteil Berufung einzulegen.[580] Diese Regelung hatte später auch Eingang in can. 1986 CIC/1917 gefunden, obwohl zugleich in can. 1576 § 1 °1 CIC/1917 festlegt wurde, dass zukünftig nur noch ein Dreierkollegium in Ehenichtigkeitsverfahren entscheiden könne.[581]

Weshalb erachtete der Gesetzgeber des CIC/1917 eine nunmehr doppelte Absicherung der Unauflöslichkeit der Ehe für notwendig? Befürchtete er – trotz der Urteilsfällung im Kollegium – weiterhin die Gefahr leichtfertiger, unbegründeter oder erkaufter Entscheidungen auf Nichtigkeit? Hatte er Grund zu der Annahme, nur zwei Kollegialgerichte würden in der Lage sein, die objektive Wahrheit festzustellen?

In der Literatur wird die doppelte Absicherung auf die unbedingt vor falschen Nichtigkeitserklärungen zu schützende Ehe zurückgeführt.

So erklärt z. B. *Mörsdorf*, dass ein Kollegialgericht eine „bessere Gewähr für eine gerechte Entscheidung" biete.[582] *Flatten* betont, dass „hinter all diesen prozessualen Bestimmungen ... das begreifliche Bestreben [stehe], die Heiligkeit der Ehe vor einer irrtümlichen Nichtigerklärung zu schützen. ... Bei der Wichtigkeit der Ehenichtigkeitsurteile kann man verständlicherweise nicht völlig auf eine Überprüfung verzichten. ... Selbst wenn in der I. Instanz ein Richterkollegium gesprochen hat, erscheint es nützlich, dass das Urteil in jedem Fall der Kontrolle seitens der unabhängigen Instanz des Obergerichts unterworfen wird, um Fehlentscheidungen im Einzelfall oder, was noch wichtiger sein dürfte, einseitige Rechtsauffassungen eines bestimmten Gerichts korrigieren zu können."[583] Die *Codex-Reform-Kommission* zum CIC/1983 begründete die Notwendigkeit einer Prüfung in weiterer Instanz später ebenfalls damit, dass es sich um eine Angelegenheit von größter Bedeutung handele: dem sakramentalen[584] Eheband.[585]

So wurde das doppelte Schutzsystem mit einer Modifikation, nämlich der Abschaffung der Berufungspflicht des Ehebandverteidigers und statt dessen der

580 Vgl. Kapitel C.
581 Vgl. Kapitel D.
582 MÖRSDORF, Lehrbuch, 52.
583 FLATTEN, Reform, 427–428.
584 Die Notwendigkeit einer doppelten Urteilskonformität war bis 2015 allerdings auch für die Vollstreckbarkeit der Nichtigerklärungen nicht-sakramentaler Ehen gegeben. Insoweit ist die Begründung der Codex-Reform-Kommission hier ungenau. Tatsächlich gemeint ist die Unauflöslichkeit der Ehe (vgl. Kapitel E I 2 a).
585 Vgl. Communicationes 16 (1984) 75, Relatio; LLOBELL, Processi, 240 f.

Einführung der Überprüfung des Urteils durch eine weitere Instanz von Amts wegen[586], auch in die cann. 1425 § 1 °1, 1682 § 1 CIC/1983 überführt.[587]

Es kann festgehalten werden, dass die Notwendigkeit einer doppelten Überprüfung, die bereits bis zur Einführung des CIC/1983 dem Schutz der Ehe vor missbräuchlichen Nichtigkeitserklärungen gedient hatte, fortan auch als der hohen Bedeutung der Ehe angemessen erachtet wurde.

2. Effektiver Schutz nur durch Prüfung in zwei Instanzen?

Ist die Ehe, ihrer Bedeutung entsprechend, effektiv nur zu schützen, indem eine Nichtigkeitserklärung zwei Instanzen durchlaufen muss?

Hiervon scheint Papst *Franciscus* nicht auszugehen: „Zunächst wird festgelegt, dass für die Ehenichtigkeit nicht mehr länger eine doppelte, übereinstimmende Entscheidung erforderlich ist, damit die Parteien zu einer neuen kirchlichen Eheschließung zugelassen werden, sondern dass dafür die vom ersten Richter gemäß Rechtsnorm erreichte moralische Gewissheit genügt."[588] Unter dem ersten Richter ist in Ehenichtigkeitsverfahren gemäß can. 1673 § 3 CIC n.F. grundsätzlich ein Kollegium zu verstehen, demnach dient dem effektiven Schutz der Ehe nach dem MP „*Mitis Iudex*" also ein Urteil aufgrund moralischer Gewissheit eines Kollegiums von drei Richtern.

Hingegen hatten einige Synodenväter der *III. Außerordentlichen Generalversammlung der Bischofssynode* von 2014 Bedenken gegen nur ein Urteil aufgrund moralischer Gewissheit eines Kollegiums gehabt. Sie sprachen sich gegen die Abschaffung der weiteren Instanz aus, da ansonsten „kein verlässliches[589] Urteil garantiert würde".[590]

Burke erklärte, dass durch die doppelte Urteilskonformität gesichert gewesen sei, „that we might consider the fuller elucidation of the truth in this very serious type of judgment. ... This innovation, an additional guarantee of the correctness of the decision given, was based not so much on an inherent mistrust of

586 Vor dem Hintergrund, dass ein Ehebandverteidiger ein erstmalig affirmatives Urteil für in der Sache zutreffend und hinreichend begründet hält, ist die Weitergabe der Sache an die höhere Instanz von Amts wegen sinnvoller, als eine Pflichtberufung des Ehebandverteidigers, für die er keine sachgerechten Argumente anführen könnte.

587 Vgl. Kapitel E I 2 a.

588 FRANCISCUS, MIDI, Einleitung I. Genauer formuliert, genügt für die Ehenichtigkeit nunmehr ein Urteil, das aufgrund von moralischer Gewissheit des Kollegiums affirmativ ergangen ist. Vgl. LLOBELL, Questions, 48.

589 Gemeint ist wohl das der Wahrheit entsprechende Urteil.

590 Vgl. RELATIO SYNODI, Nr. 48.

the honesty or the competence of the judges of first instance, but rather on the recognition of the possibility of honest error even on the part of conscientious judges.“[591] *Daneels* führte aus, dass ein zweites gleichlautendes Urteil oder bestätigendes Dekret vom Gesetzgeber verlangt sei, speziell um Irrtümer in einer derart sensiblen und komplexen Materie zu vermeiden.[592] Es sei eine Übertreibung, aus dem Umstand, dass die meisten erstinstanzlichen Entscheidungen durch Dekret bestätigt worden seien, abzuleiten, dass die obligatorische II. Instanz in einem hohen Prozentsatz zu bloßem Formalismus geworden sei. Er bestätige zwar, dass dies bei einigen Gerichten der Fall gewesen sein möge, aber es gebe in den letzten Jahren auch einige signifikante Verbesserungen als Ergebnis der Arbeit der Apostolischen Signatur. Außerdem habe die obligatorische doppelte Konformität affirmativer Urteile oft dazu beigetragen, bei dem restlichen Prozentsatz eine beträchtliche Anzahl von Fehlern zu vermeiden.[593] Die Erfahrung zeige in der Tat, dass ernsthafte Berufungsgerichte an einigen Orten oft eher schwache erstinstanzliche Entscheidungen zu Gunsten der Nichtigkeit der Ehe ablehnten.[594] *Daniel* erläuterte: Weil Urteile, die in III. Instanz in den Jahren 2000–2012 an die *Römische Rota* gelangt seien, wegen Beweisfehlern oder fehlender Grundlage für die Nichtigkeitserklärung zu rund 75% nicht in ihrer affirmativen Entscheidung bestätigt worden seien, betrachtet er die doppelte Konformität als gerade nicht überflüssig. Er kritisiert, dass bei der Entscheidung, die obligatorische II. Instanz abzuschaffen, lediglich auf die empirischen Daten der lokalen Gerichte geschaut, jedoch die Erfahrungen der *Römischen Rota* und der *Apostolischen Signatur* nicht angemessen abgewogen worden seien. Dies sei ein bezeichnendes Beispiel dafür, dass der *favor matrimonii* bei der Reform nur minimal beachtet worden sei.[595]

Diese Äußerungen zugrunde gelegt, wären die Bedenken eines Teils der Synodenväter, ein der Wahrheit entsprechendes Urteil sei durch nur ein Kollegium nicht zu garantieren, zu bestätigen. Ist ein solches durch die Überprüfung in einer weiteren Instanz zu garantieren?

Generell fraglich ist, ob überhaupt – auf welche Art auch immer – ein der Wahrheit entsprechendes Urteil garantiert werden kann. Die Entscheidung

591 BURKE, Nullity, 149. So auch PAGÉ, Reflections, 64 f.

592 DANEELS, Das Wesen, 208.

593 Auch GÜTHOFF, Überlegungen, 254, 259, ist der Ansicht, dass durch zwei gleichlautende Entscheidungen die Möglichkeit eines Fehlurteils reduziert werde.

594 Vgl. DANEELS, A first approach, 128.

595 Vgl. DANIEL, Analysis, 452 f.

ergeht aufgrund der Ergebnisse in der Beweisaufnahme.[596] Der Richter ist dabei der moralischen Gewissheit, also der Gewissheit, die jeden vernünftigen Zweifel ausschließt[597], verpflichtet.[598] Einer Garantie genügt hingegen nur die absolute Gewissheit, die der Richter für seine Entscheidung aber gerade nicht benötigt.[599]

Es ist daher zu fragen, ob durch die Überprüfung in einer weiteren Instanz die Wahrscheinlichkeit eines richtigen Urteils erhöht wird. Dies wäre grundsätzlich auf zweierlei Weise denkbar: zum einen durch eine Absicherung des Urteils durch die denkungsgleiche Entscheidung eines weiteren Kollegiums, mithin also durch eine quantitative Erhöhung der Kollegien auf zwei, zum anderen durch eine Bestätigung des Urteils durch ein höher qualifiziertes Richterkollegium.

Hinsichtlich der Wahrscheinlichkeitserhöhung durch die Involvierung eines zweiten, höher qualifizierten Gerichts ist festzustellen, dass die Gerichte II. Instanz, also Metropolitangerichte, gemäß can. 1441 CIC in derselben Weise bestellt werden, wie die Gerichte I. Instanz. Demnach sind an diesen also Richter gleicher Qualifikation tätig, wie an den erstinstanzlichen. Insoweit ist es auch üblich, dass Überprüfungen von erstinstanzlichen Urteilen zum Teil gegenseitig wahrgenommen werden[600], d. h. Metropolitangerichte sind II. Instanz für erstinstanzliche Entscheidungen der Diözesangerichte[601], einzelne Gerichte werden gemäß can. 1438 °2 CIC, Art. 124 °4 PB mit Approbation der III. Sektion der *Apostolischen Signatur* gemäß Art. 35 °4 Lex Propria[602] zu II. Instanzen für erstinstanzliche Entscheidungen der Metropolitangerichte[603].

Lüdicke resümierte, dass der „höhere Richter" unter keinem in Betracht kommenden Gesichtspunkt diese Bezeichnung verdiene, nachdem er um nichts kompetenter, weder besser ausgebildet noch erfahrener, sei.[604] Er sei deshalb

---

596 Nachdem die Beweisaufnahme die Grundlage für das Urteil bildet, muss diese umfassend und gründlich erfolgen.

597 Vgl. GÜTHOFF, Streitverfahren, 1681; RAMBACHER, Nichtigerklärung, 1703. Der Begriff der moralischen Gewissheit (vgl. can. 1608 CIC/1983) erscheint in den Gesetzestexten erstmals in can. 1869 CIC/1917 und wird von Pius XII. vor allem in seiner Allocutio von 1942 in besonderer Weise umschrieben und erläutert. Vgl. GROCHOLEWSKI, Gewissheit, 18, 26.

598 Vgl. FRANCISCUS, MIDI, Einleitung, I.

599 Vgl. PIUS XII., Allocutio 1942, 339; vgl. HARMAN, Certitudo, 383–385.

600 Vgl. can. 1438 °2 CIC.

601 So z.B. Freiburg für Rottenburg-Stuttgart und Mainz.

602 „Approbationem Tribunalis appellationis Sanctae Sedi reservatam concedere."

603 So z.B. Rottenburg-Stuttgart für Freiburg.

604 RAMBACHER, Ehejudikatur, 597, stellt fest, dass der höheren Instanz nach dem Wegfall der notwendigen doppelten Urteilskonformität und der daraus resultierenden

allenfalls ein späterer Richter.[605] *Hahn*, die die Auffassung *Lüdickes* teilt[606], beschreibt die daraus entstehende Folge für die Qualifizierung der zweitinstanzlichen Entscheidung: „Diese bildet eine ‚zweite Meinung'[607], die im Fall der Übereinstimmung das horizontal-kollegial gebildete Urteil der Erstinstanz in vertikal-kollegialer Perspektive stärkt und stützt. Ein solches Vorgehen stellt verfahrenstheoretisch eine Erweiterung des Kollegialitätsprinzips dar. Eine Steigerung der Richtigkeitsvermutung beschränkt sich auf das quantitative Moment; eine qualitativ-superioritätsprinzipielle Stützung der Wahrheitswahrscheinlichkeit bleibt hingegen aus."[608]

Die Wahrscheinlichkeitserhöhung eines der Wahrheit entsprechenden Urteils erfolgt demnach also durch die quantitative Erhöhung der Kollegien. Man kann an dieser Stelle trefflich darüber streiten, wie viele Kollegien man für eine richtige Entscheidung für notwendig erachten möchte. Papst *Franciscus* hat im MP „*Mitis Iudex*" erklärt, dass ihm, dem universalen Gesetzgeber, hierfür ein Kollegium genüge.[609]

Vollstreckbarkeit des ersten affirmativ lautenden Urteils nunmehr der Charakter eines Obergerichtes von höherer Autorität zukomme. Dies resultiere daraus, „dass bei entgegengesetzten Urteilen nun die Reihenfolge entscheidet, in der sie ergangen sind. Wurde in erster Instanz eine Ehe für nichtig erklärt, in zweiter Instanz aber nach Berufung auf non constare erkannt, so kann nur das affirmative Urteil einer weiteren Instanz das Recht auf eine neue Eheschließung gewähren. Wurde dagegen in erster Instanz ein negatives Urteil gesprochen, nach Berufung aber in zweiter Instanz auf Nichtigkeit der Ehe erkannt, so ist dieses Urteil nach Ablauf der Berufungsfristen sogleich vollstreckbar." Der Charakter eines Obergerichts sei „im System des kanonischen Prozesses sachlich nicht zu begründen."

605 LÜDICKE, Berufungssystem, 532 f.

606 Vgl. HAHN, Richteramt, 368 f.

607 Eine gerichtliche Entscheidung stellt keine Meinung dar. Im Gegensatz zur Meinung beruht sie nicht auf persönlichen Ansichten und Anschauungen, sondern ergeht aufgrund von Beweisen und unter Anwendung rechtlich vorgegebener Normen. Die gerichtliche Entscheidung kann auch grundsätzlich nicht, wie die Meinung, nachträglich geändert, sondern nur durch Rechtsmittel angegriffen werden.

608 HAHN, Richteramt, 369.

609 FRANCISCUS, MIDI, Einleitung, I. Unter Berücksichtigung von Franciscus, MIDI, Einleitung, II, can. 1673 § 4 MIDI, genügt dem Gesetzgeber sogar die Entscheidung eines klerikalen Einzelrichters (näher dazu unter Kapitel G).

3. Gefahr leichtfertiger Urteile?

Besteht nach Erlass des MP „*Mitis Iudex*" nun die Gefahr von leichtfertigen Urteilen?

Assenmacher sieht in der Entscheidung, die obligatorische II. Instanz abzuschaffen, „nicht nur eine Zäsur, sondern aller Wahrscheinlichkeit nach eine Entscheidung, die einen merklichen Verlust für die Qualität der Urteile nach sich ziehen wird."[610] Er leitet diese Vermutung daraus ab, dass „mit Blick auf die erbsündliche Verfasstheit" der Mensch qualitativ hochwertiger arbeite, wenn er wisse, dass seine Arbeit überprüft werde.[611] Auch *Rambacher* ist der Ansicht, dass „die … gebotene Überprüfung eines affirmativen Urteils im Dienste der Qualitätssicherung"[612] stand. Mit Blick auf die Anregung der *III. Außerordentlichen Bischofsynode* 2014, die obligatorische II. Instanz abzuschaffen[613], äußerte sich vor Erlass von MP „*Mitis Iudex*" in ähnlicher Weise auch schon *Güthoff*: „Ein Gericht [wird] sorgfältiger arbeiten, wenn das Urteil von einer zweiten Instanz überprüft wird."[614] Nachdem es um die Frage der „Gültigkeit einer Ehe bzw. eines Sakramentes" gehe, halte er die Überprüfung eines erstinstanzlich affirmativen Urteils durch eine zweite Instanz daher auch für sinnvoll.[615]

Morhard geht gegenteilig zu *Assenmacher* und *Güthoff* davon aus, dass die obligatorische Überprüfung eines Urteils durch eine weitere Instanz zu einem herabgesetzten Bewusstsein der Eigenverantwortung bei den Richtern führe, „da sich ohnehin das Obergericht der Sache annehmen wird; daraus kann sogar aus Bequemlichkeit … eine gegen die Norm des can. 1060 CIC[616] … gerichtete Rechtsprechungstendenz resultieren."[617]

Gegen *Morhards* Auffassung und für die Ansichten *Assenmachers, Rambachers* und *Güthoffs* könnten die negativen Erfahrungen in den USA[618] zwischen

610 ASSENMACHER, Erfahrungen, 11.

611 Vgl. ASSENMACHER, Erfahrungen, 11.

612 RAMBACHER, Ehejudikatur, 596.

613 RELATIO SYNODI, Nr. 48: „Eine große Zahl der Synodenväter hat die Notwendigkeit unterstrichen, die Verfahren zur Anerkennung der Nichtigkeit einer Ehe … schneller zu gestalten. … Dazu werden u. a. folgende Vorschläge gemacht: Die Notwendigkeit zweier gleichlautender Urteile aufzugeben" (vgl. Kapitel E I 2 b).

614 GÜTHOFF, Überlegungen, 259–260.

615 Vgl. GÜTHOFF, Überlegungen, 259–260.

616 „Matrimonium gaudet favore iuris; quare in dubio standum est pro valore matrimonii, donec contrarium probetur."

617 MORHARD, Berufung, 211, Anm. 430.

618 Vgl. LLOBELL, Prospettive, 248, 253; CpPEN, Epistola 20.06.1973, 254, RN 1436; ERLEBACH, Prassi, 202.

1970 und 1983 sprechen, als von der Verpflichtung des Ehebandverteidigers, gegen das erstmalig affirmative Urteil Berufung einlegen zu müssen, dispensiert werden konnte[619]: Mangels Überprüfung durch eine II. Instanz seien die Urteile mancher Gerichte ausgesprochen leichtfertig geworden, indem begründete Argumente für die Nichtigkeit der Ehe ersetzt worden seien durch Erzählungen aus der Geschichte der Ehe.[620] *Assenmachers*, *Rambachers* und *Güthoffs* Ansichten scheinen vor diesem Hintergrund also nicht von der Hand zu weisen zu sein.

Walser gibt zu bedenken, dass sich Richter vor dem Hintergrund des Titels des MP „*Mitis Iudex*" und dem Umstand, dass das Inkrafttreten mit dem *Heiligen Jahr „Jubiläum der Göttlichen Barmherzigkeit"* erfolgte, dazu veranlasst sehen könnten, „Milde, Güte und Barmherzigkeit als Maxime für ihre Tätigkeit aufzufassen, also insbesondere bei der Urteilsfällung anzuwenden."[621] Hierzu erklärt *Pree*, dass die sachlich begründeten Anforderungen, welche das Recht für die Beurteilung von Sachverhalten – wie der Frage nach der Nichtigkeit einer Ehe – festlege, keine Frage der Barmherzigkeit seien.[622] Gegen ein solches Verständnis spricht auch eindeutig der Text des MP „*Mitis Iudex*", der Bestimmungen erlassen wollte, „durch die keinesfalls die Nichtigkeit der Ehen befördert werden soll."[623]

Dennemarck stellt sich die Frage, was mit dem „mitis iudex" im Zusammenhang mit den Eheverfahren tatsächlich gemeint sein könne. „Zur Beantwortung kann zuerst der Hinweis hilfreich sein, dass der Gegenstand eines Eheprozesses nicht etwa die … Ehepartner sind, sondern das Eheband. Es geht um die Frage, ob eine gültige Eheschließung zustande gekommen ist oder nicht. … Im Eheverfahren geht es um das Ergründen eines objektiven Sachverhalts. Allerdings ist das kein Selbstzweck, vielmehr steht diese Frage in einem heilstheologischen Zusammenhang, es geht um das Seelenheil der Menschen. … Die Eheprozesse stehen damit als Einrichtungen der Kirche unter dem Anspruch, das Seelenheil der Gläubigen zu fördern. In diesem Kontext nun hat die Milde tatsächlich ihren Platz. Nicht das Urteil darf milde sein, sondern das Verfahren der Urteilsfindung muss jede unnötige[624] Strenge vermeiden."[625] Auch *Hierold* ist der Ansicht, dass Milde bei der Urteilsfindung selbst keinen Platz habe, weil mit Sorgfalt die

---

619 Vgl. Kapitel D VI.
620 Vgl. BEAL, Commentary, 506.
621 WALSER, Fragen, 685.
622 Vgl. PREE, Kirchenrecht, 66.
623 FRANCISCUS, MIDI, Einleitung.
624 Offen bleibt, was Dennemarck unter „unnötiger" Strenge subsumiert wissen möchte.
625 DENNEMARCK, Diözesanbischof, 278, 2.3.

Wahrheit zu suchen sei. Dies bedeute jedoch nicht, dass mit den Parteien auch in inhumaner und unchristlicher Strenge umgegangen werden solle. Sie hätten vielmehr ein Anrecht auf die pastorale Sorge der Amtsträger der Kirche.[626] *Walser* selbst stellt fest, dass es eine Aporie sei, es bei Anwendung von Milde allen recht machen zu können. Im Übrigen handele es sich bei einem Urteil in Ehenichtigkeitssachen um ein Feststellungsurteil, das dementsprechend nicht im Ermessen des Richters liege und folglich Milde kein einschlägiges Kriterium bei der Urteilsfällung sein könne.[627] *Schöch* unterstreicht ebenfalls, dass die Milde nicht den Urteilsspruch selbst bestimmen könne, sondern der Wahrheit, wie sie im Prozess erkannt worden sei, entsprechen müsse, ohne sich unmittelbaren Interessen der Partner, Anwälte oder Gerichtsmitarbeiter zu beugen. Ein gut ausgebildeter Richter vermeide jedoch jegliche unnötigen und verletzenden Ausdrücke und sei sich bewusst, dass eine überzeugende Begründung des Urteils eine große Hilfe dabei sein könne, es zu verstehen und zu akzeptieren. „In seiner Tätigkeit lässt er sich von der Suche nach Wahrheit, vom Respekt für das Gesetz, dem Sinn für Menschlichkeit sowie von der Einfühlsamkeit, die für den Seelsorger charakteristisch sind, leiten. Wie in jeglicher kirchlichen Tätigkeit muss die Nächstenliebe auch am Gericht spürbar sein, doch darf sie nicht die Objektivität des Richter beeinträchtigen."[628]

Hinsichtlich der Frage der Gefahr leichtfertiger Urteile nach dem Erlass des MP „*Mitis Iudex*" lässt sich zusammenfassend feststellen, dass *Walser, Pree, Dennemarck, Hierold* und *Schöch* übereinstimmend zu dem Ergebnis kommen, dass der Titel des MP „*Mitis Iudex*" keinen Einfluss auf die Urteilsfindung nehmen dürfe. *Dennemarck, Hierold* und *Schöch* empfehlen den *mitis iudex* jedoch im Hinblick auf die Verfahrensführung. *Schöch* appelliert in diesem Zusammenhang an den Richter, überzeugende Begründungen für das Urteil zu geben. *Assenmacher, Rambacher* und *Güthoff* befürchten durch die Abschaffung der II. Instanz einen generellen Qualitätsverlust der Urteile.

4. Welche Maßnahmen können zum Schutz der Unauflöslichkeit der Ehe beitragen?

Welche Maßnahmen können nach der Abschaffung der verpflichtenden II. Instanz zum Schutz der Unauflöslichkeit der Ehe beitragen?

626 Vgl. HIEROLD, Anmerkungen, 568.
627 Vgl. WALSER, Fragen, 686.
628 SCHÖCH, Synopse, 358.

Laschuk ist mit Blick auf Gerichte, an denen bisher aufgrund von Ausnahmeregelungen Einzelrichter in Eheverfahren entscheiden konnten[629], der Auffassung, dass die Besetzung des Spruchkörpers mit drei Personen vor Fehlentscheidungen schützen könne, da auf diese Weise gewährleistet sei, dass zwei weitere Richter die Akten prüfen und eventuelle Fehler in der Verfahrensführung schon vor Urteilsfindung erkennen könnten.[630] *Lüdicke* ist der Ansicht, dass mit der Abschaffung der verpflichtenden II. Instanz ein Sicherungsinstrument für den Schutz der Unauflöslichkeit der Ehe beseitigt worden sei, auf das man angesichts der Kollegialentscheidung verzichten könne.[631]

Dass sich durch kollegiale Besetzung des Spruchkörpers tatsächlich die Chance verbessere, ein der Wahrheit entsprechendes Urteil zu treffen, kann man nach Auffassung *Hahns* aber auch bestreiten: „Vor allem der faktische Beitrag der Mit- beziehungsweise Beirichterinnen und -richter zur Wahrheitsfindung lässt sich in Zweifel ziehen, wenn ein dominanter Vorsitz besteht oder Berichterstatterinnen bzw. -berichterstatter die Entscheidungsprozesse dirigieren und dominieren." Zumindest sei nicht fraglos als wahr anzunehmen, dass einer kollegial getroffenen Entscheidung eine höhere Richtigkeitsgewähr zukomme als einer Einzelrichterentscheidung.[632] Immerhin könne gesagt werden, dass die Kollegialität als Kontrollmechanismus gegen die Willkürpraxis des Einzelnen diene.[633]

Hahns Einwände sind nicht von der Hand zu weisen. Gleichwohl ist mit Blick auf die Bedeutung der Ehe und in Anbetracht der Abschaffung der obligatorischen Überprüfung durch die II. Instanz an Gerichten, an denen die Besetzung des Spruchkörpers bisher aufgrund von Ausnahmen mit einem Einzelrichter erfolgte, auf die Einsetzung von Kollegien hinzuwirken, da auf diese Weise schon allein die Wahrscheinlichkeit der Aufdeckung von möglichen Fehlern oder unzureichenden Beweisen spätestens vor Urteilsfällung erhöht wird.

---

629 LASCHUK, Structures, 543, Anm. 86, benennt Springfield in Illinois/USA und Toronto/Canada als Beispiele dafür, dass nach dem Erlass des MP MIDI die bisher in Eheverfahren tätigen Einzelrichter abgeschafft und Dreierkollegien eingeführt worden seien.

630 Vgl. LASCHUK, Structures, 543.

631 Vgl. LÜDICKE, Die Reform, 175.

632 ZIRKEL, Quam primum, 213–236, gibt einen Überblick über die wissenschaftliche Diskussion hinsichtlich der Frage, ob der Einzelrichter, der Einzelrichter mit Beisitzer, das Kollegium oder eine unterschiedliche Besetzung in den verschiedenen Instanzen den Vorzug verdiene.

633 Vgl. HAHN, Richteramt, 357.

Laschuk ruft als zweite Maßnahme zum Schutz vor Fehlern eine stärkere Einbindung des Ehebandverteidigers in Erinnerung: „The defender is to be present at numerous stages of the investigation … to be present at the depositions and view gathered proofs before publication and to offer observations prior to the sentence. If the defender is responsibly exercising his or her role during these stages, there should be no surprise appeals after publication of the sentence.“[634] *Burke* erklärt: „The search for the truth is impeded when the Defender of the Bond is present, but through negligence and passivity, in effect deprives the process of an important voice in the judicial debate.“[635] Schon *Pius XII.* hatte betont, dass eine nur flüchtige Überprüfung der Beweislage und einige oberflächlichen Bemerkungen hierzu der Wichtigkeit des Amtes und der sorgfältigen und gewissenhaften Erfüllung der Pflicht des Ehebandverteidigers widersprächen.[636]

Insofern ist *Laschuks* Erinnerung also zu betonen: Beteiligt sich der Ehebandverteidiger von Anfang an aktiv und nicht erst im Rahmen der Animadversiones, kann Zweifeln und Nachfragen von seiner Seite schon im Verfahrenslauf nachgegangen und eine weitere Aufklärung des Sachverhalts versucht werden. Nachdem die Vernehmungen der Parteien und Zeugen die überwiegenden Beweismittel in Ehenichtigkeitsverfahren bilden, ist der Ehebandverteidiger daran zu erinnern, dass er vor allem von seinem Recht, ergänzende Fragen vorzulegen und bei den Vernehmungen anwesend zu sein[637], Gebrauch macht.[638] Auf diese Weise könnten eventuelle Nachfragen von Seiten des Ehebandverteidigers mittels des vernehmenden Richters[639] sofort geklärt werden. Eine ansonsten eventuell erforderliche Nachvernehmung wäre damit nicht notwendig, zumal die wenigsten Zeugen zu einer zweiten Vernehmung bereit sein werden.[640]

Als dritte Maßnahme zum Schutz der Ehe vor Urteilsfehlern nennen *Lüdicke*[641] und *Laschuk*[642] schließlich noch die Möglichkeit, Berufung gegen das Urteil einzulegen.[643]

---

634 LASCHUK, Structures, 543–544.
635 Vgl. BURKE, Nullity, 143.
636 Vgl. Pius XII., Allocutio 1944, 284.
637 Vgl. cann. 1432 i.V.m. 1433; 1533; 1561 CIC.
638 Vgl. BURKE, Nullity, 143.
639 Can. 1561 CIC: „Quapropter … defensor vinculi … si alias interrogationes testi faciendas habeant, has non testi, sed iudici … proponant, ut eas ipse deferat.“
640 Auch der durch eine Nachvernehmung entstehende Zeitverlust könnte so vermieden werden.
641 Vgl. LÜDICKE, Die Reform, 175.
642 Vgl. LASCHUK, Structures, 543.
643 Zur Berufungseinlegung durch den Ehebandverteidiger vgl. Kapitel F II.

Zusammenfassend ist festzuhalten, dass durch die Abschaffung der verpflichtenden II. Instanz das Schutzsystem der Ehe vor Nichtigkeitserklärung geschwächt ist. Durch die unbedingte Einhaltung des can. 1673 § 3 CIC n.F. hinsichtlich der Kollegialbesetzung der Spruchkörper, die stärkere Einbindung des Ehebandverteidigers von Beginn des Verfahrens an und die verantwortliche Wahrnehmung des Berufungsrechts kann dieses jedoch wieder gestärkt werden.

II. Zur Berufung durch den Ehebandverteidiger

Nach dem durch das MP „*Mitis Iudex*" geänderten can. 1679 CIC n.F. wird ein Urteil, welches die Nichtigkeit einer Ehe erstmals festgestellt hat, vollstreckbar, sofern innerhalb der in cann. 1630–1633 CIC festgelegten Fristen keine Berufung oder Nichtigkeitsbeschwerde dagegen eingelegt wird. Berufung gegen ein Ehenichtigkeitsurteil einlegen kann gemäß can. 1680 § 1 CIC n.F. eine Partei, die sich beschwert fühlt, der Kirchenanwalt, sofern er am Verfahren beteiligt ist, und der Ehebandverteidiger.

Die Regelung ist inhaltlich nicht neu, musste vor der Gesetzesänderung durch das MP „*Mitis Iudex*" jedoch aus den Normen über das Ordentliche Streitverfahren, can. 1628 CIC, hergeleitet werden[644], nachdem es an einer speziellen Regelung im Buch VII des CIC, Teil III über die besonderen Arten von Verfahren, Titel I, Kapitel I über die Ehenichtigkeitsverfahren fehlte. Eine Übernahme dieser Vorgehensweise fand sich späterhin in Art. 279 § 1 DC[645], der die berufungsberechtigten Personen in Ehenichtigkeitssachen gleichlautend can. 1628 CIC benannte.[646]

Das Berufungsrecht des Ehebandverteidigers gegen ein affirmatives Urteil leitet sich gemäß can. 1432 CIC aus seinem amtlichen Auftrag, für den Schutz des Ehebandes vor Nichtigerklärung einzutreten, ab.[647] Insoweit bestand es auch unter der Geltungsdauer des CIC in der Fassung von 1983, unabhängig von der

---

644 Vgl. REHAK, Ehebandverteidiger, 13.

645 Hintergrund ist der Zweck der Instruktion „Dignitas Connubii", alle für den Ehenichtigkeitsprozess relevanten Vorschriften in einem Werk zusammenzufassen (vgl. DC, Vorrede). Im CIC/1983 finden sich diese in verschiedenen Abschnitten, nämlich einem allgemeinen Teil „De iudiciis in genere" (cann. 1501–1655) und einem speziellen Teil „De processibus matrimonialibus" (cann. 1671–1691).

646 Vgl. FELDHANS, Berufung, 226.

647 Vgl. LÜDICKE, MKCIC, can. 1432, RN 2, 7. Erg.-Lfg., März 1988, can. 1680, RN 2, 54. Erg.-Lfg., November 2017.

Übersendung der Akten an die II. Instanz von Amts wegen nach can. 1682 § 1 CIC/1983.[648]

In can. 1680 § 1 CIC n.F. ist der Inhalt des can. 1628 CIC nunmehr ausdrücklich in Bezug auf die Ehenichtigkeitsverfahren geregelt, weshalb eine Herleitung aus can. 1628 CIC künftig nicht mehr notwendig ist.

Welche Veränderungen bringt der Wegfall der obligatorischen II. Instanz durch das MP *„Mitis Iudex"* für den Ehebandverteidiger und sein Berufungsrecht zum Schutz der Ehe mit sich?

1. Grundsätzliches

Fraglich erscheint, ob sich der das Berufungsrecht einschränkende Nebensatz des can. 1680 § 1 CIC n.F.: „Integrum manet parti, quae se gravatam putet, itemque ... defensori vinculi ... appellationem contra eandem sententiam interponere", nur auf die Parteien, also die ehemaligen Ehepartner, bezieht, oder auch auf den Ehebandverteidiger; mit anderen Worten, ob auch der Ehebandverteidiger als amtliche Partei im Hinblick auf den Schutz der Ehe eine Beschwer durch das Urteil geltend machen können muss, um Berufung einlegen zu können.

Die Satzstellung, wonach die Einschränkung als Nebensatz hinter der Partei und vor der Nennung des Ehebandverteidigers eingefügt ist, spricht dafür, dass der Ehebandverteidiger einer Beschwer, wie die Partei, zur Berufungseinlegung nicht bedarf.[649] Der Wortlaut „itemque" indes lässt aber auch eine vergleichende Bedeutung zu, wonach der Ehebandverteidiger „in gleicher Weise" wie die Parteien zur Berufung berechtigt ist, mithin – wie die Partei – einer Beschwer bedarf.

Folgt man Letztgenanntem und fordert zur Berufungsberechtigung eine Beschwer des Ehebandverteidigers, wäre weitergehend zu fragen, wie eine solche hinsichtlich desselben begründet werden kann. Eine den Parteien vergleichbare persönliche Betroffenheit ist beim Ehebandverteidiger auszuschließen[650], nachdem er grundsätzlich niemals hinsichtlich seiner eigenen Ehe in dieser Prozessrolle auftreten wird.[651] Daher kann die Antwort auf diese Frage nur in der amtlichen Aufgabe des Ehebandverteidigers gefunden werden: „Defensor

---

648 Vgl. REHAK, Ehebandverteidiger, 10; vgl. LÜDICKE, Dignitas Connubii, Art. 279, RN 6.

649 Dieser Ansicht ist offensichtlich LÜDICKE, MKCIC, can. 1680, RN 2, 54. Erg.-Lfg., November 2017, der die Notwendigkeit einer Beschwer nur in Bezug auf die Partei thematisiert, hingegen nicht beim Ehebandverteidiger.

650 So auch MORHARD, Berufung, 120; DANIEL, Appellatio mere dilatoria, 396.

651 Vgl. can. 1448 § 2 CIC.

vinculi … officio tenetur proponendi et exponendi omnia quae … adduci possint adversus nullitatem."[652] Ergeht ein affirmatives Urteil, ist das amtliche Prozessziel des Ehebandverteidigers nicht erreicht. Hierin ist eine Beschwer zu sehen, die institutioneller[653], formaler Natur[654] ist.

Für die Berufungseinlegung wäre jedoch, ausgehend vom vergleichenden „itemque" des can. 1680 § 1 CIC n.F., vom Ehebandverteidiger neben dem Vorliegen einer institutionellen Beschwer weiterhin „in gleicher Weise" wie von der Partei eine subjektive gefordert. „The notion of grievance … has both subjective and objective aspects."[655] „Das Recht auf Berufung erwächst aus der subjektiven Einschätzung, durch ein Urteil beschwert zu sein, wenn und weil dieses Urteil – nach subjektiver Einschätzung – fehlerhaft ist."[656] *Rehak* sieht in der subjektiven Einschätzung des Ehebandverteidigers über die Fehlerhaftigkeit eines Urteils die „gefühlte Beschwer".[657] Dies erscheint vor dem Hintergrund der amtlichen Aufgabe des Ehebandverteidigers, die Ehe vor falschen Nichtigkeitserklärungen zu schützen, folgerichtig und verdient dementsprechende Zustimmung. Eine Beschwer ist wegen des fehlenden subjektiven Aspekts damit ausgeschlossen, wenn der Ehebandverteidiger schon im Rahmen seiner Animadversiones nichts Vernünftiges für den Erhalt des Ehebandes vortragen konnte[658], auch wenn der objektive Aspekt durch das affirmative Urteil gegeben ist.

2. Die Entscheidung des Ehebandverteidigers

Gemäß can. 1682 § 1 CIC/1983 war die „sententia, quae matrimonii nullitatem primum declaraverit, … ad tribunal appellationis ex officio transmittatur", wodurch die Vollstreckbarkeit des Urteils suspendiert wurde, solange keine zweitinstanzliche Entscheidung vorlag. Nunmehr ist gemäß can. 1679 CIC n.F. die „sententia, quae matrimonii nullitatem primum declaravit, elapsis terminis a cann. 1630–1633 CIC ordinatis, fit exsecutiva." Ob die Vollstreckbarkeit des Urteils suspendiert wird, hängt nunmehr also von der Entscheidung einer Partei oder des Ehebandverteidigers ab, ob sie oder er Berufung einlegt.

---

652 Can. 1432 CIC.

653 Vgl. DANIEL, Appellatio mere dilatoria, 396, 1.2.2.

654 Vgl. REHAK, Ehebandverteidiger, 14.

655 DANIEL, Appellatio mere dilatoria, 396; vgl. REHAK, Ehebandverteidiger, 15.

656 REHAK, Ehebandverteidiger, 15. In einem solchen Fall könnte der Ehebandverteidiger sogar verpflichtet sein, Berufung einzulegen (näher dazu unter Kapitel F II 2).

657 REHAK, Ehebandverteidiger, 15.

658 So auch REHAK, Ehebandverteidiger, 14; DANIEL, Appellatio mere dilatoria, 399.

Diese Entscheidung zu treffen, ist für den Ehebandverteidiger insofern ein Novum, als er seit der Einführung seiner Rechtsfigur durch *Benedikt XIV.* immer die Pflicht hatte, gegen ein erstmalig affirmatives Urteil in Berufung zu gehen[659] bzw. nach der Einführung des can. 1682 § 1 CIC/1983 die Akten sogar ohne sein Zutun von Amts wegen an die Berufungsinstanz übersandt wurden. Nunmehr muss er also prüfen und abwägen, ob Gründe vorliegen, die nach seiner Auffassung eine Berufung erforderlich machen, möglicherweise sogar gebieten, oder nicht. Den Hintergrund für seine Entscheidung sollte das Bemühen, die Wahrheit über die Gültigkeit der beklagten Ehe herauszufinden[660], bilden. Als weiteres wichtiges Kriterium sollte er seine amtliche Aufgabe nach can. 1432 CIC, für die Gültigkeit der Ehe einzutreten, berücksichtigen.

a. Hat der Ehebandverteidiger eine Berufungspflicht?

In einem ersten Schritt soll eine Antwort auf folgende Konstellation gegeben werden: Der Ehebandverteidiger hat in seinen Animadversiones Gründe für die beklagte Ehe vorgebracht, zu denen das affirmative Urteil jedoch keinerlei oder nur unzureichend Stellung genommen hat. Nach Prüfung kommt der Ehebandverteidiger zu der Einschätzung, dass das Urteil nur mangelhaft begründet oder sogar fehlerhaft ist.

Fraglich ist, ob der Ehebandverteidiger in einem solchen Fall verpflichtet ist, Berufung einzulegen.

Eine Berufungspflicht des Ehebandverteidigers ist weder im CIC/1983, noch in seiner Fassung von 2015 normiert. Einzig Art. 279 § 2 DC spricht von einer solchen: „Defensor vinculi officio appellandi tenetur, si censeat satis fundatam non esse sententiam, quae matrimonii nullitatem primum declaraverit."

Es stellt sich allerdings die Frage, ob Art. 279 § 2 DC überhaupt eine rechtliche Verpflichtung statuieren kann.

Nachdem es sich bei *„Dignitas Connubii"* um eine Instruktion handelt, dienen gemäß can. 34 § 1 CIC deren Artikel dazu, „legum praescripta declarant atque rationes in iisdem exsequendis servandas evolvunt et determinant", nicht aber dazu, neue Gesetze zu erlassen. „Instructionum ordinationes … quae cum legum praescriptis componi nequeant, omni vi carent."[661] Die Setzung einer

---

659 Vgl. Kapitel C III.

660 Vgl. PIUS XII., Allocutio 1944, 284: „In tal senso tutti coloro che hanno parte nel processo debbono senza eccezione far convergere la loro azione all'unico fine: pro rei veritate!"; BURKE, Nullity, 139.

661 Can. 34 § 2 CIC.

neuen Rechtsverpflichtung durch den Artikel ist daher zu verneinen. Vielmehr bestimmt er, was bei der Anwendung des can. 1628 CIC, dem er zugeordnet ist, zu beachten ist. Can. 1628 CIC normiert das Recht des Ehebandverteidigers, gegen ein Urteil Berufung einzulegen. Unter Bezugnahme auf das Amt des Ehebandverteidigers, erläutert Art. 279 § 2 DC, dass das Berufungsrecht dahingehend zu verstehen ist, dass es sich zu einer Berufungspflicht verdichtet, sofern der Ehebandverteidiger zu der Einschätzung gelangt, das Urteil sei nicht hinreichend begründet.

Art. 279 § 2 DC stützt sich für seine Begründung einer Berufungspflicht in bestimmten Fällen also auf die Amtspflicht des Ehebandverteidigers. Diese ergibt sich aus can. 1432 CIC: „Defensor vinculi ... officio tenetur, proponendi et exponendi omnia quae rationabiliter adduci possint adversus nullitatem."

Kommt der Ehebandverteidiger also zu der Einschätzung, dass ein Urteil sich nur unzureichend mit seinen Argumenten in den Animadversiones für den Erhalt der Ehe auseinandergesetzt hat, und daher nicht hinreichend begründet oder sogar fehlerhaft ist, ergibt sich aus seiner Amtspflicht eine Berufungspflicht.[662] *Rehak* spricht in einem solchen Fall von einer „bedingten Pflicht"[663] des Ehebandverteidigers.

b. Besteht eine Berufungspflicht des Ehebandverteidigers in jedem Fall eines affirmativen Urteils?

Nachfolgend soll eine weitere Konstellation diskutiert werden: Der Ehebandverteidiger konnte aufgrund der Beweislage in seinen Animadversiones keine Argumente für die Gültigkeit der Ehe anführen oder zumindest Zweifel an der Ungültigkeit benennen und hat das Urteil deshalb der Gerechtigkeit des Gerichts anvertraut. Erwartungsgemäß ergeht ein nachvollziehbar begründetes, handwerklich einwandfreies, affirmatives Urteil. In einem solchen Fall kann davon ausgegangen werden, dass das Prozessziel, die Wahrheit über die beklagte Ehe zu finden, objektiv erreicht ist.

Muss der Ehebandverteidiger gleichwohl Berufung gegen das Urteil einlegen, um seiner amtlichen Aufgabe, die Ehe zu verteidigen, gerecht zu werden?

---

662 So auch DANIEL, Appellatio mere dilatoria, 396: „The defender of the bond ... weigh in conscience wether it (the sentence) unjustly declares the marriage null on even one ground. If it does, he has an institutional obligation to appeal it." So auch ders., Process, 55. Hier spricht er von einer in den cann. 1432, 1628 CIC implizit enthaltenen Verpflichtung.

663 REHAK, Ehebandverteidiger, 26. Ähnlich MORHARD, Berufung, 121.

Nach can. 1432 CIC hat der Ehebandverteidiger alles vorzubringen und darzulegen, was gegen die Nichtigkeit beigebracht werden kann.[664] Der Canon schränkt die Verteidigungspflicht jedoch insoweit ein, als nur alles das vorzubringen ist, was „vernünftigerweise" gegen die Nichtigkeit spricht. Eine Verteidigung der Ehe wider alle Vernunft, notfalls mit künstlichen oder konstruierten Argumenten, gehört gerade nicht zur Aufgabe des Ehebandverteidigers.[665]

Insoweit sollte der Ehebandverteidiger in einem solchen Fall also keine Berufung einlegen. Tut er es dennoch, wird die Berufung wohl als dilatorisch[666] zu werten sein.[667]

c. *Bestehen Spannungsfelder im Rahmen des Abwägungsprozesses?*

Zu klären bleiben noch zwei andere Konstellationen:

Ein aus zwei Klagegründen affirmativ ergangenes Urteil hat in der Begründung die Argumente des Ehebandverteidigers nur hinsichtlich eines Klagegrundes nicht oder in nicht genügendem Maß gewürdigt.[668]

Hier wird der Ehebandverteidiger eine Abwägung vornehmen müssen. Letztlich wird er aber in einem solchen Fall zu dem Ergebnis kommen, dass die Wahrheit über die beklagte Ehe über seiner amtlichen Aufgabe steht.[669] Eine aus einem

---

664 GÜTHOFF, Gerichtsverfassung, 1666.

665 Vgl. hierzu auch PIUS XII., Allocutio 1944, 284: „D'altra parte non si può nemmeno esigere dal Difensore del voncolo che egli componga e prepari ad ogni costo una difesa artificiosa, senza curarsi se le sue affermazioni abbiano un serio fondamento oppur no. Una tale esigenza sarebbe contraria alla sana ragione; graverebbe il Difensore del vincolo di una fatica inutile e senza valore; non porterebbe nessun chiarimento, ma piuttosto una confusione della questione; trascinerebbe dannosamente il processo per le lunghe." Vgl. BURKE, Nullity, 131 f.

666 REHAK, Ehebandverteidiger, 20, benennt als weitere Beispiele dilatorischer Berufungseinlegungen, wenn sich eine solche „nur gegen obiter dicta, also beiläufige Randbemerkungen des Urteils, nicht jedoch gegen die tragenden Begründungen wendet; wenn also, kurz gesagt, das Berufungsvorbringen offensichtlich unerheblich ist. Wenn im Falle, dass ein Urteil mehrere Klagegründe affirmativ entscheidet, in der Berufungsbegründung zu mindestens einem dieser Klagegründe nichts oder nichts Erhebliches vorgebracht wird; wenn also, kurz gesagt, die Berufungsbegründung im Hinblick auf das Endergebnis offensichtlich nicht hinreichend ist. Wenn die Berufungsbegründung sich auf rein hypothetische Beweise bzw. auf Beweismittel stützt, deren Erbringung bzw. Beibringung objektiv unmöglich ist."

667 So auch REHAK, Ehebandverteidiger, 19. Vgl. dazu auch SCHÖCH, Synopse, 350–352.

668 Vgl. REHAK, Ehebandverteidiger, 29.

669 Vgl. PIUS XII., Allocutio 1944, 284.

Klagegrund für ihn nachvollziehbar nichtig erklärte Ehe ist nichtig. Eine Berufung wegen eines weiteren, für ihn nicht in nachvollziehbarer Weise begründeten Klagegrundes wird an der Nichtigkeit der Ehe nichts ändern, selbst, wenn sie Aussicht auf Erfolg hätte.[670]

Das affirmative Urteil entspricht zwar nicht der Würdigung des Beweisergebnisses des Ehebandverteidigers in den Animadversiones, die Beweiswürdigung des Gerichts ist für ihn jedoch anhand der Urteilsbegründung nachvollziehbar und handwerklich fehlerfrei.[671]

In einem solchen Fall besteht ein Spannungsfeld in Bezug auf die Frage nach der Wahrheit über die beklagte Ehe: das Urteil bildet die prozessuale Wahrheit, der Ehebandverteidiger hat aufgrund seiner Beweiswürdigung eine davon abweichende Einschätzung der Wahrheit. Nur eine der beiden[672] entspricht der objektiven Wahrheit, der der Ehebandverteidiger von Amts wegen verpflichtet ist.

Die Abwägung des Ehebandverteidigers wird in einer solchen Konstellation nicht zugunsten des Auffindens der Wahrheit über die beklagte Ehe erfolgen können. Hier wird er sich mit seinem Amtsverständnis auseinandersetzen und erwägen müssen, ob die Gründe für seine vom Turnus abweichende Einschätzung der Wahrheit so gewichtig sind, dass er eine Berufung für angezeigt hält, oder ob er die von seiner Einschätzung abweichende, im Urteil jedoch nachvollziehbar begründete moralische Gewissheit des Kollegiums über die Wahrheit akzeptieren und deshalb auf eine Berufung verzichten kann.

d. Spielt der Zeitfaktor eine entscheidende Rolle bei der Abwägung des Ehebandverteidigers?

Bei den bisherigen Beispielen hat ein Aspekt, nämlich das häufig gegebene, sicherlich berechtigte Interesse der Parteien nach einer zügigen Entscheidung, noch keine entscheidende Rolle beim Abwägungsprozess des Ehebandverteidigers

---

670 MONTINI, Difensore, 333, hält eine Berufung in einem solchen Fall nicht für gerechtfertigt.

671 Eine solche Diskrepanz könnte beispielsweise durch divergierende Interpretation der erhobenen Beweise auftreten oder wenn der Ehebandverteidiger einer anderen Spruchpraxis folgt, als der Turnus. Vgl. REHAK, Ehebandverteidiger, 29.

672 Denkbar wäre auch, dass keine der beiden Wahrheiten zutrifft, beispielsweise dann, wenn die in Frage stehende Ehe allein aufgrund eines bislang nicht untersuchten Klagegrundes oder aufgrund eines unerkannten Ehehindernisses objektiv nichtig wäre. Freilich deckte sich dann die objektive Wahrheit zumindest jedoch mit dem Tenor der prozessualen Wahrheit.

gespielt. Fraglich ist, ob und unter welchen Umständen dieses Interesse überhaupt als Argument gegen eine Berufungseinlegung zum Tragen kommen kann.

Die Ehe erfreut sich gemäß can. 1060 CIC der Rechtsgunst, weshalb an ihrer Gültigkeit so lange festzuhalten ist, bis das Gegenteil bewiesen ist. Hat der Ehebandverteidiger nach Erwägung aller Umstände[673] begründete Zweifel an der durch Urteil festgestellten Ungültigkeit, muss er vor dem Hintergrund der Auffindung der Wahrheit seiner amtlichen Aufgabe nachkommen und Berufung gegen das Urteil einlegen.[674] Insoweit ist *Rehak* also uneingeschränkt zuzustimmen, dass es im kanonischen Eheprozess grundsätzlich keine Abwägung zwischen Schnelligkeit und Wahrheit geben kann. „Die Ermittlung der Wahrheit und damit die innere Gerechtigkeit des Urteils hat stets Vorrang vor dem gewiss berechtigten Interesse der Parteien auf ein zügiges Verfahren."[675]

Jedoch ist vorstellbar, dass der zeitliche Faktor ein Spannungsfeld allein zu der Aufgabe des Ehebandverteidigers eröffnet. Dies wäre bei folgender Konstellation vorstellbar: Der Ehebandverteidiger erwartet aufgrund der eindeutigen Beweislage in einem konkreten Fall ein affirmatives Urteil. Nachdem dieses im Tenor auch entsprechend lautet, muss er jedoch feststellen, dass die Urteilsbegründung unter erheblichen handwerklichen Mängeln wie Widersprüchlichkeit und fehlerhafter Beweiswürdigung leidet.[676] Entschiede sich der Ehebandverteidiger aufgrund dieses Urteilsmangels zu einer Berufung, so hätte diese nicht das Ziel, die im Tenor festgestellte Nichtigkeit und damit die offensichtlich gefundene objektive Wahrheit anzugreifen, sondern diente lediglich dazu, eine Korrektur der Urteilsbegründung zu erreichen, mithin handwerkliche Unzulänglichkeiten auszugleichen.

Fraglich ist, ob es zur Aufgabe des Ehebandverteidigers gehört, auch für die Qualität der Urteilsbegründung einzutreten, wenn er darin zwar Mängel entdeckt, jedoch von der Richtigkeit des Tenors, mithin dem Auffinden der Wahrheit, überzeugt ist.

Zur Beantwortung dieser Frage ist noch einmal darauf zu verweisen, dass das Auffinden der Wahrheit über die beklagte Ehe das über allem stehende Prozessziel des Ehenichtigkeitsverfahrens ist. Diesem allein dient der Ehebandverteidiger durch sein Amt.[677] Steht die Nichtigkeit einer Ehe also aufgrund der

---

673 Vgl. Kapitel F II 2 a–c.

674 Vgl. SCHÖCH, Synopse, 349, 359.

675 REHAK, Ehebandverteidiger, 28.

676 Vgl. REHAK, Ehebandverteidiger, 29.

677 Vgl. PIUS XII., Allocutio 1944, 285.

Beweislage mit moralischer Gewissheit objektiv fest, ist sie nichtig – unabhängig von der möglicherweise unzulänglichen Begründung im Urteil. Insoweit endet die Aufgabe des Ehebandverteidigers auch an dieser Stelle.[678]

Dessen eingedenk, sollte der Ehebandverteidiger in einem solchen Fall also nicht – wie *Rehak* ausführt – aus purer Förmelei[679] Berufung einlegen, sondern an dieser Stelle einmal das Interesse der Parteien an einem zügigen Verfahrensabschluss zur Geltung kommen, das Urteil mithin vollstreckbar werden lassen.

3. Auswirkungen auf die Person des Ehebandverteidigers

Welche Auswirkungen bringt die neue Verantwortung für die Person des Ehebandverteidigers mit sich? Bisher ging gemäß can. 1682 § 1 CIC/1983 das erstmals affirmative Urteil von Amts wegen in die nächste Instanz. Die Überprüfung des Urteils erfolgte also von Gesetzes wegen und war nicht auf die Initiative des Ehebandverteidigers zurückzuführen. Nach can. 1679 CIC n.F. wird das affirmative Urteil hingegen nur noch überprüft, wenn Berufung dagegen eingelegt worden ist. Die Initiative hierfür wird in den meisten Fällen auf den Ehebandverteidiger zurückgehen. Dieser trägt nunmehr also die Verantwortung dafür, dass gegen das Urteil appelliert wird.[680]

Schöch betont, dass sich der Ehebandverteidiger im Gewissen frei fühlen müsse, Berufung einzulegen, sofern vernünftige Gründe vorliegen.[681] Mit dem Einlegen einer Berufung stellt sich der Ehebandverteidiger auf zwischenmenschlicher Ebene jedoch gegen die Entscheidung dreier Richter des Gerichts, an dem er ebenfalls tätig ist. Dadurch könnte sich der eine oder andere Richter des Entscheidungsturnus in persönlicher Weise angegriffen fühlen und der Ehebandverteidiger sich in der unbeliebten Rolle eines Aufsehers wiederfinden, der sich bei der höheren Instanz über die Arbeit der Richter beschwert.[682] Es erscheint nicht ganz fernliegend, dass dies den Ehebandverteidiger in seiner Entscheidung – wenn auch nur unterschwellig – beeinflusst.

---

678 Vgl. PIUS XII., Allocutio 1944, 285: „Al Difensore del vincolo spetta di sostenere la esistenza ovvero la continuazione del vincolo coniugale, non però in modo assoluto, ma subordinatamente al fine del processo, che è la ricerca e il risultamento della verità oggettiva."

679 REHAK, Ehebandverteidiger, 30.

680 So auch SCHÖCH, Synopse, 348.

681 SCHÖCH, Synopse, 348.

682 So schon Lüdicke für den Fall der Berufungspflicht des Ehebandverteidigers in: LÜDICKE, Berufungssystem, 529.

Bergner scheint grundsätzlich von einer solchen Beeinflussung auszugehen: Es sei „verblüffend“[683], dass im Jahr 2017 im Bereich der Deutschen Bischofkonferenz nur zehn Mal Berufung von Seiten des Ehebandverteidigers gegen die insgesamt 550 affirmativen erstinstanzlichen Urteile eingelegt worden sei. „Liegt dies etwa an der Qualität der Urteile und der hohen Plausibilität der Urteilsbegründungen oder vielmehr eher an Hemmungen erstinstanzlicher Bandverteidiger, von ihrem Recht, Berufung einzulegen, Gebrauch zu machen? Weiter wäre zu fragen, woher solche Hemmungen genährt werden könnten. Ist es vielleicht die Angst, sich unbeliebt zu machen, etwa als unbarmherziger und ‚böser‘ Bandverteidiger zu gelten, der sich dem neuen Glück der Parteien in den Weg stellt?“[684]

Angenommen, *Bergners* Befürchtungen der Beeinflussung seien zutreffend, wären generelle Überlegungen dahingehend anzustellen, wie Ehebandverteidigern, die nicht durch deutsche oder vergleichbare arbeitsrechtliche Regelungen abgesichert sind, Unabhängigkeit und Entscheidungsfreiheit garantiert und ihre wichtige Funktion gestärkt werden kann.

Bergner selbst schlägt eine Änderung des can. 1436 § 2 CIC vor: analog zur Stellung des Diözesanrichters[685] solle auch der Ehebandverteidiger nur noch wegen eines rechtmäßigen und schwerwiegenden Grundes seines Amtes enthoben[686] und nicht wie bislang lediglich aus gerechtem Grund abberufen werden können.[687]

Das Erfordernis eines rechtmäßigen Grundes zur Amtsenthebung eines Diözesanrichters soll Entlassungsgründen vorbeugen, die der Willkür entspringen oder auf unbewiesenen Verleumdungen und Ähnlichem beruhen; das des schwerwiegenden Grundes soll der Stabilität im Amt dienen. Schwerwiegend sind alle Gründe, die eine ordnungsgemäße Rechtsprechung gefährden, wie Krankheit, Verwirrung oder Überlastung.[688] Schwerwiegend sind aber auch Gründe, die nach can. 1457 CIC in einer strafbaren Amtspflichtsverletzung des Richters beruhen wie seine Weigerung, Recht zu sprechen, obwohl seine Zuständigkeit gegeben ist. Der gerechte Grund muss nicht schwerwiegend sein[689], ist

---

683 BERGNER, Die Stellung, 170.

684 BERGNER, Die Stellung, 170.

685 Vgl. can. 1422 CIC.

686 MECKEL, Iudex, 78, schlägt ohne nähere Erläuterungen vor, dass die Amtsenthebung eines Ehebandverteidigers zukünftig „eventuell nur mit Genehmigung der Apostolischen Signatur möglich sein sollte.“

687 Vgl. BERGNER, Die Stellung, 171.

688 Vgl. LÜDICKE, MKCIC, can. 1422, RN 5, 26. Erg.-Lfg., November 1996.

689 Vgl. LÜDICKE, MKCIC, can. 1436, RN 3, 7. Erg.-Lfg., März 1988.

insoweit also niederschwelliger als jener. Es handelt sich um einen unbestimmten Gesetzesbegriff, dessen Auslegung in das Ermessen des zur Abberufung des Ehebandverteidigers berechtigten Diözesanbischofs gelegt ist.

Ausgehend von der Bedeutung des Amtes des Ehebandverteidigers stellt sich tatsächlich die Frage, warum dieser nicht den gleichen Schutz vor Amtsenthebung genießt, wie der Richter. Dies wäre vor dem Hintergrund, dass beide Rechtsfiguren letztlich der Auffindung der Wahrheit dienen, durchaus sachgerecht. Insoweit ist *Bergners* Anregung nachvollziehbar und würde zum Schutz der Entscheidungsfreiheit des Ehebandverteidigers sicher beitragen. Einen gleichsam unbedingten Schutz des Ehebandverteidigers vor Amtsenthebung würde jedoch auch die Umformulierung des can. 1436 § 2 CIC in der von *Bergner* angeregten Weise nicht bieten.

Statt einer Gesetzesänderung wäre daher zu überlegen, ehrenamtlich tätige Personen mit der Aufgabe der Ehebandverteidigung zu betrauen. Solche stünden in finanzieller oder dienstlicher Hinsicht in keinerlei Abhängigkeitsverhältnis. Schwierigkeiten könnten dabei jedoch die notwendigen Ausbildungsvoraussetzungen nach can. 1435 CIC bereiten. Zu denken wäre daher an pensionierte Kanonisten oder Kirchenrechtler mit anderen Hauptaufgaben.

Zusammenfassend ist festzustellen, dass der Ehebandverteidiger durch den nach dem MP „*Mitis Iudex*" neuen can. 1679 CIC n.F. insofern eine neue Form der Verantwortung für den Schutz der Ehe trägt, als er die eigenständige Entscheidung darüber trifft, ob er gegen ein affirmatives Urteil in Berufung geht oder nicht. Um dieser Verantwortung gerecht werden zu können, muss gewährleistet sein, dass er die Entscheidung frei von äußeren oder inneren Beeinflussungen treffen kann.

III. Zur örtlichen Nähe der Gerichte

Art. 8 § 2 der *Ratio Procedendi* des MP „*Mitis Iudex*" ermöglicht es dem „Episcopus a tribunali interdioecesano ad normam can. 1423 constituto recedere valet", sofern er ein eigenes Gericht errichten kann.[690] Dass die Errichtung von Diözesangerichten Ziel des Gesetzes ist, lässt sich aus Art. 8 § 1 der *Ratio Procedendi* erkennen: „In dioecesibus quae proprio tribunali carent, curet Episcopus ut quam primum, etiam per cursus institutionis permanentis et continuae, … personae formentur quae in constituendo tribunali pro causis matrimonialibus operam navare valeant." Dadurch soll erreicht werden, die räumliche Distanz

690 Vgl. Kapitel E III 2.

zwischen der Kirche (hier konkret den kirchlichen Gerichten) und den Gläubigen zu verringern.[691]

In der Tat scheint die räumliche Entfernung zwischen den Gläubigen und den kirchlichen Gerichten in einigen Gebieten ein großes Problem darzustellen. So bestätigt *Daneels*, basierend auf den Statistiken aus dem Statistischen Jahrbuch der Kirche über die Ehenichtigkeitsverfahren und aufgrund seiner 30-jährigen Erfahrung über den Stand und die Aktivitäten der Gerichte überall auf der Welt, dass die Gläubigen in manchen Erdteilen nur sehr beschränkte und oft gar keine Möglichkeit hätten, ihre Ehe auf Nichtigkeit untersuchen zu lassen. Ein südamerikanischer Priester habe ihm auch erzählt, dass er Gläubigen oft empfehle, ihren Fall vor dem Interdiözesanen Gericht anzubringen, dass sie dies aber wegen der Entfernung zum Gericht und der Kosten des Prozesses dennoch fast nie täten.[692] Auch *Grocholewski* berichtet, dass es Gebiete gebe, „in denen Gläubige, … keine Möglichkeit haben, die Hilfe der Gerichte zu erbitten, … weil überhaupt kein Gericht vorhanden ist."[693]

Fraglich erscheint allerdings, wie neu zu errichtende Diözesangerichte mit ausreichend geeignetem, qualifizierten Personal besetzt werden sollen, nachdem dies schon bei bereits bestehenden diözesanen Gerichten seit Jahren[694] ein Problem darzustellen scheint.

So führt *Daneels* aus, dass die Qualität der diözesanen Gerichte von Gebiet zu Gebiet, manchmal sogar von Gericht zu Gericht, sehr unterschiedlich sei. Es gebe eine gewisse Anzahl an Gerichten, die aufgrund mangelnden Verständnisses des Eherechts oder fehlender Praxis nur oberflächlich Recht sprechen. Diese Gerichte schienen der Ansicht zu sein, dass das Verfahren über die Nichtigkeit einer Ehe ein einfacher Weg sei, Menschen in zerbrochenen Ehen eine neue Chance zu geben, so, als ob die bloße Tatsache des Zerbrechens der Ehe ein Beweis für ihre Ungültigkeit sei.[695] Ähnliche Feststellungen machte auch *Grocholewski*: „Schließlich muss noch erwähnt werden, dass in einigen Teilen der Kirche, in denen zwar formell diözesane oder interdiözesane Gerichte bestehen,

---

691 Vgl. FRANCISCUS, MIDI, Einleitung.

692 Vgl. DANEELS, Das Wesen, 206; ders., A first approach, 116 f.

693 GROCHOLEWSKI, Probleme, 402–403.

694 Die nachfolgende Darstellung Daneels stammt aus dem Jahr 2016, die Grocholewskis aus dem Jahr 1982, was zeigt, dass das Problem mangelhaft ausgebildeter oder arbeitender Richter auch durch die Anhebung der akademischen Anforderungen an dieselben mit dem Inkrafttreten des can. 1421 § 3 CIC/1983 in einigen Gebieten offensichtlich noch nicht behoben werden konnte.

695 Vgl. DANEELS, A first approach, 117.

diese in Wahrheit untätig oder schlecht ausgebildet sind und sich die Gläubigen daher fast in derselben Lage befinden wie in den Gebieten, in denen jedwede gerichtliche Organisation fehlt. … In vielen Diözesen begegnet man der Tendenz, sich über die Ausbildungserfordernisse für die Mitglieder des Gerichtes hinwegzusetzen und für solche Ämter Personen mit geringer juristischer Ausbildung zu ernennen. … Es erscheint … wenig richtig, dass sich in einem Gericht, das in einem Jahr über 600 Ehenichtigkeitsurteile fällt, kein einziger Richter befindet, der irgendeinen Titel im Kirchenrecht besitzt."[696]

In Anbetracht dieser Schilderung der Situation in einigen Gebieten drängt sich die Frage auf, ob der Gesetzgeber zugunsten örtlicher Nähe der kirchlichen Gerichte zu den Gläubigen fehlerhafte Nichtigkeitserklärungen der Ehe aufgrund fehlenden qualifizierten Personals in Kauf nimmt.

Papst *Franciscus* betont, dass durch die Reform „keinesfalls die Nichtigkeit der Ehen befördert werden soll."[697] Das Ehenichtigkeitsverfahren solle weiterhin auf dem Gerichtsweg durchgeführt werden, weil die Notwendigkeit des größtmöglichen Schutzes der Wahrheit des heiligen Bandes dies fordere. Dieser Schutz werde durch die Garantien der Gerichtsordnung sichergestellt.[698] Andererseits zitiert *Daneels* Papst *Franciscus* so: Für den Heiligen Vater sei die Geschwindigkeit des Prozesses zusammen mit der angemessenen Einfachheit sehr wichtig. Er sei sich bewusst, dass die Gläubigen in vielen Ländern zu oft von den gerichtlichen Strukturen der Kirche, sei es physisch oder moralisch, entfernt seien. *Franciscus* bevorzuge eindeutig eine angemessene Geschwindigkeit der Gerichtsprozesse, die überall möglich sei, anstatt ein perfektes System aufrechtzuerhalten, das an vielen Orten nicht möglich sei. Die Konsequenz dieser Wahl sei, dass einige Garantien für eine gerechte Entscheidung nicht eingehalten werden könnten, was im Hinblick auf das angestrebte Ziel jedoch hinzunehmen sei. Die zugrunde liegende Idee *Franciscus* scheine zu sein, besser das Risiko mancher falschen Entscheidung in Kauf zu nehmen, als keine (oder nur wenige) Entscheidungen in manchen Gebieten.[699]

Um dieses Risiko zu minimieren, wird den Diözesanbischöfen durch Art. 8 § 1 der *Ratio Procedendi* aufgegeben, Personen aus- und / oder fortzubilden, die in den neu zu errichtenden Gerichten für Ehesachen Dienst tun können. Fort- und Weiterbildungen bei bereits vorhandenem Personal sind, ganz unabhängig von

---

696 GROCHOLEWSKI, Probleme, 402–403.
697 FRANCISCUS, MIDI, Einleitung.
698 Vgl. FRANCISCUS, MIDI, Einleitung.
699 Vgl. DANEELS, A first approach, 125.

der Frage der Neuerrichtung von kirchlichen Gerichten, zum Schutz des Ehebandes sicher immer sachdienlich. Fraglich ist aber, ob die Bischöfe, die bisher eines eigenen Gerichtes entbehren, willens und in der finanziellen Lage sind, Personal für ein eigenes Diözesangericht ausbilden zu lassen. Vor dem Hintergrund der vor falscher Nichtigkeitserklärung unbedingt zu schützenden Ehe wäre deshalb zu überlegen, ob örtliche Nähe der Gerichte zu den Gläubigen nicht auch auf andere Weise als durch Errichtung von Gerichten, die für sämtliche in der Diözese anfallenden Ehenichtigkeitsverfahren zuständig sind, erreichbar ist.

Aussichtsreich wäre eine Aufteilung der Gerichtszuständigkeit nach dem Verfahrensweg.

Hinsichtlich der Durchführung des *processus brevior* ist jeder Bischof nach dem Schreiben des *Päpstlichen Rates für die Gesetzestexte* vom 18.11.2015[700] verpflichtet, für seine Diözese zumindest einen Gerichtsvikar, einen Ehebandverteidiger, einen Vernehmungsrichter und einen Beisitzer zu bestellen.[701] Hierdurch wird bereits örtliche Nähe der Gerichte zu den Gläubigen hergestellt. Ordentliche Verfahren, für die weitere nach can. 1421 § 3 CIC qualifizierte Richter benötigt werden, könnten jedoch an Interdiözesangerichten verhandelt werden. Um gleichwohl örtliche Nähe zu den Gläubigen zu gewährleisten, wäre zum Beispiel der verstärkte Einsatz von regionalen Vernehmungsrichtern empfehlenswert. Diese können „clericos vel laicos" sein, die sich durch „bonis moribus, prudentia et doctrina" auszeichnen.[702] Der Vernehmungsrichter ist ein Hilfsorgan des Gerichts und nimmt nach Maßgabe des Auftrags desselben die Aufgabe der Beweiserhebung, also z. B. Partei- und Zeugenvernehmungen, wahr.[703] Dabei werden die Interrogatorien vom Berichterstatter[704] des Verfahrens oder dem Vorsitzenden des Kollegialgerichts gefertigt.[705] Es ist lediglich die Aufgabe des

700 PCL, 18.11.2015, Prot.N. 15201/2015.

701 Vgl. Kapitel E III 2.

702 Can. 1428 §2 CIC.

703 GÜTHOFF, Gerichtsverfassung, 1665; AYMANS/ MÖRSDORF/MÜLLER, KanR IV, 315.

704 Unter der Geltungsdauer des CIC/1917 fertigte der Ehebandverteidiger die Interrogatorien (vgl. can. 1968 °1 CIC/1917). Diese Aufgabe obliegt nunmehr dem Berichterstatter (vgl. can. 1561 CIC). Gleichwohl verbietet der CIC diesem nicht, vom Ehebandverteidiger gefertigte Interrogatorien zu benutzen (vgl. LÜDICKE, MKCIC, can. 1561 RN 3, 12. Erg.-Lfg., April 1990). Erstellte der Ehebandverteidiger die Interrogatorien, brächte dies gleichsam zwei Vorteile: Eine Zeitersparnis durch Entlastung des Berichterstatters und aktive Teilnahme des Ehebandverteidigers am jeweiligen Verfahren von Beginn an.

705 Vgl. LÜDICKE, MKCIC, can. 1561, RN 3, 12. Erg.-Lfg., April 1990.

Vernehmungsrichters, gemäß can. 1564 CIC die Fragen dem Verständnis des Zeugen anzupassen und zusätzliche Fragen einzufügen, die sich aus den Antworten ergeben.[706] Die Vorteile des Einsatzes von regionalen Vernehmungsrichtern wären zahlreich:

- Ein Studienabschluss im kanonischen Recht ist nach can. 1428 § 2 CIC nicht notwendig, was den Kreis der in Frage kommenden Personen beträchtlich erhöht,
- die für die Vernehmung in Ehesachen notwendigen Kenntnisse in Ehe- und Eheprozessrecht sind bei pastoralen Mitarbeitern oftmals schon vorhanden, andernfalls können sie im Rahmen von Fort- und Weiterbildungskursen, möglicherweise sogar im Fernstudium, vermittelt werden[707],
- die Vernehmungsorte können individuell mit den Parteien und/oder Zeugen vereinbart werden[708],
- die Vernehmungen können ohne Notar unter Benutzung eines Tonaufzeichnungsgeräts stattfinden[709],
- die Tätigkeit kann auch neben- und ehrenamtlich ausgeführt werden.

Mit solide arbeitenden Vernehmungsrichtern könnte örtliche Nähe zu den Gläubigen erreicht und gleichzeitig eine qualitätsvolle Arbeit der Gerichte zum Schutz der Unauflöslichkeit der Ehe gewährleistet werden.[710] Dies vorausgesetzt, wären in der Folge für die Durchführung von Ordentlichen Verfahren in Ehesachen statt vieler Diözesangerichte auch die (weitere) Errichtung von größeren Interdiözesangerichten möglich, für die dann ausreichend nach can. 1421 § 3 CIC qualifiziertes Personal zur Verfügung stünde.

Durch diese Aufteilung der Ehenichtigkeitsprozesse nach Verfahrensweg ließe sich also örtliche Nähe der Gerichte zu den Gläubigen und qualitätsvolle

---

706 Vgl. LÜDICKE, MKCIC, can. 1561, RN 3, 12. Erg.-Lfg., April 1990.

707 Nachdem die Vernehmungen in Ehesachen den Schwerpunkt der Beweisaufnahme bilden, wären solche Kurse für zu Vernehmungsrichtern ernannte Personen generell sachdienlich.

708 Vgl. cann. 1534, 1558 §§ 1, 3 CIC. Die Orte müssen sich allerdings auf dem Gebiet des Diözesanbischofs befinden, der den Vernehmungsrichter zu seiner Aufgabe ermächtigt hat (vgl. can. 381 § 1 CIC).

709 Vgl. Cann.1561,1567 § 2 CIC.

710 Laschuks Anregung, den Ehebandverteidiger zum Schutz vor Fehlern stärker in das Verfahren einzubinden, und in Weiterführung dieser Anregung, der Ehebandverteidiger solle zur Vermeidung von notwendigen erneuten Vernehmungen an solchen teilnehmen (vgl. Kapitel F I 4), ist bei Vernehmungen durch regionale Vernehmungsrichter freilich nicht realisierbar.

Arbeit mit einer überschaubaren Anzahl an nach can. 1421 § 3 CIC qualifiziertem Personal erreichen. Weiterhin könnten die für jede Diözese durch den *processus brevior* ohnehin notwendigen Gerichtsvikare zu Kollegialrichtern für die Ordentlichen Verfahren in Ehesachen an den Interdiözesangerichten bestellt werden, wodurch der Bedarf an (neu auszubildendem) Personal nochmals verringert werden könnte.

G) Ergebnis

Ist die Unauflöslichkeit der Ehe noch ausreichend geschützt?

Die Entstehung und Entwicklung des kirchlichen Eheprozesses als Schutzsystem vor falschen Nichtigkeitserklärungen zu untersuchen, war Sinn und Zweck der vorliegenden Arbeit. Mit Blick auf die Geschichte lässt sich festhalten, dass mit Beginn einer sich entwickelnden Verfahrensstruktur die Schutzmechanismen bis zum Inkrafttreten des CIC/1917 stetig zunahmen.

Ausgehend von Ehetrennungen, die aufgrund von Eheverboten wie z. B. Blutsverwandschaft bis zum 7. Grad der Seitenlinie ohne fest geregeltes Verfahren hautpsächlich im Rahmen von Sendgerichten und von Archidiakonen ausgesprochen wurden, entwickelte sich ab ca. 1100 eine erkennbare Struktur zur Behandlung von Ehesachen. Das *4. Laterankonzil* bestimmte unter Verwerfung sämtlicher entgegenstehender Gewohnheiten, dass nur der Bischof über Fragen dieser Art entscheiden könne. Existierten bis zu diesem Zeitpunkt lediglich einzelne Regelungen zu Fragen der Beweiserhebung, begann sich nun auch ein geregelter Verfahrensablauf zu entwickeln. Ab dem 13. Jahrhundert entstanden als feste Institution für Eheverfahren Offizialate, die in manchen Gebieten aufgrund der starken Machtstellung von Archidiakonen jedoch noch längere Zeit keine Anerkennung fanden.

Benedikt XIV. war der Papst, der 1741 das Eheverfahren durch feste Regeln zu einem ausgeprägten Schutzmechanismus der Ehe vor falschen Nichtigkeitserklärungen ausgestaltete. Fortan war eine Feststellung der Nichtigkeit durch zwei Gerichtsinstanzen erforderlich, bevor ehemalige Ehepartner sich neu verheiraten konnten. Darüber hinaus war ab diesem Zeitpunkt eine von *Benedikt XIV.* neu geschaffene Rechtsfigur, der *Defensor Matrimonii*, ausnahmslos an jedem Ehenichtigkeitsverfahren zu beteiligen. Diesem erlegte er auch die Pflicht auf, gegen jedes die Ehe erstmals für ungültig erklärende Urteil Berufung einzulegen. Der CIC/1917, der das Erfordernis der *duplex sententia conformis* und die Rechtsfigur des Ehebandverteidigers übernahm, ging durch die Einführung eines verpflichtenden Richterkollegiums, bestehend aus drei Priestern, noch einen Schritt weiter, um die Ehe vor falscher Nichtigkeitserklärung zu schützen.

Man kann sagen, dass sich die Ehe mit dem Inkrafttreten des CIC/1917 des bis heute am stärksten ausgeprägten verfahrenstechnischen Schutzsystems erfreute. In geschichtlicher Hinsicht lässt sich ab diesem Zeitpunkt eine stetige Lockerung der Schutzmechnismen ausmachen. So erlaubten die für die USA 1970 in Kraft gesetzten *American Procedural Norms* weitreichende Ausnahmen von den

Regelungen des CIC/1917: der Ehebandverteidiger konnte erstmals seit der Einführung seiner Rechtsfigur von einer Berufungseinlegung dispensiert werden, wodurch erstinstanzlich affirmative Urteile wieder vollstreckbar wurden; das Ehenichtigkeitsverfahren konnte erstmals seit der Inkraftsetzung des CIC/1917 wieder vor einem Einzelrichter geführt werden; das notwendige zweitinstanzliche Verfahren konnte weitgehend durch den Wegfall einer erneuten Beweisaufnahme verkürzt werden. Das MP „*Causas Matrimoniales*", das 1971 in Kraft trat, ermöglichte dann universalkirchlich die Abkürzung der II. Instanz durch die Möglichkeit einer Bestätigung des erstinstanzlichen Urteils mittels Dekret. Nur wenn das zweitinstanzliche Richterkollegium Bedenken gegen das Urteil I. Instanz hatte, wurde ein erneutes ordentliches Verfahren durchgeführt. Mit Zustimmung der Bischofskonferenz konnte seither auch ein männlicher Laie zum Richterkollegium hinzugezogen werden, das im Übrigen mit zwei Klerikern zu besetzen war, was auch Diakone einschloß. Unter der Bedingung, dass ein Kollegium auch unter Beiziehung eines männlichen Laien nicht gebildet werden konnte, war fortan auch universalkirchlich, sofern die jeweilige Bischofskonferenz im konkreten Einzelfall zustimmte, die Behandlung einer Ehenichtigkeitssache durch einen Einzelrichter erlaubt.

Der CIC/1983 behielt einerseits sämtliche durch das MP „*Causas Matrimoniales*" eingeführten Lockerungen bei, verstärkte andererseits das verfahrenstechnische Schutzsystem der Ehe vor falscher Nichtigkeitserklärung durch die verpflichtende Ausbildung der Richter, die seit seinem Inkrafttreten mindestens Lizentiaten des kanonischen Rechts sein müssen. Die Berufungspflicht des Ehebandverteidigers wurde im CIC/1983 zwar aufgehoben, eine Lockerung des Schutzsystems war hierin jedoch nicht zu sehen, nachdem die Überprüfung eines erstmalig affirmativen Urteils seither von Amts wegen zu erfolgen hatte.

Seit dem Inkrafttreten des MP „*Mitis Iudex*" kann eine Gefährung des Schutzsystems der Ehe durch das Ziel des Gesetzes nach Überwindung räumlicher Distanz der kirchlichen Gerichte zu den Gläubigen gesehen werden. Die Gefahr liegt hierbei darin, dass sich Bischöfe zugunsten dieses Ziels von Interdiözesangerichten zurückziehen könnten, obwohl sie (noch) nicht über qualitativ ausreichendes Personal für ein eigenes Diözesangericht verfügen. Um qualitätsvolle Rechtsprechung bei gleichzeitiger örtlicher Nähe der Gerichte zu den Gläubigen zu erreichen, wäre deshalb eine Aufteilung der Ehenichtigkeitsverfahren zwischen den Diözesangerichten, die den *processus brevior* vorbereiten, und Interdiözsangerichten, die die Ordentlichen Verfahren durchführen, ratsam.

Die geschichtlich betrachtet weitreichendste Lockerung des Schutzsystems der Ehe vor falscher Nichtigkeitserklärung hat das MP „*Mitis Iudex*" jedoch durch die Abschaffung der obligatorischen Überprüfung eines erstmals affirmativen Urteils unter Beibehaltung der Abschaffung der verpflichtenden Berufungseinlegung durch den Ehebandverteidiger mit sich gebracht. Seit 2015 wird ein erstmals affirmatives Urteil grundsätzlich vollstreckbar, lediglich bei einer Berufungseinlegung durch eine der Parteien oder den Ehebandverteidiger wird die Vollstreckbarkeit gehemmt. Der Ehebandverteidiger hat damit erstmals seit der Einführung seiner Rechtsfigur die Aufgabe, verantwortlich zu prüfen, ob das Urteil nach seiner subjektiven Einschätzung die Wahrheit über das Bestehen der beklagten Ehe abbildet oder nicht und muss sich dementsprechend zu einer Berufung entscheiden oder nicht. Vor diesem Hintergrund ist er nun stärker denn je seiner amtlichen Aufgabe verpflichtet.

Im Hinblick auf die Auswirkungen dieser Gesetzesänderung ist die Frage danach, ob die Ehe noch ausreichend vor falscher Nichtigkeitserklärung geschützt ist, dahingehend zu beantworten, dass sie fortan zumindest als gefährdet betrachtet werden kann.

Um den Schutz der Ehe nicht weiter preiszugeben, ist deshalb abschließend festzustellen, dass es künftig dringend erforderlich ist, dass sich Richter und Ehebandverteidiger verstärkt bewusst machen, dass sie der Wahrheit absolut verpflichtet sind. Für die Richter bedeutet dies, dass sie die tatsächliche Wahrheit über das Bestehen oder Nichtbestehen der Ehe zu suchen und dem Beweisergebnis entsprechend mit moralischer Gewissheit zu urteilen haben. Ein milder Richter zeichnet sich nicht dadurch aus, dass er ein vermeintlich mildes Urteil spricht, sondern dass er den am Verfahren beteiligten Parteien in menschlicher Weise begegnet.

H) Verzeichnisse

I. Quellenverzeichnis

1. Kirchenrechtliche Sammlungen

LEX ROMANA CURIENSIS, St. Gallen, Stiftsbibliothek, Cod. Sang. 722: Tractatus super Psalmos / Nehemias (Fragment) / Constitutiones Iustiniani imperatoris / Lex Romana Curiensis / Capitula Remedii, 9. Jahrhundert, http://www.e-codices.unifr.ch/metadata/iiif/ssg-0030/manifest.json, (Zugriff: 25.04.2019). *(zit: Lex Romana Curiensis, capitulus).*

FOUCHER, Johannes, Decretorum Libri XX. Burchard von Worms, Paris 1549. *(zit: Burchard von Worms, Decretorum Libri XX, liber, capitulus).*

IVO VON CHARTRES, Epistolae, Editio Secunda, Paris 1610.

DE CARRANZA, Bartolomé, Summa omnium conciliorum et pontificium, Paris 1624. *(zit: Bartolomé de Carranza, Summa omnium).*

IVO VON CHARTRES, Opera omnia in duas partes distribute, Paris 1647.

BALUZE, Etienne, Capitularia Regum Francorum Additae sunt Marculfi monachi et aliorum formulae veteres, et Notae doctissimorum virorum, Paris 1677, darin: BALUZE, Stephan, Capitularia Regum Francorum, Tomus Primus, Paris 1677, 8–690, darin: KAROLUS MAGNUS, Capitulare Aquisgranense, 10.04.789, 209–241. *(zit: Karolus Magnus, Capitulare Aquisgranense, capitulus).*

WASSERSCHLEBEN, Friedrich Wilhelm, De Synodalibus causis et Disciplinis Ecclesiasticis, Libri duo, Regino von Prüm, Unveränderter Nachdruck der Originalausgabe, Leipzig 1840. *(zit: Regino vom Prüm, De Synodalibus causis, liber, capitulus).*

FRIEDBERG, Aemilius, Corpus Iuris Canonici, Pars Prior, Leipzig 1879. *(zit: Gratian, Decretum, capitulum, Causa, quaestio).*

FRIEDBERG, Aemilius, Corpus Iuris Canonici, Pars Secunda, Leipzig 1879. *(zit: capitulus, X / in VI, liber, titulus).*

SINGER, Heinrich, Summa Decretorum, Rufinus von Bologna, Paderborn 1902. *(zit: Rufinus von Bologna, Summa Decretorum, capitulum, quaestio).*

Canones et decreta sacrosancti oecumenici Concilii Tridentini, Ratisbona 1910. *(zit: Tridentinum, Sessio, S.).*

ALBERIGO, Giuseppe (Hrsg.), Conciliorum oecumenicorum decreta, Bologna 1973. *(zit: Concilium Lateranense IV).*

2. Päpstliche Dokumente

BENEDICTUS PP. XIV., Epistula encyclica Matrimonii, 11.04.1741, in: Gasparri, Petrus (Hrsg.), CIC Fontes Vol.I, Roma 1926, Nr. 307, 677–678.

BENEDICTUS PP. XIV., Epistula encyclica Quamvis Paternae, 26.08.1741, in: Gasparri, Petrus (Hrsg.), CIC Fontes Vol.I, Roma 1926, Nr. 315, 689–691.

BENEDICTUS PP. XIV., Constitutio Dei miseratione, 03.11.1741, in: Gasparri, Petrus (Hrsg.), CIC Fontes Vol.I., Roma 1926, Nr. 318, 695–701.

PIUS PP. IX., Constitutio Romani Pontifices, 06.01.1862, in: Gasparri, Petrus (Hrsg.), CIC Fontes Vol.II., Roma 1924, Nr. 531, 946–953.

PIUS PP. X., Constitutio Apostolica Sapienti consilio, 29.06.1908, AAS 1 (1909) 7–19.

BENEDICTUS PPXV., Codex iuris canonici, 27.05.1917, AAS 9 (1917), pars II, 11–521.

PIUS PP. XI., Instructio Provida Mater Ecclesia, 15.08.1936, AAS 28 (1936) 313–370.

PIUS PP. XI., Moto Proprio Qua cura, 08.12.1938, AAS 30 (1938) 410–413.

PIUS PP. XII., Allocutio ad Praelatos Auditores ceterosque Officiales et Administros Tribunalis Sanctae Romanae Rotae necon eiusdem Tribunalis Advocatos et Procuratores 01.10.1942, AAS 34 (1942) 338–343.

PIUS PP. XII., Allocutio ad Praelatos Auditores ceterosque Officiales et Administros Tribunalis S. Romanae Rotae necon eiusdem Tribunalis Advocatos et Procuratores, 02.10.1944, AAS 36 (1944) 281–290.

PAULUS PP. VI., Constitutio Dogmatica de Ecclesia Lumen Gentium, 21.11.1964, AAS 57 (1965) 5–75.

PAULUS PP. VI., Constitutio Apostolica de Romana Curia Regimini Ecclesiae Universae, 15.08.1967, AAS 59 (1967) 885–928.

PAULUS PP. VI., Motu Proprio Causas matrimoniales, 28.03.1971, AAS 63 (1971) 441–446.

PAULUS PP. VI., Motu Proprio Cum Matrimonialium, 08.09.1973, AAS 65 (1973) 577–581.

IOANNES PAULUS PP. II., Codex iuris canonici, 25.01.1983, AAS 75 (1983), pars II, 1–301.

IOANNES PAULUS PP. II., Constitutio Apostolica de Romana Curia Pastor Bonus, 28.06.1988, AAS 80 (1988) 841–912.

IOANNES PAULUS PP. II., Codex Canonum Ecclesiarum Orientalium, 18.10.1990, AAS 82 (1990) 1033–1363.

IOANNES PAULUS PP. II., Ad Romanae Rotae praelatos auditores, 17.01.1998, AAS 90/2 (1998) 781–785.

FRANCISCUS PP., Motu Proprio Mitis et misericos Iesus, 15.08.2015, AAS 107 (2015) 946–954.

FRANCISCUS PP., Motu Proprio Mitis Iudex Dominus Iesus, 15.08.2015, AAS 107 (2015) 958–967.

FRANCISCUS PP., Rescritto del Santo Padre Francesco sul compimento e l'osservanza della nuova legge del processo matrimoniale, 07.12.2015, https://w2.vatican.va/content/Francesco/it/letters/2015/documents/papa-francesco_20151207_rescritto-processo-matrimoniale.html, (Zugriff: 28.04.2019).

3. Dokumente der römischen Kurie

SACRA CONGREGATIO CONCILII, Instructio Cum moneat Glossa, 22.08.1840, in: Gasparri, Petrus, CIC Fontes VI, Vaticano 1932, 345–350, Nr. 4069.

SACRA CONGREGATIO DE PROPAGANDA FIDE, Instructio Causae matrimoniales, 1883[711], ASS 18 (1885) 369–386.

CONGREGATIONE GENERALI Eminentissimorum ac Reverendissimorum PP. in rebus fidei Inquisitorum Generalium, Feria IV., Instructio ad Patriarchas, Archiepiscopos, Episcopos Rituum orientalium in causis Matrimonialibus adhibenda, 20.06.1883, ASS 18 (1885) 344–368.

CONGREGATIONE GENERALI Eminentissimorum ac Reverendissimorum PP. in rebus fidei Inquisitorum Generalium, Feria IV., Decretum Sancta Congregatio Inquisitionis Feria IV. die 05.06.1889, AfkKR 63 (1890) 542.

SACRA CONGREGATIO SANCTI OFFICII, Instructio ad Episcopum Mysore, 06.08.1890, in: Gasparri, Petrus, CIC Fontes IV, Vaticano 1926, 453–454, Nr. 1127.

SACRA CONGREGATIO DE DISCIPLINA SACRAMENTORUM, Litterae ad Excellentissimos Archiepiscopos, Episcopos atque locorum Ordinarios: de tractatione causarum matrimonialium, 01.07.1932, AAS 24 (1932) 272–274.

SACRA CONGREGATIO DE SACRAMENTIS, Instructio servanda a tribunalibus dioecesanis in pertractandis causis de nullitate matrimoniorum Provida Mater Ecclesia, 15.04.1936, AAS 28 (1936) 313–370.

SACRA CONGREGATIO DE PROPAGANDA FIDE, Designationes pro appellatione, 14.11.1939, AAS 31 (1939) 714 f.

711 Das genaue Datum der Instruktion wird nicht genannt.

SACRA CONGREGATIO DE PROPAGANDA FIDE, Designationes pro appellatione, 23.01.1940, AAS 32 (1940) 121.

SACRA CONGREGATIO PRO ECCLESIA ORIENTALI, Designationes pro appellatione, 08.06.1940, AAS 32 (1940) 303.

SACRA CONGREGATIO DE DISCIPLINA SACRAMENTORUM, Decretum de ordinandis Tribunalibus Ecclesiasticis Insularum Philippinarum pro causis nullitatis matrimonii decidendis, 20.12.1940, AAS 32 (1940) 363 f.

SACRA CONGREGATIO DE DISCIPLINA SACRAMENTORUM, Decretum de ordinandis Tribunalibus Ecclesiasticis ditionis Canadensis super causis nullitatis matrimonii decidendis, 28.01.1946, AAS 38 (1946) 281–283.

SACRA CONGREGATIO DE DISCIPLINA SACRAMENTORUM, Decretum de ordinandis in regione pastorali Tolosana Tribunalibus Ecclesiasticis Tolosano in primo iurisdictionis gradu et Ruthenensi in secundo iurisdictionis gradu pro causis nullitatis matrimonii Archidioecesium Tolosanae et Albiensis ac Dioecesium Auxitanae, Carcassonensis, Montis Albani, Apamiensis, Elnensis, Ruthenensis, Cadurcensis, Mimatensis, Tarbiensis et Lapurdensis decidendis, 17.02.1965, in: Ochoa, Xaverius, Leges Ecclesiae post Codicem iuris canonici editae, Vol. III, Leges Annis 1959–1968 Editae, Roma 1972, 3260.

SACRA CONGREGATIO DE DISCIPLINA SACRAMENTORUM, Decretum de constituendis Tribunalibus Regionalibus Ecclesiasticis Massiliensi in primo iurisdictionis gradu et Aquensi in secundo iurisdictionis gradu pro causis nullitatis matrimonii decidendis Dioecesium Massiliensis, Aquensis, Adiacensis, Foroiuliensis-Tolonensis, Niciensis, Diniensis et Vapincensis, 17.02.1965, in: Ochoa, Xaverius, Leges Ecclesiae post Codicem iuris canonici editae, Vol. III, Leges Annis 1959–1968 Editae, Roma 1972, 3261.

SACRA CONGREGATIO DE DISCIPLINA SACRAMENTORUM, Decretum de ordinandis in regione pastorali septentrionali Galliae, pro partibus tantum Campaniae et Picardiae, Tribunalibus Ecclesiasticis Rhemensi, in primo iurisdictionis gradu, et Ambianensi, in secundo iurisdictionis gradu, pro causis nullitatis matrimonii Archidioecesis Rhemensis ac Dioecesium Ambianensis, Bellovacensis, Catalaunensis, Ebriocensis, Suessionensis et Trecensis decidendis, 22.12.1966, in: Ochoa, Xaverius, Leges Ecclesiae post Codicem iuris canonici editae, Vol. III, Leges Annis 1959–1968 Editae, Roma 1972, 3507.

SACRA CONGREGATIO DE DISCIPLINA SACRAMENTORUM, Decretum de constituendis Tribunalibus Provincialibus Ecclesiasticis Parisiensi in primo iurisdictionis gradu et Versaliensi in secundo iurisdictionis gradu pro causis nullitatis matrimonii decidendis Archidioecesis Parisiensis et Dioecesium Versaliensis, Meldensis, Pontisarensis, Corbiliensis, S. Dionysii in Francia,

Christoliensis, et Nemptodurensis, 22.02.1968, in: Ochoa, Xaverius, Leges Ecclesiae post Codicem iuris canonici editae, Vol. III, Leges Annis 1959–1968 Editae, Roma 1972, 3630.

CONSILIUM PRO PUBLICIS ECCLESIAE NEGOTIIS, Rescriptum Consilii pro Publicis Ecclesiae Negotiis et Normae, 28.04.1970, in: Gordon, Ignacio / Grocholewski, Zenon (Hrsg.): Documenta recentiora circa rem matrimonialem et processualem, Vol.I., Roma 1977, 243–252.

CONSILIUM PRO PUBLICIS ECCLESIAE NEGOTIIS, Rescriptum, 31.08.1970, in: Ochoa, Xaverius, Leges Ecclesiae post Codicem iuris canonici editae, Vol. IV, Leges Annis 1969–1972 Editae, Roma 1974, 3895.

SUPREMUM SIGNATURAE APOSTOLICAE TRIBUNAL, Normae pro Tribunalibus interdioecesanis vel regionalibus aut interregionalibus, 28.12.1970, AAS 63 (1971) 486–492.

CONSILIUM PRO PUBLICIS ECCLESIAE NEGOTIIS, Epistola Consilii pro Publicis Ecclesiae Negotiis ad Praesidem Conferentia Episcopalis U.S.A. circa cessationem normarum, 20.06.1973, in: Gordon, Ignacio / Grocholewski, Zenon (Hrsg.): Documenta recentiora circa rem matrimonialem et processualem, Vol.I., Roma 1977, 252–254.

PONTIFICIA COMMISSIO DECRETIS CONCILII VATICANI II INTERPRETANDIS, Responsa ad proposita dubia, 31.10.1973, AAS 65 (1973) 620.

CONSILIUM PRO PUBLICIS ECCLESIAE NEGOTIIS, Epistola Consilii pro Publicis Ecclesiae Negotiis ad Praesidem Conferentia Episcopalis U.S.A., qua vigor Normarum prorogatur, 22.05.1974, in: Gordon, Ignacio / Grocholewski, Zenon (Hrsg.): „Documenta recentiora circa rem matrimonialem et processualem", Vol.I., Roma 1977, 254–256.

SUPREMUM SIGNATURAE APOSTOLICAE TRIBUNAL, Litterae transmissionis a Conferentiae Episcopali Statuum Foederatorum americae, 02.08.1975, in: Grocholewski, Zenon (Hrsg.): Documenta recentiora circa rem matrimonialem et processualem, Vol.II, Roma 1980, 121–123; in: Ochoa, Xaverius, Leges Ecclesiae post Codicem iuris canonici editae, Vol. V, Leges Annis 1973–1978 Editae, Roma 1980, 4394.

PONTIFICIA COMMISSIO CODICI IURIS CANONICI RECOG-NOSCENDO, Adunatio diei 07.04.1978, Communicationes 10 (1978) 231.

PONTIFICIA COMMISSIO CODICI IURIS CANONICI RECOG-NOSCENDO, Schema Codicis Iuris Canonici iuxta animadversiones S.R.E. Cardinalium, Episcoporum Conferentiarum, Dicasteriorum Curiae Romanae, Universitatum Facultatumque ecclesiasticarum necnon Superiorum Institutorum vitae consecratae recognitum, Vaticano 1980.

PONTIFICIA COMMISSIO AD CODICEM IURIS CANONICI AUTHENTICE INTERPRETANDUM, Congregatio Plenaria, Diebus 20–29 octobris 1981 habita, Vaticano 1991.

PONTIFICIA COMMISSIO CODICI IURIS CANONICI RECOGNOSCENDO, Codex Iuris Canonici Schema Novissimum post consultationem S.R.E. Cardinalium, Episcoporum Conferentiarum, Dicasteriorum Curiae Romanae, Universitatum Facultatumque ecclesiasticarum necnon Superiorum Institutorum vitae consecratae recognitum, iuxta placita Patrum Commissionis deinde emendatum atque Summo Pontifici praesentatum, Vaticano 1982.

PONTIFICIA COMMISSIO AD CODICEM IURIS CANONICI AUTHENTICE INTERPRETANDUM, Relatio complectens synthesim animadversionum ab Em.mis atque Exc.mis Patribus commissionis ad novissimum schema Codicis Iuris Canonici exhibitarum, cum responsionibus a secretaria et consultoribus datis, Communicationes 16 (1984) 27–90.

PONTIFICIUM CONSILIUM DE LEGUM TEXTIBUS, Instructio servanda a tribunalis dioecesanis et interdioecesanis in pertractandis causis nullitatis matrimonii Dignitas connubii, 25.01.2005, Vaticano 2005.

SUPREMUM SIGNATURAE APOSTOLICAE TRIBUNAL, Lex propria Supremi Tribunalis Signaturae Apostolicae, 21.06.2008, AAS 100/2 (2008) 514–538.

SUPREMUM SIGNATURAE APOSTOLICAE TRIBUNAL, Decretum, 30.01.2009, Amtsblatt des Erzbistums Köln 149 (2009) 121.

PONTIFICIUM CONSILIUM DE LEGUM TEXTIBUS, Chiarimenti, 13.10.2015, Prot. n. 15157/2015, http://www.iuscanonicum.it/wp-content/uploads/2015/10/PCTL-Prot.n.15157-2015.pdf, (Zugriff: 28.04.2019).

PONTIFICIUM CONSILIUM DE LEGUM TEXTIBUS, Responsum ad propositum dubium utrum in Art. 8 §2 MP MIDI, Prot.N. 15201/2015, 18.11.2015, The Jurist 75 (2015) 667–668.

TRIBUNALE APOSTOLICO DELLA ROTA ROMANA, Sussidio applicativo del Motu proprio Mitis Iudex Dominus Iesus, Vaticano 2016.

PONTIFICIUM CONSILIUM DE LEGUM TEXTIBUS, Responsum ad propositum dubium utrum in Art. 8 §2 MP MIDI, Prot.N. 15291/2016, 12.02.2016, The Jurist 76 (2016) 209–210.

4. Bischöfliche Dokumente

JOHANNES NEPOMUK, Eheprocessordnung für das Bisthum Culm vom 22.01.1885, AfkKR 53 (1885) 454–464.

ÖSTERREICHISCHE BISCHOFSKONFERENZ, Dekret über Laienrichter, 25.01.1984, ABl. ÖBK 1/84/14.

SCHWEIZER BISCHOFSKONFERENZ, Partikularnormen vom 03.07.1985 zum neuen Kirchenrecht, AfkKR 154 (1985) 540–548.

BERLINER BISCHOFSKONFERENZ, Allgemeine Dekrete vom 08.09.1985 zur Ausführung von Normen des CIC, AfkKR 154 (1985) 536–538.

DEUTSCHE BISCHOFSKONFERENZ, Partikularnorm zu c. 1421 §2 CIC – Laien als kirchliche Richter (Zulassung von Laien als kirchliche Richter), 05.10.1995, KABl Rottenburg-Stuttgart 1995, 614, Nr. 20.

III. AUSSERORDENTLICHE GENERALVERSAMMLUNG DER BISCHOFS-SYNODE vom 05.-19.10.2014, Abschlusstext Die pastoralen Herausforderungen der Familie im Kontext der Evangelisierung, Vaticano 2014.

5. Staatsrechtliche Sammlungen

FRIEDRICH WILHELM, Verfassungsurkunde für den preußischen Staat vom 05.12.1848, in: Huber, Ernst Rudolf, Dokumente zur deutschen Verfassungsgeschichte, Band 1, 3. Aufl., Stuttgart 1978, 375–391.

FRIEDRICH WILHELM, Gesetzsammlung für die Königlichen Preußischen Staaten. 1849. Nr. 1 bis incl. 42., Berlin 1849. *(zit: Friedrich Wilhelm, Verordnung vom, S.).*

6. Staatsrechtliche Dokumente

JOSEPH II., Kaiserlich-königliche Verordnung, 04. September 1781, in: Sammlung der kaiserlich-königlichen landesfürstlichen Gesetze und Verordnungen in Publico Ecclesiasticis vom Jahre 1782–1783, Zweyter Teil, Wien 1784, Nr. 126, 132–133.

JOSEPH II., Patent vom 16. Januar 1783, in: Joseph II., Gesetze und Verfassungen im Justiz-Fache, in den ersten vier Jahren seiner Regierung, Wien 1817, 192–203.

JOSEPH II., Kaiserlich-königliche Verordnung zur Errichtung des Generalseminariums, diejenigen betreffend, welche sich dem geistlichen Stande widmen wollen, 30. März 1783, in: Sammlung der kaiserlich-königlichen landesfürstlichen Gesetze und Verordnungen in Publico-Ecclesiasticis vom Jahre 1782–1783, Zweyter Teil, Wien 1784, Nr. 30, 64–65.

JOSEPH II., Kaiserlich-königliche Verordnung, 04. September 1783, in: Sammlung der kaiserlich-königlichen landesfürstlichen Gesetze und Verordnungen in Publico Ecclesiasticis vom Jahre 1784, Dritter Teil, Nachtrag zu den kaiserlich-königlichen Verordnungen in Publico Ecclesiasticis von 1782 und 1783, Wien 1787, Nr. 26, 115.

JOSEPH II., Hofdekret vom 24. November 1784, in: Nagy, Joseph (Hrsg.), Anzeige der Geseze, die mit dem allgemeinen bürgerlichen Gesezbuche im Zusammenhang stehen, Graz 1794, 36.

KAISERLICHES PATENT vom 05. November 1855, womit das zwischen Seiner Heiligkeit Papst Pius IX. und seiner kaiserlich-königlichen Apostolischen Majestät Franz Joseph I., Kaiser von Oesterreich, am 18. August 1855 zu Wien abgeschlossene Übereinkommen (CONCORDAT), in: Reichsgesetzblatt für das Kaiserthum Oesterreich, Jahrgang 1855, Nr. 195, 635–652.

KAISERLICHES PATENT zur Durchführung der Konkordatsbestimmungen vom 08. Oktober 1856, in: Reichsgesetzblatt für das Kaiserthum Oesterreich, Jahrgang 1856, Nr. 185, 605–685.

RAUSCHER, Joseph Othmar von, Erlass vom 26. Mai 1857, AfkKR 1866, 457–459.

ZIVILPROZESSORDNUNG der Bundesrepublik Deutschland in der Fassung der Bekanntmachung vom 5. Dezember 2005, BGBl. I 3202; 2006, I 431; 2007, I 1781, die zuletzt durch Artikel 11 des Gesetzes vom 18. Dezember 2018, BGBl. I 2639, geändert worden ist.

Gesetz vom 1. August 1895 über das gerichtliche Verfahren in bürgerlichen Rechtsstreitigkeiten (ZIVILPROZESSORDNUNG der Republik Österreich), in: RGBl. Nr. 113/1895, zuletzt geändert durch Artikel 2 und 3 des Gesetzes vom 28. Dezember 2018, BGBl. I, Nr. 109, 6.

II. Literaturverzeichnis

1. Monographien

AMANN, Thomas, Laien als Träger von Leitungsgewalt?, Eine Untersuchung aufgrund des Codex Iuris Canonici, St. Ottilien 1996.

BAUMGARTNER, Eugen, Geschichte und Recht des Archidiakonates der oberrheinischen Bistümer mit Einschluss von Mainz und Würzburg, Stuttgart 1907, Nachdruck: Amsterdam 1965.

BELFIORE, Gianluca, I Processi di Nullità Matrimoniale nella riforma di Papa Francesco, Catania 2017.

BERNHART, Stefan, Der Josephinismus und seine Auswirkungen auf die staatliche Kirchenpolitik und die Republik Österreich, Wien 2009.

BUSCHMANN, Arno, Kaiser und Reich – Verfassungsgeschichte des Heiligen Römischen Reiches Deutscher Nation vom Beginn des 12. Jahrhunderts bis zum Jahre 1806 in Dokumenten, 2. Aufl., Baden-Baden 1994.

CELEGHIN, Adriano, Origine e natura della potestà sacra. Posizioni postconciliari, Brescia 1987.

DAUDET, Pierre, L`Établissement de la compétence de l'Église en matière de divorce et de consanguinité (France, Xe-XIIe siècles), Paris 1941.

DE LANOY, Jean, Regia in matrimonium potestas vel tractatus, Prima Pars Tractatus, Paris 1674.

DEUTSCH, Christina, Ehegerichtsbarkeit im Bistum Regensburg (1480–1538), Köln 2005.

EBERL, Joseph Wolfgang, Ehescheidung und Ehescheidungsprozeß, Freising 1854.

FREISEN, Joseph, Geschichte des Canonischen Eherechts bis zum Verfall der Glossenlitteratur, 2. Aufl., Paderborn 1893.

GASPARRI, Petrus, Tractatus Canonicus de Matrimonio, Vol. Secundum, Paris 1892.

GEIER, Fritz, Die Durchführung der kirchlichen Reformen Josephs II. im vorderösterreichischen Breisgau, Stuttgart 1905, Nachdruck: Amsterdam 1963.

GOTTLOB, Theodor, Die Offiziale des Bistums Konstanz im Mittelalter, Limburg 1951.

GROCHOLEWSKI, Zenon / POMPEDDA, Mario Francesco / ZAGGIA, Cesare (Hrsg.), Il matrimonio nel nuovo Codice di Diritto Canonico, Padova 1984.

GUTH, Hans-Jürgen, Ehescheidung oder Ehenichtigkeit? Das Eheprozessrecht der römisch-katholischen Kirche in den USA seit dem Zweiten Vatikanischen Konzil, Fribourg 1993.

HAHN, Judith, Das kirchliche Richteramt, Essen 2017.

HILLING, Nikolaus, Die Offiziale der Bischöfe von Halberstadt im Mittelalter, Stuttgart 1911.

KAAS, Ludwig, Die geistliche Gerichtsbarkeit der katholischen Kirche in Preussen in Vergangenheit und Gegenwart mit besonderer Berücksichtigung des Westens der Monarchie, II. Band, Stuttgart 1916, Nachdruck: Amsterdam 1965.

KILLERMANN, Stefan, Die Rota Romana, Wesen und Wirken des päpstlichen Gerichtshofes im Wandel der Zeit, Frankfurt 2009.

KOENIGER, Albert Michael, Burchard I. von Worms und die deutsche Kirche seiner Zeit (1000–1025), München 1905.

KOENIGER, Albert Michael, Die Sendgerichte in Deutschland, Bd. I, München 1907.

KOENIGER, Albert Michael / GIESE, Friedrich, Grundzüge des katholischen Kirchenrechts und des Staatskirchenrechts, Bonn 1924.

KRIEG, Julius, Der Kampf der Bischöfe gegen die Archidiakone im Bistum Würzburg, unter Benutzung ungedruckter Urkunden und Akten, Stuttgart 1914, Nachdruck: Amsterdam 1965.

KUŠEJ, Jakob Radoslav, Joseph II. und die äussere Kirchenverfassung Innerösterreichs, Stuttgart 1908, Nachdruck: Amsterdam 1965.

LÄMMER, Hugo, Zur Codification des canonischen Rechts, Freiburg i.Br. 1899.

LÖHR, Joseph, Die Verwaltung des Kölnischen Grossarchidiakonates Xanten am Ausgang des Mittelalters, Stuttgart 1909, Nachdruck: Amsterdam 1965.

MACHO, Eva, Alexander Freiherr von Bach: Stationen einer umstrittenen Karriere, Frankfurt 2009.

MELCHOR, Cano, De locis theologicis, Kranabiter, Ignatius / Daniel, Marian (Hrsg.), Trient 1756.

MORHARD, Anton, Die gerichtliche Berufung im kanonischen Recht, Eine Analyse des klassischen remedium iuris, Frankfurt 1995.

MÜLLER, Joseph, Die Bischöflichen Diözesanbehörden, insbesondere das bischöfliche Ordinariat, Stuttgart 1905.

POTOTSCHNIG, Franz, Staatlich-Kirchliche Ehegesetzgebung im 19. Jahrhundert (Instructio Austriaca), Wien 1974.

PRIMETSHOFER, Bruno, Ehe und Konkordat, Die Grundlinien des österreichischen Konkordats-Eherechtes 1934 und das geltende österreichische Eherecht, Wien 1960.

RAUSCHER, Joseph Othmar von, Die Ehe und das zweite Hauptstück des bürgerlichen Gesetzbuches, 2. Aufl., Wien 1868.

RIEDNER, Otto, Das Speierer Offizialatsgericht im 13. Jahrhundert, Speyer 1907.

ROLKER, Christof, Canon law and the letters of Ivo of Chartres, Cambridge 2010.

SAAR, Stefan, Ehe-Scheidung-Wiederheirat. Zur Geschichte des Ehe- und des Ehescheidungsrechts im Frühmittelalter (6.-10. Jahrhundert), Münster 2002.

SCHWAB, Christian, Das Augsburger Offizialatsregister (1348–1352), Ein Dokument geistlicher Diözesangerichtsbarkeit, Köln 2001.

STUTZ, Ulrich, Der Geist des Codex Iuris Canonici, Eine Einführung in das auf Geheiss Papst Pius X. verfasste und von Papst Benedikt XV. erlassene Gesetzbuch der katholischen Kirche, Stuttgart 1918, Nachdruck: Amsterdam 1961.

THEISEN, Karl Heinrich, Die Laien als kirchliche Richter, Rottach-Egern 2006.

WEINZIERL-FISCHER, Erika, Die österreichischen Konkordate von 1855 und 1933, Wien 1960.

ZIRKEL, Adam, Quam Primum – Salva Iustitia, Müssen kirchliche Eheprozesse Jahre dauern?, St. Ottilien 2003.

2. Artikel

AMANN, Thomas, Die Ausübung der Sacra Potestas im kirchlichen Richterkollegium, DPM 10 (2003) 99–118.

ASSENMACHER, Günter, Laien als kirchliche Eherichter, Die Situation in den Bistümern der Bundesrepublik Deutschland, Zur Diskussion einer Grundsatzfrage, in: Lüdicke, Klaus / Mussinghoff, Heinrich / Schwendenwein, Hugo (Hrsg.), Iustus Iudex, Festgabe für Paul Wesemann zum 75. Geburtstag von seinen Freunden und Schülern, Essen 1990, 349–361.

ASSENMACHER, Günter, Für die Parteien öffentlich – geheim für die anderen? Zur Geheimhaltung in kirchlichen Ehenichtigkeitsverfahren – Eine Problemanzeige, in: Rees, Wilhelm (Hrsg.), Recht in Kirche und Staat, Joseph Listl zum 75. Geburtstag, Berlin 2004, 125–135.

ASSENMACHER, Günter, Schnellere und leichter zugängliche Prozesse unter sicherer Wahrung des Prinzips der Unauflöslichkeit. Ein Jahr Erfahrungen mit Mitis Iudex Dominus Iesus in Deutschland, DPM 24 (2017) 7–26.

AYMANS, Winfried, Codex Iuris Canonici, Laien als kirchliche Richter? Erwägungen über die Vollmacht zu geistlicher Rechtsprechung, AfkKR 144 (1975) 3–20.

AYMANS, Winfried, Der Leitungsdienst des Bischofs im Hinblick auf die Teilkirche, Über die bischöfliche Gewalt und ihre Ausübung aufgrund des Codex Iuris Canonici, AfkKR 153 (1984) 35–55.

AYMANS, Winfried, Erwägungen zu Geist und Gestalt des neuen Gesetzbuches der lateinischen Kirche, in: Gabriels, André / Reinhardt, Heinrich (Hrsg.), Ministerium Iustitiae, Festschrift für Heribert Heinemann zur Vollendung des 60. Lebensjahres, Essen 1985, 35–50.

AYMANS, Winfried, Oberhirtliche Gewalt, AfkKR 157 (1988) 3–38.

AYMANS, Winfried, Strukturen der Mitverantwortung der Laien, AfkKR 159 (1990) 368–386.

BALOGH, Elemér, Die Einführung der kirchlichen Gerichtsbarkeit in Bayern, DPM 17/18 (2012) 81–110.

BAUER, Thomas, Rechtliche Implikationen des Ehestreits Lothars II.: Eine Fallstudie zu Theorie und Praxis des geltenden Eherechts in der späten Karolingerzeit, ZRG Kan. Abt. 80, 111.Bd., Wien 1994, 41–87.

BAUHOFER, Arthur, Zürich und die geistliche Gerichtsbarkeit, Zeitschrift für Schweizerische Geschichte, Bd. 16, Zürich 1936, 1–35.

BEAL, John, Mitis Iudex Canons 1671–1682, 1688–1691: A Commentary, The Jurist 75 (2015) 467–538.

BEAL, John, The ordinary process according to Mitis Iudex: Challenges to our `Comfort Zone´, The Jurist 76 (2016) 159-196.

BENZ, Michael, Zum Verhältnis von Gerichts- und Generalvikar, in: Ohly, Christoph / Rees, Wilhelm / Gerosa, Libero (Hrsg.), Theologia Iuris Canonici, Festschrift für Ludger Müller zur Vollendung des 65. Lebensjahres, Berlin 2017, 461–472.

BERGNER, Harald, Die Stellung des Defensor Vinculi im kirchlichen Ehenichtigkeitsverfahren nach Inkrafttreten des MP Mitis Iudex – Betrachtungen aus Sicht der kirchlichen Gerichtspraxis, DPM 24 (2017) 165–174.

BEYER, Jean, De natura potestatis regiminis seu iurisdictionis recte in Codice renovato enuntianda, PerRMCL 71 (1982) 93–145.

BEYER, Jean, Iudex laicus vir vel mulier, PerRMCL75 (1986) 29–60.

BEYER, Jean, Die Vollmacht in der Kirche, in: Lüdicke, Klaus / Paarhammer, Hans / Binder, Dieter A. (Hrsg.), Recht im Dienste des Menschen, Eine Festgabe Hugo Schwendenwein zum 60. Geburtstag, Graz 1986, 287–298.

BISCHOF, Franz Xaver, Das Ehedekret des Konzils von Trient, in: Bischof, Franz Xaver / Levin, Christoph (Hrsg.), Ehe – Familie – Kirche, Biblische Überlieferung, Historische Entwicklungen, Aktuelle Perspektiven, Berlin 2015, 147–170.

BONI, Geraldina, La recente riforma del processo di nullità matrimoniale. Problemi, criticità, dubbi (parte terza), in: Stato, Chiese e pluralismo confessionale, rivista telematica (www.statoechiese.it), n. 11/2016, (Zugriff: 28.04.2019).

BONNET, Piero Antonio, I tribunali nella loro diversità di grado e di specie, in: Bonnet, Piero Antonio / Gullo, Carlo, Il processo matrimoniale canonico, Nuova edizione riveduta e ampliata, Vaticano 1994, 183–225.

BURKE, Raymond Leo, The Nullity of Marriage Process as the Search for Truth, MonEccl 129 (2014) 129–153.

CARLEN, Louis, Zum Offizialat von Sitten im Mittelalter, ZRG Kan. Abt. 46, 77. Bd., Weimar 1960, 221–238.

CANON LAW SOCIETY OF AMERICA (Hrsg.), The Renewal of Canon Law, The Jurist 26 (1966) 165–166.

CANON LAW SOCIETY OF AMERICA (Hrsg.), The role of law in the church, The Jurist 27 (1967) 163–181.

CORECCO, Eugenio, Natur und Struktur der "Sacra Potestas" in der kanonistischen Doktrin und im neuen CIC, AfkKR 153 (1984) 354–383.

CORECCO, Eugenio, Die richterliche Anwendung der „Sacra Potestas", ÖAKR 39 (1990) 277–294.

DANEELS, Frans, Das Wesen des Ehenichtigkeitsverfahrens, DPM 14 (2007) 205–215.

DANEELS, Frans, Storia della redazione della Dignitas Connubii, PerRCan 104 (2015) 171–208.

DANEELS, Frans, A First Approach to the Reform of the Process for the Declaration of Nullity of Marriage, The Jurist 76 (2016) 115–136.

DANIEL, William, An Analysis of Pope Francis´ 2015 Reform of the General Legislation governing Causes of Nullity of Marriage, The Jurist 75/2 (2015) 429–466.

DANIEL, William, The Abbreviated Matrimonial Process before the Bishop in Cases of „Manifest Nullity" of Marriage, The Jurist 75 (2015) 539–591.

DANIEL, William, The Appellatio Mere Dilatoria in causes of nullity of marriage. A contribution to the general theory of the appeal against a definitive sentence, Studia canonica 50 (2016) 383–452.

DENNEMARCK, Bernd, Der Diözesanbischof als `milder Richter´?, Anmerkungen zum Moto Proprio Mitis Iudex Dominus Iesus", in: Graulich, Markus / Meckel, Thomas / Pulte, Matthias (Hrsg.), Ius canonicum in communione christifidelium, Festschrift zum 65. Geburtstag von Heribert Hallermann, Paderborn 2016, 273–285.

DORDETT, Alexander, Die prozeßrechtliche Bedeutung der Eheinstruktion des Kardinals Rauscher, ÖAKR 17 (1966) 121–140.

EBERS, Godehard, Die Archidiakonal-Streitigkeiten in Münster im 16. und 17. Jahrhundert, ZRG Kan. Abt. 3, 34.Bd., Weimar 1926, 364–412.

EGLER, Anna, Jurisdiktionsakte von Weihbischöfen der Mainzer Erzdiözese, in: Egler, Anna / Rees, Wilhelm (Hrsg.), Dienst an Glaube und Recht, Festschrift für Georg May zum 80. Geburtstag, Berlin 2006, 71–103.

EISENHOFER, Heinrich, Zur Rota-Rechtsprechung über das Motu proprio „Causas Matrimoniales", in: Scheuermann, Audomar / Weiler, Rudolf / Winkler, Günther (Hrsg.), Convivium utriusque Iuris, Alexander Dordett zum 60. Geburtstag, Wien 1976, 255–259.

EISENRING, Gabriela, Ehevoraussetzungen und Ehehindernisse im Römischen Recht, in: Müller, Ludger / Rees, Wilhelm (Hrsg.), Geist-Kirche-Recht, Festschrift für Libero Gerosa zur Vollendung des 65. Lebensjahres, Berlin 2014, 73–116.

ERLEBACH, Grzegorz, Le prassi locali nelle cause di nullità matrimoniale, in: Associazione Canonistica Italiana (Hrsg.), Matrimonio canonico e culture, Vaticano 2015, 193–217.

FAHRNBERGER, Gerhard, Möglichkeiten einer rascheren Abwicklung kirchlicher Ehenichtigkeitsverfahren nach dem revidierten Codex Iuris Canonici, in: Lüdicke, Klaus / Paarhammer, Hans / Binder, Dieter A. (Hrsg.), Recht im Dienste des Menschen, Eine Festgabe Hugo Schwendenwein zum 60. Geburtstag, Graz 1986, 299–323.

FELDHANS, Verena, Die Berufung im Ehenichtigkeitsprozess. Ein Vergleich von Codex Iuris Canonici und Dignitas Connubii, DPM 14 (2007) 217–240.

FLATTEN, Heinrich, Der Eheprozess im Entwurf zum künftigen Codex Iuris Canonici, AfkKR 146 (1977) 36–73.

FLATTEN, Heinrich, Zur Reform des kirchlichen Eheprozesses, Das Motu Proprio Papst Pauls VI. „Causas matrimoniales“ vom 28. März 1971, in: Müller, Hubert (Hrsg.), Heinrich Flatten, Gesammelte Schriften zum kanonischen Eherecht, Paderborn 1987, 416–439.

FLATTEN, Heinrich, Die Eheverfahren, in: Listl, Joseph / Müller, Hubert / Schmitz, Heribert (Hrsg.), Handbuch des katholischen Kirchenrechts, 1. Aufl., Regensburg 1983, 984–999.

GANARIN, Manuel, I tribunali interdiocesani secondo il m.p. Mitis Iudex Dominus Iesus. Riflessioni circa la „sorte“ del m.p. Qua cura di Papa Pio XI, in: Stato, Chiese e pluralismo confessionale, rivista telematica (www.statoechiese.it), n. 11/2016, (Zugriff: 28.04.2019).

GERINGER, Karl-Theodor, Die freie Beweiswürdigung im Kollegialgericht, in: Scheuermann, Audomar / Weiler, Rudolf / Winkler, Günther (Hrsg.), Convivium utriusque Iuris, Alexander Dordett zum 60. Geburtstag, Wien 1976, 285–300.

GORDON, Ignacio, De nimia processuum matrimonialium duratione, Factum – Causae – Remedia, PerRMCL 58 (1969) 641–735.

GORDON, Ignacio, De M.P. „Causas matrimoniales“, De foro competenti, de constitutione Tribunalium, de regulis in casibus specialibus, in: Pontificia Universitas Gregoriana, Cursus Renovationis Canonicae pro Iudicibus, Adnotationes Professorum, Editio tertia, Roma 1974, 241–287.

GOTTLOB, Theodor, Die Offiziale des Bistums Basel im Mittelalter, ZRG Kan. Abt. 38, 69.Bd., Weimar 1952, 113–157.

GREEN, Thomas, The Revision of Canon Law: Theological Implications, Theological Studies 40 (1979) 593–679.

GREEN, Thomas, The Code revision process: The involvement of the Canon Law Society of America, REDC 47 (1990) 517–541.

GROCHOLEWSKI, Zenon, Probleme kirchlicher Ehegerichtsbarkeit heute, ÖAKR 33 (1982) 397–417.

GROCHOLEWSKI, Zenon, Die moralische Gewissheit als Schlüssel zum Verständnis der prozessrechtlichen Normen, DPM 4 (1997) 11–44.

GROCHOLEWSKI, Zenon, Alcune Questioni attuali concernenti lo stato e l'attivita' dei Tribunali, con particolare riguardo alla situazione negli USA, MonEccl 114 (1989) 347–371.

GÜTHOFF, Elmar, Der Gerichtsvikar als Stellvertreter des Bischofs bei der Ausübung der richterlichen Gewalt in den Kodifikationen des kanonischen Rechts, in: Güthoff, Elmar / Selge, Karl-Heinz, Adnotationes in iure canonico, Festgabe Franz X. Walter zur Vollendung des 65. Lebensjahres, Fredersdorf 1994, 64–72.

GÜTHOFF, Elmar, Der Begriff des Benefiziums gemäß c. 1409 CIC/1917, in: Rees, Wilhelm (Hrsg.), Recht in Kirche und Staat, Joseph Listl zum 75. Geburtstag, Berlin 2004, 67–78.

GÜTHOFF, Elmar, Gerichtsverfassung und Gerichtsordnung, in: Haering, Stephan / Rees, Wilhelm / Schmitz, Heribert (Hrsg.), Handbuch des katholischen Kirchenrechts, 3. Aufl., Regensburg 2015, 1661–1672.

GÜTHOFF, Elmar, Das Streitverfahren, in: Haering, Stephan / Rees, Wilhelm / Schmitz, Heribert (Hrsg.), Handbuch des katholischen Kirchenrechts, 3. Aufl., Regensburg 2015, 1673–1686.

GÜTHOFF, Elmar, Kirchenrechtliche Überlegungen zum katholischen Problem der rein zivil wiederverheirateten Geschiedenen, in: Bischof, Franz Xaver / Levin, Christoph (Hrsg.), Ehe – Familie – Kirche, Biblische Überlieferung, Historische Entwicklungen, Aktuelle Perspektiven, Berlin 2015, 247–262.

HAERING, Stephan, Eine neue Eheprozeßordnung?, in: Geringer, Karl-Theodor / Schmitz, Heribert (Hrsg.), Communio in Ecclesiae mysterio – Festschrift für Winfried Aymans zum 65. Geburtstag, St. Ottilien 2001, 157–174.

HARMAN, Francis, Certitudo moralis praesupposita in normis processualibus tribunalibus Statuum Foederatorum Americae necnon Australiae concessis, PerRMCL 61 (1972) 379–393.

HIEROLD, Alfred, Mitis Iudex. Anmerkungen zum Handeln des kirchlichen Richters, in: Ohly, Christoph / Rees, Wilhelm / Gerosa, Libero (Hrsg.), Theologia Iuris Canonici, Festschrift für Ludger Müller zur Vollendung des 65. Lebensjahres, Berlin 2017, 561–570.

HILLING, Nikolaus, Die Gesetzgebung des Papstes Pius XI., AfkKR 119 (1939) 169–200.

JACOBI, Erwin, Der Prozeß im Decretum Gratiani und bei den ältesten Dekretisten, ZRG Kan.Abt. 3, 34.Bd., Weimar 1913, 223–343.

KANY, Roland, Ehescheidung und Wiederverheiratung im antiken Christentum, in: Bischof, Franz Xaver / Levin, Christoph (Hrsg.), Ehe – Familie – Kirche, Biblische Überlieferung, Historische Entwicklungen, Aktuelle Perspektiven, Berlin 2015, 36–106.

KELLEHER, Stephen, The dignity of persons in a marriage and the dignity of their marriage, The Jurist 26 (1966) 243–245.

KELLEHER, Stephen, Canon 1014 and American Culture, The Jurist 28 (1968) 1–12.

KIRN, Paul, Der mittelalterliche Staat und das geistliche Gericht, ZRG Kan.Abt. 15, 46. Bd, Weimar 1926, 162–199.

LANDAU, Peter, Ehetrennung als Strafe, ZRG Kan. Abt. 81, 112. Bd., Wien 1995, 148–188.

LANDAU, Peter, Der Rechtsbegriff des Kirchenrechts in philosophisch-historischer Sicht, in: Rau, Gerhard / Reuter, Hans-Richard / Schlaich, Klaus (Hrsg.), Das Recht der Kirche, Band 1, Gütersloh 1997, 199–235.

LANDAU, Peter, Papst Cölestin II. und die Anfänge des kanonischen Eheprozessrechts, DPM 13 (2006) 57–71.

LASCHUK, Alexander, Mitis Iudex and the conversion of ecclesiastical structures, Studia canonica 51 (2017) 529–549.

LEFEBVRE, Carolus, De Procedura in Causis Matrimonialibus concessa Conferentiae Episcopali U.S.A., PerRMCL 49 (1970) 563–598.

LAWRENCE, Wrenn, The American Procedural Norms, The American Ecclesiastical Review 165 (1971) 175–186.

LLOBELL, Joaquín, La genesi della sentenza canonica, in: Bonnet, Piero Antonio / Gullo, Carlo, Il processo matrimoniale canonico, Nuova edizione riveduta e ampliata, Vaticano 1994, 695–734.

LLOBELL, Joaquín, Prospettive e possibili sviluppi della Dignitas Connubii. Sull´abrogazione dell´obbligo della doppia sentenza conforme, PerRCan 104 (2015) 237–284.

LLOBELL, Joaquín, Some questions common to the three processes for the declaration of nullity of marriage set out in the Motu Proprio Mitis Iudex, in: Dugan, Patricia Maria / Navarro, Luis / Caparros, Ernest (Hrsg.), The Reform Enacted by the m.p. Mitis Iudex, Commentaries and Documentation, Proceedings of a Conference organised by LUMSA Università an the Consociatio Internationalis Studio Iuris Canonici Promovendo, Rome, 30. November 2015, Montréal 2016, 32–60.

LÜDICKE, Klaus, Laien als kirchliche Richter, ÖAKR 28 (1977) 332–352.

LÜDICKE, Klaus, Das eine Volk Gottes und die Teilhabe der Laien an der Sendung der Kirche, in: Siepen, Karl / Weitzel, Joseph / Wirth, Paul (Hrsg.), Ecclesia et Ius, Festgabe für Audomar Scheuermann zum 60. Geburtstag, Paderborn 1986, 99–119.

LÜDICKE, Klaus, Zum Berufungssystem im kirchlichen Ehenichtigkeitsprozeß, in: Lüdicke, Klaus / Mussinghoff, Heinrich, Schwendenwein, Hugo (Hrsg.): Iustus Iudex, Festgabe für Paul Wesemann zum 75. Geburtstag, Essen 1990, 507–551.

LÜDICKE, Klaus, Die Reform des kirchlichen Ehenichtigkeitsprozesses – Inhalt und Bedeutung, DPM 23 (2016) 141–177.

MAY, Georg, Der Instanzenzug in der Erzdiözese Mainz, in: Breitsching, Konrad / Rees, Wilhelm (Hrsg.): Tradition – Wegweisung in die Zukunft, Festschrift für Johannes Mühlsteiger SJ zum 75. Geburtstag, Berlin 2001, 103–131.

MECKEL, Thomas, Mitis Iudex et Iustus Iudex? Papst Franziskus reformiert das Eheprozessrecht, ikz Communio 45 (2016) 76–86.

MIKAT, Paul, Die Lehren der Kirchen vom Verhältnis zwischen Staat und Kirche, Das Verhältnis von Kirche und Staat nach der Lehre der katholischen Kirche, in: Friesenhahn, Ernst / Scheuner, Ulrich / Listl, Joseph, Handbuch des Staatskirchenrechts der Bundesrepublik Deutschland, Erster Band, Berlin 1974, 143–187.

MÖRSDORF, Klaus, Das konziliare Verständnis vom Wesen der Kirche in der nachkonziliaren Gestaltung der kirchlichen Rechtsordnung, in: Aymans, Winfried / Geringer, Karl-Theodor / Schmitz, Heribert (Hrsg.): Klaus Mörsdorf, Schriften zum Kanonischen Recht, Paderborn 1989, 481–495.

MÖRSDORF, Klaus, Das Weihesakrament in seiner Tragweite für den verfassungsrechtlichen Aufbau der Kirche, in: Aymans, Winfried / Geringer, Karl-Theodor / Schmitz, Heribert (Hrsg.): Klaus Mörsdorf, Schriften zum Kanonischen Recht, Paderborn 1989, 229–240.

MÖRSDORF, Klaus, Die Regierungsaufgaben des Bischofs im Lichte der kanonischen Gewaltenunterscheidung, in: Aymans, Winfried / Geringer, Karl-Theodor / Schmitz, Heribert (Hrsg.): Klaus Mörsdorf, Schriften zum Kanonischen Recht, Paderborn 1989, 370–390.

MÖRSDORF, Klaus, Die Stellung der Laien in der Kirche, in: Aymans, Winfried / Geringer, Karl-Theodor / Schmitz, Heribert (Hrsg.): Klaus Mörsdorf, Schriften zum Kanonischen Recht, Paderborn 1989, 411–431.

MÖRSDORF, Klaus, Erwägungen zur Anpassung des Codex Iuris Canonici, in: Aymans, Winfried / Geringer, Karl-Theodor / Schmitz, Heribert (Hrsg.): Klaus Mörsdorf, Schriften zum Kanonischen Recht, Paderborn 1989, 777–822.

MÖRSDORF, Klaus, Heilige Gewalt, in: Aymans, Winfried / Geringer, Karl-Theodor / Schmitz, Heribert (Hrsg.): Klaus Mörsdorf, Schriften zum Kanonischen Recht, Paderborn 1989, 203–215.

MÖRSDORF, Klaus, Kritische Erwägungen zum kanonischen Amtsbegriff, in: Aymans, Winfried / Geringer, Karl-Theodor / Schmitz, Heribert (Hrsg.): Klaus Mörsdorf, Schriften zum Kanonischen Recht, Paderborn 1989, 349–364.

MÖRSDORF, Klaus, Munus regendi et potestas iurisdictionis, in: Aymans, Winfried / Geringer, Karl-Theodor / Schmitz, Heribert (Hrsg.): Klaus Mörsdorf, Schriften zum Kanonischen Recht, Paderborn 1989, 216–228.

MÖRSDORF, Klaus, Über die Zuordnung des Kollegialitätsprinzips zu dem Prinzip der Einheit von Haupt und Leib in der hierarchischen Struktur der Kirchenverfassung, in: Aymans, Winfried / Geringer, Karl-Theodor / Schmitz, Heribert (Hrsg.): Klaus Mörsdorf, Schriften zum Kanonischen Recht, Paderborn 1989, 273–283.

MONTINI, Gianpaolo, Il difensore del vincolo e l´obbligo dell´appello, PerRCan 106 (2017) 301–339.

MÜHLSTEIGER, Johannes, Versuch zum Abbau der josephinischen Ehegesetzgebung, in: Baum, Wilhelm (Hrsg.), Kirche und Staat in Idee und Geschichte des Abendlandes, Festschrift zum 70. Geburtstag von Ferdinand Maass SJ, Wien 1973, 248–265.

MUSSINGHOFF, Heinrich, Das Bischöfliche Offizialat Münster, in: Lüdicke, Klaus / Mussinghoff, Heinrich / Schwendenwein, Hugo (Hrsg.): Iustus Iudex, Festgabe für Paul Wesemann zum 75. Geburtstag, Essen 1990, 143–182.

PAGÉ, Roch, Reflections of a Judical Vicar of an Appeal Tribunal on the Proposed Reform of the Canonical Matrimonial Process, Jurist 75 (2015) 59–69.

PAPROCKI, Thomas, Implementation of Mitis Iudex Dominus Iesus in the Diocese of Springfield in Illinois, The Jurist 75 (2015) 593–603.

PEÑA GARCÍA, Carmen, Agilización de los procesos canónicos de nulidad matrimonial: de las propuestas presinodales al motu proprio Mitis Iudex Dominus Iesus y retos pendientes tras la reforma, IusCan Vol. 56, 111 (2016) 41–64.

PFAFF, Volkert, Das kirchliche Eherecht am Ende des zwölften Jahrhunderts, ZRG Kan. Abt. 63, 94.Bd., Weimar 1977, 73–117.

PINTO, Pio Vito, Speranza e non paure, Intervista al decano della Rota romana sul nuovo processo matrimoniale, in: L´Osservatore Romano: giornale quotidiano politico religioso, 08.10.2015, 1–7.

PLATEN, Peter, Die Diözesankurie, in: Haering, Stephan / Rees, Wilhelm / Schmitz, Heribert (Hrsg.), Handbuch des katholischen Kirchenrechts, 3. Aufl., Regensburg 2015, 638–651.

POTOTSCHNIG, Franz, Entwicklungstendenzen im kanonischen Ehe- und Eheprozeßrecht, ÖAKR 29 (1978) 52–72.

PREE, Helmuth, Kirchenrecht und Barmherzigkeit, Rechtstheologische und rechtstheoretische Aspekte, AfkKR 184 (2015) 57–74.

PREE, Helmuth, Zuständigkeitsfragen innerhalb der Diözesankurie, AfkKR 184 (2015) 488–498.

PREE, Helmuth, Grundfragen kirchlichen Vermögensrechts, in: Haering, Stephan / Rees, Wilhelm / Schmitz, Heribert (Hrsg.), Handbuch des katholischen Kirchenrechts, 3. Aufl., Regensburg 2015, 1471–1504.

PUZA, Richard, Corpus Iuris Canonici, II. Decretum Gratiani, in: LthK, 2. Bd., Freiburg 1994, 1322.

RAMBACHER, Stefan, Nichtigerklärung, Auflösung und Trennung der Ehe, in: Haering, Stephan / Rees, Wilhelm / Schmitz, Heribert (Hrsg.), Handbuch des katholischen Kirchenrechts, 3. Aufl., Regensburg 2015, 1687–1721.

RAMBACHER, Stefan, Kirchliche Ehejudikatur: ein Auslaufmodell oder integrierendes Moment einer Pastoral für Geschiedene? Versuch einer Standortbestimmung nach „Amoris Laetitia", in: Pulte, Matthias / Weitz, Thomas (Hrsg.), Veritas vos liberabit, Festschrift zum 65. Geburtstag von Günter Assenmacher, Paderborn 2017, 585–599.

RATZINGER, Joseph, Demokratisierung der Kirche?, in: Ratzinger, Joseph / Maier, Hans (Hrsg.), Demokratie in der Kirche – Möglichkeiten, Grenzen, Gefahren, Limburg 1970, 7–46.

REHAK, Martin, Das Recht und die Pflicht des Ehebandverteidigers zur Einlegung einer Berufung nach dem Motu Proprio Mitis Iudex, DPM 25/26.[712]

ROCA FERNÁNDEZ, Maria, Criterios inspiradores de la reforma del proceso de nulidad, IusCan 57 (2017) 571–603.

SCHMITZ, Heribert, Neue Regelungen im Bereich des kirchlichen Verfahrensrechts", NKD, Bd. 39, Trier 1976, 8–17.

SCHÖCH, Nikolaus, Das Bestätigungsdekret in zweiter Instanz bei mehreren Klagegründen, in: Aymans, Winfried / Haering, Stephan / Schmitz, Herbiert (Hrsg.), Iudicare inter fideles, Festschrift für Karl-Theodor Geringer zum 65. Geburtstag, St. Ottilien 2002, 461–503.

SCHÖCH, Nikolaus, Synopse der Veränderungen gegenüber dem bisher geltenden Eheprozessrecht, DPM 23 (2016) 325–361.

SCHWARZ, Wilhelm Eberhard, Die Reform des bischöflichen Offizialats in Münster durch Johann von Hoya (1573), Westfälische Zeitschrift 74 (1916) 1–228.

712 Zum Zeitpunkt der Publikation der vorliegenden Arbeit war die Ausgabe noch im Druck, so dass noch keine Seitenangaben gemacht werden konnten.

STICKLER, Alfons, De potestatis sacrae natura et origine, PerRMCL 71 (1982) 65–91.

STOCKMANN, Peter, Von Heiligen und Heiratsschwindlern. Berühmte kirchliche Ehefälle, in: DPM 15/16 (2008/2009) 293–333.

SZENTIRMAI, Alexander, Das Recht der Erzdechanten (Archidiakone) in Ungarn während des Mittelalters, ZRG Kan. Abt. 43, 74. Bd., Weimar 1957, 132–201.

UBL, Karl, Doppelmoral im karolingischen Kirchenrecht? – Ehe und Inzest bei Regino von Prüm, in: Hartmann, Wilfried / Grabowsky, Annette (Hrsg.), Recht und Gericht in Kirche und Welt um 900, München 2007, 91.

VERING, Friedrich, Die staatsrechtliche Anerkennung der katholisch-geistlichen Ehegerichtsbarkeit in Preussen, AfkKR 17 (1867) 109–155.

WALSER, Markus, Fragen zum Motu proprio „Mitis Iudex Dominus Iesus", in: Ohly, Christoph / Rees, Wilhelm / Gerosa, Libero (Hrsg.), Theologia Iuris Canonici, Festschrift für Ludger Müller zur Vollendung des 65. Lebensjahres, Berlin 2017, 685–697.

WEBER, Josef, Der Diözesanrichter, in: Weigand, Rudolf (Hrsg.), Kirchliches Recht als Freiheitsordnung: Gedenkschrift für Huber Müller, Würzburg 1997, 261–277.

WEIGAND, Rudolf, Gratian, in: LThK, 4. Bd., Freiburg 1995, 988.

WEIß, Andreas, Grundfragen kirchlicher Gerichtsbarkeit, in: Haering, Stephan / Rees, Wilhelm / Schmitz, Heribert (Hrsg.), Handbuch des katholischen Kirchenrechts, 3. Aufl., Regensburg 2015, 1647–1660.

WEIß, Andreas, Wie unauflöslich ist die Ehe?, in: Güthoff, Elmar / Haering, Stephan (Hrsg.), Ius quia iustum, Festschrift für Helmuth Pree zum 65. Geburtstag, Berlin 2015, 981–1015.

WIRTH, Paul, Gerichtsverfassung und Gerichtsordnung, in: Listl, Joseph / Müller, Hubert / Schmitz, Heribert (Hrsg.), Handbuch des katholischen Kirchenrechts, 1. Aufl., Regensburg 1983, 962–972.

III. Lehrbücher und Kommentare

A CORONATA, Matthaeus Conte, Institutiones Iuris Canonici ad usum utriusque cleri et scholarum, Vol. III, De Processibus, Taurini 1933.

AYMANS, Winfried / MÖRSDORF, Klaus / MÜLLER, Ludger (Hrsg.), Kanonisches Recht, Lehrbuch aufgrund des Codex Iuris Canonici, Band IV, Paderborn 2013. *(zit: Aymans/Mörsdorf/ Müller, KanR IV).*

AYMANS, Winfried / MÖRSDORF, Klaus / MÜLLER, Ludger (Hrsg.), Kanonisches Recht, Lehrbuch aufgrund des Codex Iuris Canonici, Ergänzungsband: Müller, Ludger, Das kirchliche Ehenichtigkeitsverfahren nach der Reform von 2015, Paderborn 2017. *(zit: Aymans/Mörsdorf/ Müller, Ehenichtigkeitsverfahren).*

EICHMANN, Eduard / MÖRSDORF, Klaus, Lehrbuch des Kirchenrechts, III. Band, 7.Aufl., Paderborn 1954.

HAERING, Stephan / REES, Wilhelm / SCHMITZ, Heribert (Hrsg.), Handbuch des katholischen Kirchenrechts, 3. Aufl., Regensburg 2015.

HARING, Johann, Der kirchliche Eheprozeß – Eine praktische Anleitung für kirchliche Richter, 3. Aufl., Graz 1938.

JONE, Heribert, Gesetzbuch der lateinischen Kirche, Erklärung der Kanones, III. Band, Prozeß- und Strafrecht, 2. Aufl., Paderborn 1953.

KNECHT, August, Handbuch des katholischen Eherechts, Freiburg 1928.

KROPATSCHEK, Joseph (Hrsg.), Handbuch aller unter der Regierung des Kaisers Josephs des II. für die K.K. Erbländer ergangenen Verordnungen und Gesetze in einer sistematischen Verbindung, Zweiter Band, Wien 1785, S. 192–203. *(zit: Joseph II., Gesetze, Nr. 117, §).*

LEFEBVRE, Carlo, Il Motu Proprio Causas Matrimoniales, Turin 1972.

LLOBELL, Joaquín, I Processi Matrimoniali nella chiesa, Roma 2015.

LÜDICKE, Klaus, Dignitas connubii, Die Eheprozeßordnung der katholischen Kirche, Essen 2005.

LÜDICKE, Klaus, (Hrsg.), Münsterischer Kommentar zum Codex Iuris Caonici. *(zit: Lüdicke, MKCIC, can., RN, Erg-Lfg., Monat/Jahr).*

MADEY, Johannes, Quellen und Grundzüge des Codex Canonum Ecclesiarum Orientalium, Essen 1999.

MAY, Georg / EGLER, Anna, Einführung in die kirchenrechtliche Methode, Regensburg 1986.

MÖRSDORF, Klaus, Lehrbuch des Kirchenrechts, Band III, 11. Aufl., Paderborn 1979.

NATIONAL CONFERENCE OF CATHOLIC BISHOPS (Hrsg.), Commentary on the Procedural Norms, The Jurist 31 (1971) 406–422.

NOVAL, Josef, Commentarium Codicis Iuris Canonici, Liber IV., Pars I., Roma 1920.

ORTIZ, Miguel, La potestà giudiziale in genere e i tribunali, in: Bonnet, Piero / Gullo, Carlo (Hrsg.), Il giudizio di nullità matrimoniale dopo l´istruzione „Dignitas Connubii", Parte seconda: la parte statice del processo, Città del Vaticano 2007, S. 63–102.

PERATHONER, Anton, Das kirchliche Gesetzbuch, 5. Aufl., Brixen 1931.

PLÖCHL, Willibald, Geschichte des Kirchenrechts, Band I, Wien 1953.

PLÖCHL, Willibald, Geschichte des Kirchenrechts, Band II, Wien 1955.

PLÖCHL, Willibald, Geschichte des Kirchenrechts, Band IV, Wien 1966.

REIFFENSTUEL, Anaklet, Ius Ecclesiasticum Universum, Tomus Primus, Roma 1831.

ROBERTI, Franciscus, Codicis Iuris Cnonici Schemata, Lib.IV, De Processibus, I, De iudiciis in genere, Vaticano 1940.

SCHILI, Matthäus Christian, Versuch einer Erläuterung des Ehepatents vom 16. Jänner 1783 mit allen bis 27. Hornung 1805 nachträglich darüber ergangenen Verordnungen, Graz 1805.

SCHMALZGRUEBER, Franz Xaver, Ius Ecclesiasticum Universum, Tomus Primus, Pars Altera, Roma 1844.

SCHULTE, Johann Friedrich, Handbuch des katholischen Eherechts, Giessen 1855.

SCHULTE, Johann Friedrich, System des allgemeinen katholischen Kirchenrechts, Giessen 1856.

SCHULTE, Johann Friedrich, Darstellung des Processes vor den katholischen geistlichen Ehegerichten Österreichs, Giessen 1858.

SCHULTE, Johann Friedrich, Die Lehre von den Quellen des katholischen Kirchenrechts, Giessen 1860.

WERNZ, Francisco Xaver, Ius Canonicaum ad Codicis Normam exactum, Tomus VI, De Processibus, Roma 1949. IV.

Abkürzungsverzeichnis

AAS	Acta Apostolicae Sedis
ABl.	Amtsblatt
AfkKR.	Archiv für katholisches Kirchenrecht
AK.	Apostolische Konstitution
Anm	Anmerkung
APN	American Procedural Norms
Art.	Artikel
Artt	Artikel
AS.	Apostolische Signatur
ASS	Acta Apostolicae Sedis
Aufl	Auflage
Bd.	Band
BGBl.	Bundesgesetzblatt
bzw.	beziehungsweise
C.	Causa
C.G.	Congregatione Generali
can.	Canon
cann	Canones
Cap.	Capitulum
CCEO.	Codex Canonum Ecclesiarum Orientalium
CIC	Codex Iuris Canonici
CLSA.	Canon Law Society of America
CpPEN.	Consilium pro Publicis Ecclesiae Negotiis
dh.	das heißt
DC.	Dignitas Connubii
ders	derselbe
dies	dieselbe
DPM.	De Processibus Matrimonialibus
ebd	ebenda
Em	Eminenz
Ep.	Episcopus
Erg.-Lfg	Ergänzungs-Lieferung
Ex.	Exzellenz
f	folgende

G.C	Congregatione Generali in rebus fidei Inquisitorum Generalium, Feria IV.
GrNKirchR.	Grundriß Kirchenrecht
HdBKathKR	Handbuch des katholischen Kirchenrechts
Hrsg.	Herausgeber
i.Br	im Breisgau
ikz Communio.	Internationale Katholische Zeitschrift Communio
incl.	inklusive
IusCan	Ius Canonicum
i.V.m.	in Verbindung mit
KABl.	Katholisches Amtsblatt
Kan. Abt	Kanonistische Abteilung
KanR.	Kanonisches Recht
k.k.	kaiserlich-königlich
L.	Liber
LG.	Lumen Gentium
MIDI.	Mitis Iudex Dominus Iesus
MKCIC.	Münsterischer Kommentar zum Codex Iuris Canonici
MonEccl	Monitor Ecclesiasticus
MP	Motu Proprio
Mt	Matthäus
n.	numero
n.Chr	nach Christus
NCCB	National Conference of Catholic Bishops
n.F.	neue Fassung
NKD.	Nachkonziliare Dokumentation
Nr.	Nummer
ÖAKR	Österreichisches Archiv für Kirchenrecht
ÖBK.	Österreichische Bischofskonferenz
PB.	Pastor Bonus
PCDCVI	Pontificia Commissio Decretis Concilii Vaticani II Interpretandis
PCICI	Pontificia Commissio Ad Codicem Iuris Canonici Authentice Interpretandum
PCL.	Pontificium Consilium de Legum Textibus
PCR	Pontificia Commissio Codici Iuris Canonci Recognoscendo
PerRCan	Periodica de re canonica
PerRMCL.	Periodica de re morali canonica liturgica

PME.	Provida Mater Ecclesia
PP.	Pastor Pastorum
Prot.N	Protokoll Nummer
q.	Quaestio
REDC	Revista española de derecho canónico
REU.	Regimini Ecclesiae Universae
RGBl	Reichsgesetzblatt
RN.	Randnummer
S.	Seite
S.C.C	Sacra Congregatio Concilii
S.C. de Prop. Fide.	Sacra Congregatio de Propaganda Fide
S.C.S. Off	Sacra Congregatio Sancti Officii
s.h	siehe
SRE.	Sancta Romana Ecclesiae
u.a.	und andere
USA.	United States of America
u.s.w.	und so weiter
Vgl	vergleiche
Vol.	Volumen
z.B	zum Beispiel
zit.	zitiert
ZPO.	Zivilprozessordnung
ZRG.	Zeitschrift der Savigny-Stiftung für Rechtsgeschichte

Adnotationes in Ius Canonicum

Herausgegeben von Elmar Güthoff und Karl-Heinz Selge

Band 1 Anton Morhard: Die gerichtliche Berufung im kanonischen Recht. Eine Analyse des klassischen remedium iuris. 1995.

Band 2 Elmar Güthoff (Hrsg.): Der Schutz des geistigen Eigentums in den Schriften von Winfried Schulz. Festgabe für Theodor Schmitz zur Vollendung des 80. Lebensjahres. 1997.

Band 3 Richard Puza/Andreas Weiß (Hrsg.): Iustitia in caritate. Festgabe für Ernst Rößler zum 25jährigen Dienstjubiläum als Offizial der Diözese Rottenburg-Stuttgart. 1997.

Band 4 Ernst Freiherr von Castell: Alkoholismus in der Rechtsprechung der Rota Romana. 1997.

Band 5 Burghard Pimmer-Jüsten: Facultas vel licentia imponendi tributa sacerdotibus. Partikularrechtliche Untersuchung zu den diözesanen "Pflichtabgaben" der Kleriker. 1997.

Band 6 Jürgen Olschewski: Das Recht auf Sakramentenempfang. Zur Entwicklung eines Fundamentalrechtes der Gläubigen vom Konzil von Trient bis zur Gegenwart. 1998.

Band 7 Martin Grichting: Die Umschreibung der Diözesen. Die Kriterien des II. Vatikanischen Konzils für die kirchliche Zirkumskriptionspraxis. 1998.

Band 8 Cesare Mirabelli/Giorgio Feliciani/Carl Gerold Fürst/Helmuth Pree (Hrsg.): Winfried Schulz in memoriam. Schriften aus Kanonistik und Staatskirchenrecht. 1999.

Band 9 Christoph Kühn: Die Rechtsbeziehungen des Heiligen Stuhls zum Europarat. 1999.

Band 10 Peter Stockmann: Außerordentliche Gemeindeleitung. Historischer Befund – Dogmatische Grundlegung – Kirchenrechtliche Analyse – Offene Positionen. 1999.

Band 11 Jürgen Cleve: Inkompatibilität und Kumulationsverbot. Eine Untersuchung zu c. 152 CIC/ 1983. 1999.

Band 12 Karl-Heinz Selge: Ehe als Lebensbund. Die Unauflöslichkeit der Ehe als Herausforderung für den Dialog zwischen katholischer und evangelisch-lutherischer Theologie. 1999.

Band 13 Elmar Güthoff / Karl-Heinz Selge (Hrsg.): Der Staat der Vatikanstadt, der Heilige Stuhl und die Römische Kurie in den Schriften von Winfried Schulz. Città del Vaticano, Santa Sede e Curia Romana negli Scritti di Winfried Schulz. Franz X. Walter zur Vollendung des 70. Lebensjahres. 1999.

Band 14 Hermann Kahler: Absentia consensus. Der fehlende Mindestwille zur Ehe als Ehenichtigkeitsgrund. 1999.

Band 15 Nikolaus Schöch: Die kirchenrechtliche Interpretation der Grundprinzipien der christlichen Anthropologie als Voraussetzung für die eheprozessrechtliche Beurteilung der psychischen Ehekonsensunfähigkeit. Eine kanonistische Studie unter besonderer Berücksichtigung der päpstlichen Allokutionen und der Judikatur der Römischen Rota. 1999.

Band 16 Michael Landau: Amtsenthebung und Versetzung von Pfarrern. Eine Untersuchung des geltenden Rechts unter besonderer Berücksichtigung der Rechtsprechung der Zweiten Sektion des Höchsten Gerichts der Apostolischen Signatur. 1999.

Band 17 Paul Weibel: Das Selbstbestimmungsrecht der römisch-katholischen Kirche. Eine staatskirchenrechtliche Studie am Beispiel des Kantons Schwyz. 2003.

Band 18 Stefan Korta: Der katholische Kirchenvertrag Sachsen. 2001.

Band 19 Jürgen Wätjer: Das katholische Domkapitel zu Hamburg von den Anfängen bis zur Reformation und seine Wiedererrichtung 1996. Eine kanonistische Untersuchung. 2001.

Band 20 Bernd Matecki: Der Traktat *In primis hominibus*. Eine theologie- und kirchenrechtsgeschichtliche Untersuchung zu einem Ehetext der Schule von Laon aus dem 12. Jahrhundert. Anhang: Edition des Traktates *In primis hominibus*. 2001.

Band 21 Stefan Gatzhammer: Der Souveränitätsanspruch des Apostolischen Stuhles in päpstlichen Lehraussagen und in der Kanonistik von 1846 bis 1978. 2001.

Band 22 Andreas Franitza: Das Domkapitel zu Hildesheim in der Zeit zwischen Preußenkonkordat (1929) und Niedersachsenkonkordat (1965) und seine Statuten von 1984. 2001.

Band 23 Péter Erdö: Die Quellen des Kirchenrechts. Eine geschichtliche Einführung. 2002.

Band 24 Rüdiger Althaus / Rosel Oehmen-Vieregge / Jürgen Olschewski (Hrsg.): Aktuelle Beiträge zum Kirchenrecht. Festgabe für Heinrich J. F. Reinhardt zum 60. Geburtstag. 2002.

Band 25 Hartmut Zapp / Andreas Weiß / Stefan Korta (Hrsg.): Ius Canonicum in Oriente et Occidente. Festschrift für Carl Gerold Fürst zum 70. Geburtstag. 2003.

Band 26 Johnson Michael Kallidukil: The Canonical Significance of the Synod of Bishops of 1994 on Consecrated Life. From the *Lineamenta* to the *Vita consecrata*. 2003.

Band 27 Hubert Schiepek: Der Sonntag und kirchlich gebotene Feiertage nach kirchlichem und weltlichem Recht. Eine rechtshistorische Untersuchung. 2003. 2.,durchgesehene Auflage 2009.

Band 28 Andreas Weiß / Stefan Ihli (Hrsg.): Flexibilitas Iuris Canonici. Festschrift für Richard Puza zum 60. Geburtstag. 2003.

Band 29 Benita von Beyme: Die Baulast für das Freiburger Münster. 2003.

Band 30 Nikolaus Schöch: Festlegung, Änderung und Konformität von Klagegründen im kanonischen Eheprozess. 2003.

Band 31 Andreas Weiß / Stefan Ihli (Hrsg.): Kulturgutschutz und Kirche, Bibel und Kirchenrecht. Symposion und Festakt anlässlich des 60. Geburtstags von Professor Dr. Richard Puza. 2004.

Band 32 Stefan Lunze: The Protection of Religious Personnel in Armed Conflict. 2004.

Band 33 Christian Kröber: Zur Bedeutung der urheberrechtlichen Vergütungspflicht von kultischer Kirchenmusik in Deutschland. 2004.

Band 34 Szabolcs Anzelm Szuromi: Anselm of Lucca as a Canonist. 2006.

Band 35 Robert Oswald: Streikrecht im kirchlichen Dienst und in anderen karitativen Einrichtungen. 2005.

Band 36 Heribert Schmitz: Die Liturgie-Instruktion *Redemptionis Sacramentum* von 2004. Kirchenrechtliche Anmerkungen zum Erlaß der Kongregation für den Gottesdienst und die Sakramentenordnung vom 25. März 2004. 2005.

Band 37 Krzysztof Górski: Das personenbezogene Eheverständnis und relatives Erfüllungsunvermögen. 2006.

Band 38 Salus animarum suprema lex. Festschrift für Offizial Max Hopfner zum 70. Geburtstag. Herausgegeben von Ulrich Kaiser, Ronny Raith und Peter Stockmann. 2006.

Band 39 Bernd Eicholt: Geltung und Durchbrechung des Grundsatzes „Nullum crimen nulla poena sine lege" im kanonischen Recht, insbesondere in c. 1399 CIC/1983. 2006.

Band 40 Georg May: Die Auseinandersetzungen zwischen den Mainzer Erzbischöfen und dem Heiligen Stuhl um die Dispensbefugnis im 18. Jahrhundert. 2007.

Band 41 Wolfgang F. Rothe: Die Statuten der Kollegiatkapitel im deutschen Sprachraum. Rechtslage und Rechtspraxis. 2007.

Band 42 Markus Müller: *Officium divinum*. Studien zur kodikarisch-rechtlichen Ordnung des kirchlichen Stundengebetes in der lateinischen Kirche. 2007.

Band 43 Dagmar Schaaf: Der kirchliche Strafanspruch. Die Begründung der kirchlichen Strafgewalt vom Ius Publicum Ecclesiasticum bis zum CIC/1983. 2007.

Band 44 Burkhard Josef Berkmann: Die Ehen von/mit Nichtkatholiken vor der lateinischen Kirche. Das neue Ehe-Kollisionsrecht in *Dignitas Connubii*. 2008.

Band 45 Klaus Kottmann: Die Freimaurer und die katholische Kirche. Vom geschichtlichen Überblick zur geltenden Rechtslage. 2009.

Band 46 Stefan Killermann: Die Rota Romana. Wesen und Wirken des päpstlichen Gerichtshofes im Wandel der Zeit. 2., überarbeitete Auflage. 2011.

Band 47 Ansgar Grochtmann: Justitiabilität der Gewissensfreiheit. Rechtsvergleichende Anaylse zur kirchlichen Strafverhängung und zum Schutz des *forum internum* im Völkerrecht. 2009.

Band 48 Sabine Heidl: Psychische Störungen und ihre Begutachtung im Ehenichtigkeitsprozess. 2009.

Band 49 Peter Fabritz: *Sanatio in radice*. Historie eines Rechtsinstituts und seine Beziehung zum sakramentalen Eheverständnis der katholischen Kirche. 2010.

Band 50 Elmar Güthoff / Stefan Korta / Andreas Weiß (Hrsg.): *Clarissimo Professori Doctori Carolo Giraldo Fürst*. In memoriam Carl Gerold Fürst. 2013.

Band 51 Franz Hasenhütl: Die Domkapitel in Österreich nach dem CIC/1983. Statutenreform und aktuelle Rechtsgestalt. 2013.

Band 52 Vitus Kapfelsperger: Eheverfahren und Eheprozesse in Staat und Kirche. Eine rechtsvergleichende Betrachtung. 2015.

Band 53 Marc Johannes Kalisch: Die Zuständigkeit zur Ordnung der Liturgie. Der Weg vom Zentralismus zur Einbeziehung der Verantwortung der Autoritäten unterhalb des Heiligen Stuhles. 2017.

Band 54 Matthias Nowotny: „Dritter“ Weg und KAGH. 2018.

Band 55 Sabine Konrad: Die Konkordatsehe in Spanien. 2018.

Band 56 Elmar Güthoff: Zenon Kardinal Grocholewski – Bibliographie und Biographie. 2018.

Band 57 Melanie-Katharina Kraus: Richterkollegium, Ehebandverteidiger und II. Instanz in Ehenichtigkeitsverfahren. Entstehung und Entwicklung. 2020.

www.peterlang.com